社会保险经办管理内部控制

人力资源和社会保障部
社会保险事业管理中心　组织编写

主　　编　孟昭喜
副 主 编　徐延君
执行主编　周　红

中国劳动社会保障出版社

图书在版编目(CIP)数据

社会保险经办管理内部控制/孟昭喜主编. —北京：中国劳动社会保障出版社，2011

ISBN 978-7-5045-9151-7

Ⅰ.①社… Ⅱ.①孟… Ⅲ.①社会保险-管理-中国 Ⅳ.①F842.61

中国版本图书馆 CIP 数据核字(2011)第 106827 号

中国劳动社会保障出版社出版发行

(北京市惠新东街 1 号 邮政编码：100029)

出 版 人：张梦欣

*

北京外文印刷厂印刷装订 新华书店经销
880 毫米×1230 毫米 32 开本 12 印张 316 千字
2011 年 6 月第 1 版 2012 年 1 月第 4 次印刷

定价：38.00 元

读者服务部电话：010 - 64929211/64921644/84643933
发行部电话：010 - 64961894
出版社网址：http://www.class.com.cn

版权专有 侵权必究

举报电话：010 - 64954652

如有印装差错，请与本社联系调换：010 - 80497374

《社会保险经办管理内部控制》编委会

主　　任　孟昭喜
副 主 任　徐延君　周　红
编　　委（按姓氏笔画排序）

王　泽	王成海	尹瑞山	韦祁昊	边瑞彪
刘荻光	刘玉璞	刘小阳	刘亚琼	李明亮
华亚丽	季广贤	陈　彦	陈范勋	陈普红
陈廷银	吴晓军	苏　滨	宋世斌	邵国艳
张　骁	张　爽	张永青	张和平	张克勤
周维国	周云飞	周建春	林白桦	罗　毅
荣春秀	胡大洋	胡　蓉	贺德孝	贺国俊
徐爱平	诸　旭	钱玉龙	格雷森·克拉克	
程乐华	程　鹏	蒋惠敏	彭　惠	魏　凯

加强社保经办系统内部控制工作

（序言）

改革开放三十多年来，特别是进入新世纪以来，我国社会保障体系建设取得了突飞猛进的发展：政策制度日趋完备，覆盖人群迅速扩大，各项基金年度收支规模均已突破万亿。随着社会保障事业的快速发展，社会保险经办管理的难度也在加大，如何加强管理，杜绝各类违规违纪问题的发生，维护基金安全；如何不断提高服务质量，实现精确管理，确保党中央国务院确定的各项政策落到实处，成为摆在各级社保经办机构面前的一项十分紧迫而重要的任务。

为了规范经办管理，维护基金安全，2007年劳动和社会保障部印发了《社会保险经办机构内部控制暂行办法》，对推动经办机构内控制度建设进行了全面的部署。各地按照部里的统一部署，积极推动经办机构内控工作开展，取得了不少好的经验。但从总体上看，经办系统内控工作还处于探索阶段。无论是制度建设、组织建设，还是基础建设，与快速发展的事业需求相比，还存在不小差距。

2010年10月28日颁布的《社会保险法》规定，社会保险经办机构应当建立健全业务、财务、安全和风险管理制度，对经办机构内控建设提出了明确要求。各级人力资源和社会保障部门，特别是各级社会保险经办部门要以贯彻落实《社会保险法》为契机，进一步加大系统内控建设工作力度。要在认真总结已有的成功经验的基础上，着力破解现实难题，推动内控工作扎实深入开展。当前要重点做好以下几个方面的工作：

一是要着力加强理论建设。理论是实践的先导。加强理论建设，可以让我们在实践中少走弯路。要深刻认识和准确把握内控制度的一般性规律，在此基础上，着重探索将内控工作的普遍规律与经办工作的特殊性有机结合，切实提高社会保险经办机构内控工作的有效性和针对性，减少盲目性。

二是要着力加强制度建设。内控制度建设是一个系统工程，覆盖组织建设、业务建设、财务管理和信息建设全过程，必须整体设计、统筹考虑、突出重点；既要注重单项制度的制定和完善，更要注意把内控工作的基本要求和总体指导思想不折不扣地贯彻到组织、业务、财务和信息管理的各项具体规定中去。

三是要着力加强组织建设。首先要落实一把手负责制，社保经办机构主要负责人要亲自过问、亲自组织、亲自落实内控工作。这是开展内控建设最重要的组织保障。其次要加强内控机构建设，充实和配备得力的专业干部，赋予必要的监督检查权限，支持内控机构能够独立地开展工作。最后要大力加强内控人员的专业培训，不断提高干部开展内控工作的能力和水平。

四是要着力加强基础建设。当前要重点做好风险标准的制定和业务风险评估工作，对经办业务环节进行全面认真的梳理，明确经办管理的监控重点。在合理确定业务运行的风险点和关键环节、关键部门、关键岗位的基础上，落实内控的相关职责、监督检查标准和防控措施，切实规范经办行为，堵塞管理漏洞。

五是要着力加强机制建设。内控是实践性很强的工作，要确保相关制度和要求落到实处，必须加强机制建设，靠机制来保证各项规章制度落实。当前要着重建立监督检查工作机制，通过开展内部检查和上级对下级的经常性监督检查，积极推动内控制度的贯彻落实，提高内控执行力，防止走过场。要积极推动内控检查经常化、制度化，巩固工作成果，及时发现并纠正内控管理中存在的问题，保障内控工作取得实际效果。

六是要着力加强文化建设。制度最终要靠人来落实。内控建设能否顺利推进并取得成效，关键也要靠人。要重视并大力加强内控文化和内控环境建设，重视内控意识的建立和内控行为的培养，努力通过加强业务培训和宣传，在经办机构内部形成人人了解内控、人人参与内控、人人支持内控、人人落实内控的良好文化氛围和工作环境。

为系统推动内控工作落实，人力资源和社会保障部社会保险事业管理中心组织部分专家学者和系统内工作人员，联合编写了《社会保险经办管理内部控制》一书。该书的编写，一是为探索和总结社保经办机构内控工作的规律，在理论上指导和推动系统内控制度建设；二是总结全系统内控成功经验，指导各地做好工作；三是着眼开展业务培训，为经办机构工作人员量身打造合适的培训教材；四是为推动系统内控文化建设，努力让更多的人了解、支持和配合内控制度建设。

《社会保险经办管理内部控制》一书的出版是系统内控工作一个十分重要的阶段性成果。希望该书的出版发行对推动全国社保经办系统内控制度建设发挥积极的作用。

5.21

目 录

第一章　内部控制概述……………………………………（1）
　　第一节　内部控制含义、作用及一般方法……………（1）
　　第二节　内部控制遵循的原则…………………………（10）
　　第三节　内部控制的目标和要素………………………（13）
　　第四节　国外内部控制理论与实践发展状况…………（22）
　　第五节　我国部分领域内部控制实践…………………（29）

第二章　经办机构内部控制概述…………………………（33）
　　第一节　经办机构内部控制的含义与作用……………（33）
　　第二节　经办管理工作特点与风险类型………………（36）
　　第三节　经办管理内部控制实践………………………（43）
　　第四节　经办机构内部控制建设发展目标……………（56）

第三章　经办管理风险评估………………………………（62）
　　第一节　经办管理风险评估含义及意义………………（62）
　　第二节　经办管理风险识别方法………………………（65）
　　第三节　经办管理风险评估方法………………………（78）
　　第四节　经办管理风险评估结果运用…………………（87）
　　第五节　经办管理风险评估应注意的问题……………（90）

第四章　经办管理组织机构控制…………………………（93）
　　第一节　经办管理组织机构控制的含义与意义………（93）
　　第二节　经办管理组织机构控制内容…………………（95）
　　第三节　经办管理组织机构控制应注意的问题………（114）

第五章 经办管理业务运行控制（上） …… (122)

第一节 社会保险登记业务运行控制 …… (122)

第二节 社会保险费征缴业务运行控制 …… (130)

第三节 基本养老保险个人账户管理业务运行控制 …… (136)

第四节 社会保险关系转移接续运行控制 …… (141)

第五节 社会保险业务档案管理运行控制 …… (147)

第六章 经办管理业务运行控制（下） …… (150)

第一节 基本养老保险待遇核定支付业务运行控制 …… (150)

第二节 基本医疗保险待遇核定支付业务运行控制 …… (158)

第三节 失业保险待遇核定支付业务运行控制 …… (164)

第四节 工伤保险待遇核定支付业务运行控制 …… (167)

第五节 生育保险待遇核定支付业务运行控制 …… (173)

第七章 经办机构基金财务控制 …… (178)

第一节 基金财务控制的含义与意义 …… (178)

第二节 基金财务控制的关键环节 …… (180)

第三节 基金财务控制应注意的问题 …… (198)

第八章 经办管理信息系统控制 …… (204)

第一节 信息系统控制概述 …… (204)

第二节 信息系统控制的关键环节 …… (211)

第三节 信息系统控制应注意的问题 …… (228)

第九章 内部控制监督检查 …… (232)

第一节 内控监督检查概述 …… (232)

第二节 内控监督检查的内容范围 …… (239)

第三节 内控监督检查的形式、方法和程序 …… (248)

第四节 内控监督检查应注意的问题 …… (255)

附件 ·· (260)
 社会保险审计暂行规定（劳社部发〔1995〕329号）······ (260)
 会计基础工作规范（财会字〔1996〕19号）·············· (264)
 社会保险基金财务制度（财社字〔1999〕60号）········ (285)
 社会保险基金会计制度（财会字〔1999〕20号）········ (297)
 社会保险经办机构内部控制暂行办法（劳社部发〔2007〕
  2号）·· (356)
 社会保险经办机构内部控制检查评估暂行办法（社会保险
  中心函〔2009〕32号）································· (362)
主要参考文献 ·· (369)
后记 ··· (371)

第一章 内部控制概述

内部控制概念的提出,是企业管理人员经过不断的探索、实践和理论总结,逐步完善企业的自我监督和自我调整机制,健全企业管理体系的一个漫长的发展历程。[①] 在人类社会发展史中,早已存在着内部控制的基本思想和一些初级形式,牵制制约经济业务活动中的舞弊行为。内部控制是管理化的必然产物,是现代社会各种经济组织内部各项管理工作的基础,是实现组织经营和管理目标并可持续健康发展的基本保证。

本章主要介绍内部控制概念、一般方法、遵循原则、目标要素等基本理论知识,以及国内外内部控制发展状况等。

第一节 内部控制含义、作用及一般方法

一、内部控制含义

内部控制由"内部"和"控制"两个词汇组成。按照《现代汉语词典》[②] 的解释,"内部"是指某一范围以内,"控制"是指掌握住不使任意活动或超出范围。

内部控制起源于管理和审计的需要,保证资产安全、防范会计信息失真以及确定审计范围是内部控制发展的主要动力和源泉。从内部控制理论发展的起源至今大致有以下几种理论:职责分工论、管理监督论、程序方法论、组织协调论、制度论、系统论和过程论。

[①] 陈文辉. 寿险公司内部控制建设与监管 [M]. 北京:人民出版社,2005
[②] 中国社会科学院语言研究所词典编辑室. 北京:商务印书馆,1997

职责分工论认为：内部控制制度是企事业和机关的内部管理制度的重要组成部分，它是企业、事业和机关的行政领导和职能部门的有关工作人员，在业务处理过程中相互联系和相互制约的一种职责分工制度。

管理监督论认为：内部控制制度是指领导和各个职能部门的有关工作人员之间，在处理经济业务等有关活动时相互联系和相互制约的一种管理体系。内部控制制度包括互相联系和互相制约两个方面。前者是指财产、物资、资金发生增减变化时有关人员如何相互沟通，以便使业务活动得以顺利进行；后者是指工作人员之间如何相互牵制，以便相互监督，相互促进，保证业务活动不致发生差错和弊端。

程序方法论认为：内部控制是根据经营管理上一定的目的，按照一定的业务，由有关的控制点构成的系统。控制点指领导的审批、不同人员间的核对检查等，它是经济活动处理过程中的一种措施。美国注册会计师协会审计程序委员会曾为内部控制下的定义是："内部控制包括一个企业内部组织、机构、设计和相互协调的方法与措施，用以维护企业本身资产的安全，检查企业会计数据的正确性与可靠性，提高经营效率，并推动企业坚持规定的管理方针。"

组织协调论认为：内部控制是指一个组织的管理当局，为保证本组织目标的实现而建立于组织内部各环节的具有相互协调和制约关系的行为机制。

制度论认为：内部控制是企事业及其主管部门经营管理机制的组成部分，它一般分散在有关各个经营管理的规章制度之中，并围绕决策的制定及执行，形成相辅相成的一套内部控制制度。内部控制的实质是对人的活动所实施的控制，是对人的控制和对人的活动的控制。前者保证执行控制的人能胜任自己的工作，又称为人员控制；后者保证执行控制的人有效地实施控制，又称为业务控制。从审计角度评价内部控制制度，主要涉及业务控制。业务控制的基本要素包括：授权控制、分工控制、记录控制、保管控制等。在评价内部控制时，就是要从这些方面了解被审计单位的内部控制制度,测试内部控制制度,进而评价内部控制制度。

系统论认为:内部控制是指企业、事业单位的经营管理者,遵照国家的有关规定,为实现经营管理目标,正确贯彻其经营决策,维护企业财产的完整性,保证会计信息的正确性、财务收支的合法性及各项经济活动的经济性、效率性和效果性,而在单位内部建立的作用于各项经营管理活动的一种自我调节和制约的控制系统。

过程论认为:内部控制广义上可定义为一个受企业董事会、经理层和其他人员影响的,为达到经营的效果和效率、财务报告的可靠性、法律法规的遵循性等目标提供合理保证的程序。该定义反映了以下特征:内部控制是一个过程;内部控制受相关人员影响;内部控制只能提供合理的保证,而非绝对的保证;内部控制是为了实现上述三类既相互独立又相互联系的目标。

这个定义是1992年COSO委员会发布的《内部控制——整合框架》报告[1]中提出的,目前受到世界各国和各类组织的广泛认可。但也有一些反对的呼声,认为这个定义尽管非常宽泛,但从某种角度来说,又比较模糊,存在某些片面性。美国审计总署(GAO)认为,这个定义对于内部控制的重要性的强调还不够,它缺乏促进内部控制监督和评估的内容。美国前总审计长查尔斯·鲍雪(Charles Bowsher)曾经说过:"对有效控制的最大需求可能是在信贷组合领域。一份没有丝毫谈及信贷组合的有关内部控制的财务报告是没有任何用处的。"但当时的COSO主席罗伯特·L·梅(Robert L. May)则认为,保障资产的考虑更适合作为一种经营控制。

从这个概念可以看出,内部控制至少包含三层含义:

---

[1] 1985年由美国注册会计师协会(AICPA)、国际内部审计师协会(IIA)、财务经理协会(FFI)、美国会计学会(AAA)、管理会计学会(IMA)共同组成了反对虚假财务报告委员会。1992年该委员会所属的内部控制研究委员会(Committee of Sponsoring Organizations of the Tread—way Commission),即COSO委员会,发布了题为《内部控制——整合框架》的专题报告,也称COSO报告。

1. 内部控制是组织为达到一定的管理目标而制定的。

2. 内部控制贯穿于整个经营或管理活动的各个方面，只要存在经营或管理活动就需要相应的内部控制。

3. 内部控制的内容不仅包括控制经营或管理活动的各种方式、方法，同时也包括各种程序和步骤，还包括各种规章制度。

综上所述，可以将内部控制定义为：组织内部为了有效地进行经营管理进而达到一定的管理目标，而制定的一系列相互联系、相互制约、相互监督的制度、措施和方法的总称。

二、内部控制作用

内部控制是组织实现管理目标和可持续发展的重要保障。主要有以下作用：

（一）有助于管理层实现其经营方针和目标

内部控制由若干具体政策、制度和程序所组成，它们首先是为了实现组织的经营方针和目标而设计的。内部控制可以说渗透于一个组织经营活动的各个方面，只要组织内存在经营活动和经营管理的环节，就应有相应的管理和控制措施，从而能够有效地贯彻组织的经营方针，促进各级职责的正确履行，及时发现实施过程中出现的问题和采取有效的措施，从而保证经营目标的实现。

（二）保证业务经营信息和财务会计资料的真实性、完整性

以企业为例，健全的内部控制，可以规范企业会计信息的采集、归类、记录和汇总的过程和行为，从而真实地反映经营活动的实际情况，并及时发现和纠正各种错弊，保证会计信息资料的真实和完整，并使各项财务活动符合国家法律和统一会计制度的规定。

（三）有效防范经营风险

健全的内部控制，通过对组织内生风险的有效评估，能够及时发现和加强对组织经营薄弱环节的控制，把影响组织实现经营和发展目标的各种风险遏制在萌芽之中，因此内部控制是组织风险防范的一种最佳方法。

（四）维护资产的安全和完整，防止资产流失

健全的内部控制，能够科学有效地监督和制约组织财产物资的采购、计量、验收等各个环节，对组织各种资源的利用和现金流动进行控制和管理，从而确保财产物资的安全和完整，并有效地纠正各种损失浪费现象的发生。

（五）促进有效经营

健全的内部控制，可以利用会计、统计、业务等各部门的制度规划及有关报告，把各个部门及其工作结合在一起，从而使各部门密切配合，充分发挥整体的作用，以促进组织经营目标的实现。

三、内部控制局限性及原因

同任何管理制度、措施和方法一样，内部控制也难免存在局限性，就是说再有效的内部控制也有其失灵的一面。以企业为例，鉴于内部控制存在缺陷，许多国家通过立法强化企业内部控制，内部控制日益成为企业进入资本市场的"入门证"和"通行证"。

COSO报告对内部控制的局限性作了精辟的论述：内部控制受成本效益法则的约束；内部控制一般针对常规业务；内部控制因粗心大意、相互勾结、环境变化等原因而失误。因此，内部控制只能提供"合理的保证"而非"有效的保证"。事实是：内部控制的有效性，只是事物发展过程中的某个时点上的一种状态，是一个不断发现和解决问题的循环往复的动态过程。

现实看，导致内部控制局限性的因素主要有以下几个方面：

（一）本质缺陷

内部控制思想源于委托代理。因为委托人和代理人的利益经常不一致，在委托人看来，代理人会作出非最优决策和出现投机行为；而在代理人看来，委托人约束自身行为的原动力不足。委托—代理是一对矛盾的统一体，它决定了内部控制在其本质上有与生俱来的缺憾：内部控制不可能消除一切滥用职权的可能性，而只能是创造一种为防范滥用职权，而投入的成本与滥用职权的累积数额之比呈合理状态的机制。例如：如果行使控制职能的管理者，尤其是有决策权的管理

者，蓄意营私舞弊、滥用职权，即使有设计良好的内部控制，包括健全的内部控制制度等，内部控制也不会发挥其应有的效能。

（二）设计不足

内部控制是一个复杂的控制活动，涉及识别风险、评估风险、建立内控制度、组织实施控制等。要保证每一项活动都达到工作目标，需要有与之相适应的设计能力和设计水平。但现实中因为客观上存在人对事物认识局限性的问题，人们很难全面准确地把握控制对象的本质、运动形式和特征，即使能够认识并准确地抓住了风险所在，往往受技术物质条件限制，又不能采取理想的控制措施，有关内部控制设计，包括控制范围、控制标准、控制力度、控制手段等，都不得不局限于所处的环境条件。设计不足必定影响内部控制活动的效能。还有，内部控制一般都是针对组织内部经常而重复发生的业务设置的，如果出现未预计到的特殊业务事项，原有的控制就不起作用，需要设计新的控制措施。

（三）成本制约

在企业生产经营过程中，内部控制的环节越多，控制措施越复杂，相应的控制成本就越高。不仅是企业，任何一个组织实施内部控制活动，都是要顾及成本的。由此，在设计和组织实施内部控制时，都要考虑控制成本与控制效果的关系。一般来说，如果实施某一项业务控制成本的投入大于控制目标效果，产生了经济损失或负面的社会效益时，就没有必要设置控制环节和控制措施，这样某些小错弊的发生就可能得不到控制。

（四）人员素质

内部控制是由人来组织实施的，不论是设计内部控制，还是具体的贯彻执行内部控制制度，起决定性作用的最终还是人的素质，而人的"有限理性"，还使人的行为具有不可确定性和不可预知性。因此，人员素质的缺陷，尤其是道德品质素质等方面的缺陷，会放大内部控制设计不足的漏洞，导致违法管理制度的机会增加，内部控制的约束力和有效性面临潜在的挑战。

四、内部控制与风险管理、内部控制制度的关系

（一）内部控制与风险管理的关系

内部控制不等于风险管理。一般认为，风险管理由风险识别、风险评估、风险对策、风险监测等一系列相互关联的环节所组成，内部控制仅与风险识别和风险评估密切相连。比如说，对组织面临风险的识别和评估，既是组织采取什么风险对策，实施什么管理措施的前提条件，也是建立健全组织内部控制的基础。需要明确的是，在风险识别和风险评估基础上建立起的内部控制，也只能是防止或规避组织经营管理活动中经常出现的错弊风险，不能解决风险管理中组织所面临的任何风险，更不能做到转嫁、承担、化解和最大限度的分散风险。

COSO 委员会 2004 年发布的《企业风险管理——整合框架》中明确指出，企业风险管理包含内部控制；内部控制是企业风险管理不可分割的一部分；内部控制是风险管理的一种方式，企业风险管理比内部控制范围广得多。英国 Turnbull 委员会认为，风险管理对于企业目标的实现具有重要意义，公司的内部控制系统在风险管理中扮演关键角色，内部控制应当被管理者看做是范围更广的风险管理的必要组成部分。

（二）内部控制与内部控制制度的关系

内部控制内容广泛，包括：实施组织机构控制，如通过授权规定岗位职责分工；过程控制，如在某一项业务流程中设置复审环节；信息化控制，如信息的录入、修改，通过信息系统来筛选、比对错误信息等。除了有形内容外，还包括管理哲学、员工诚信度等无形内容，即软控制。内部控制制度则是有形的内部控制的载体，是实施内部控制的一个起点。一个组织制定了内部控制制度，如果没有贯彻执行或执行不力，内部控制就没有发挥应有的效能。为此，不能简单地认为内部控制等同于内部控制制度。我国的内部控制理论和实践都相对落后，尚处于起步阶段，尤其在企业界中，许多管理者对内部控制的认识不太深，将内部控制简单等同于企业内部控制制度，认为企业制定

了各项管理制度就是内部控制。① 这是一种误解。

五、内部控制的方法

(一) 授权批准控制

授权批准控制是指组织中各岗位承担的相关管理职责，需要经过组织的授权批准。授权批准应包括：(1) 授权批准的范围。对授予岗位的职责权限要有明确的界定，保证职务权限清晰。(2) 授权批准的层次。应根据管理控制业务活动的需要和重要性程度确定不同的授权批准层次，以保证各管理层有权亦有责。(3) 授权批准的责任。应当明确被授权者在履行批准权力时应对哪些方面负责，应避免责任不清，一旦出现问题又难咎其责的情况发生。(4) 授权批准的程序。应规定每一类业务审批程序，以便按程序办理审批，以避免越级审批、违规审批的情况发生。单位内部的各级管理层必须在授权范围内行使相应职权，经办人员也必须在授权范围内办理业务。

(二) 会计系统控制

会计系统控制要求单位必须依据会计法和国家统一的会计制度等法规，制定适合本单位的会计制度、会计凭证、会计账簿和财务会计报告的处理程序，实行会计人员岗位责任制，建立严密的会计控制系统。

(三) 财产保全控制

财产保全控制包括：(1) 限制直接接触，主要指严格限制无关人员对实物资产的直接接触，只有经过授权批准的人员才能够接触资产。(2) 定期盘点，并保证盘点时资产的安全性。通常可采用先盘点实物，再核对账册来防止盘盈资产的流失，对盘点中出现的差异应进行调查，对盘亏资产应分析原因、查明责任、完善相关制度。(3) 记录保护，应对企业各种文件资料（尤其是资产、财务、会计等资料）妥善保管，避免记录受损、被盗、被毁。对某些重要资料应留有后备记录，以便在遭受意外损失或毁坏时重新恢复，这在当前计算机处理

---

① 陈文辉. 寿险公司内部控制建设与监管 [M]. 北京：人民出版社，2005

条件下尤为重要。（4）财产记录监控，对企业要建立资产个体档案，资产增减变动应及时全面予以记录。

（四）人力资源控制

人力资源控制应包括：（1）建立严格的招聘程序，保证应聘人员符合招聘要求。（2）制定员工工作规范，用以引导考核员工行为。（3）定期对员工进行培训，帮助其提高业务素质，更好地完成规定的任务。（4）加强考核奖惩力度，应定期对职工业绩进行考核，奖惩分明。（5）对重要岗位员工（如销售、采购、出纳）应建立职业信用保险机制，如签订信用承诺书，保荐人推荐或办理商业信用保险。（6）工作岗位轮换，可以定期或不定期进行工作岗位轮换，通过轮换及时发现存在的错弊情况，同时也可以挖掘职工的潜在能力。（7）提高工资与福利待遇，加强员工之间的沟通，增强凝聚力。

（五）风险防范控制

风险防范控制要求单位树立风险意识，针对各个风险控制点，建立有效的风险管理系统，通过风险预警、风险识别、风险评估、风险报告等措施，对财务风险和经营风险进行全面防范和控制。风险防范控制是一项基础性和经常性的工作，必要时可设置风险评估部门或岗位，专门负责有关风险的识别、规避和控制。

（六）内部报告控制

为满足内部控制管理的时效性和针对性，应当建立内部管理报告体系，全面反映业务活动，及时提供业务活动中的重要信息。内部报告体系应体现部门经常管理责任，报告形式和内容简明易懂，并要统筹规划，避免重复。内部报告要根据管理层次设计报告频率和内容详简。

（七）管理信息系统控制

管理信息系统控制包括两方面的内容，一方面是要加强对电子信息系统本身的控制。随着电子信息技术的发展，企业利用计算机从事经营管理方式手段越来越普遍，除了会计电算化和电子商务的发展外，企业的生产经营与购销储运都离不开计算机。为此必须加强对电子信息系统的控制,包括系统组织和管理控制、系统开发和维护控制、文件资料控制、系统设备、数据、程序、网络安全的控制以及日常应用的控制。另一方面,要运用电子信息技术手段建立控制系统,减少和消除内部人为控制的影响,确保内部控制的有效实施。

(八)内部审计控制

内部审计控制是内部控制的一种特殊形式,它是单位工作和管理制度是否合规、合理和有效的独立评价机构,在某种意义上讲是对其他内部控制的再控制。内部审计内容十分广泛,按其目的可分为财务审计、经营审计和管理审计。内部审计应保持相对独立性,应独立于其他经营管理部门,最好受董事会或下属的审计委员会领导。

第二节 内部控制遵循的原则

设计和建立内部控制制度框架时通常需要遵循一定的原则,这些原则既是一个组织建立内部控制制度的依据,也是外部对其内部控制状况进行审计监督的基本依据。在建立内部控制制度的过程中,必须遵循以下基本原则。

一、依法合规原则

依法合规是指内部控制制度的建立必须符合国家的法律、法规和政策,必须把国家的法律法规和政策体现到内部控制制度中。法律法规是由国家有关机关制定的,它应体现人民的根本利益,并对组织的生产经营管理活动起强制性或指导性作用。内部控制制度应在国家宏观控制与指导下进行,并和宏观控制制度协调一致。因此,在建立、维护和修订内部控制制度时,一定要遵循党和国家的各项方针政策,符合有关法律法规的要求,这也是任何单位建立内部控制的基本前提。

二、全面设防原则

全面设防包含两层含义,一是指内部控制制度的触角渗透到组织各项业务过程和各个操作环节，覆盖所有的部门和岗位，贯穿整个经济活动，是对整个经营管理活动进行控制监督。二是指内部控制制度对全体员工都有约束力，即制度面前人人平等，也指在设计过程中，充分听取和吸收执行人员的意见和建议，发挥员工的积极性，使员工自觉执行制度。

由于组织是一个普遍联系的整体，因此，制度设计要有系统论的观点，即把组织作为一个整体来考虑，以保证各部门和各岗位均能按照组织的目标相互协调地发挥作用。同时，内部控制制度要形成统一目标，从而发挥总体功能，实现总体目标。在设计内部控制制度时，运用系统论的观点与系统方法的整体性、全面性、层次性、相关性和动态平衡性等特征，设计出纵横交错的内部控制网络与点面结合的控制系统。

三、职位牵制原则

职位牵制是指在部门与部门、员工与员工及各岗位间所建立的互相验证、互相制约的关系，属于内部控制制度的一个重要组成部分，其主要特征是将有关责任进行分配，使单独的一个人或一个部门对任何一项或多项经济业务活动无完全的处理权，必须经过其他部门或人员的查证核对。从纵向来说，至少要经过上下两级，使下级受上级的监督，上级受下级的牵制，各有顾忌，不敢随意妄为；从横向来说，至少要经过两个互不相隶属的部门或岗位，使一个部门的工作或记录受另一部门工作或记录的牵制，借以相互制约，防止或及时发现错弊。如实行审批与经办分管、钱账分管、账物分管等。一般而言，坚持内部牵制原则可以使每项业务的处理既不会被某一个人所包办，也不会因为由多人经办而没有相互牵制监督造成损失，从而确保每项经济业务都经过两个或两个以上的部门或人员的处理，达到相互监督、相互制约、纠错防弊的目的。

四、权责明确原则

任何组织要实现既定的组织目标，必须制订一整套符合管理需要和生产实际的组织方案，建立健全岗位责任制，明确分工责任。职权与职责必须一致，要履行一定的职责，就应该有相应的职权。只履行职责而无职权或权限太小，则其职责承担者的主动性、积极性必然受到束缚，最终也不可能承担起应有的责任；相反，只拥有职权而不负任何责任或责任程度极小，必将导致滥用权力。

内部控制的设立是与组织的管理模式紧密联系的，组织按照其推行的管理模式设立工作岗位，并赋予其责、权、利，规定相应的操作规程和处理程序。任何权力是岗位责任原则中的关键因素，有什么样的岗位责任，就必须赋予此岗位完成任务所必需的权力，切忌出现职责不明、权力不清的现象。

明确岗位责任要实现不相容职务相分离，设置岗位时必须考虑到授权岗位和执行岗位的分离、执行岗位和审核岗位的分离、保管岗位和记账岗位的分离等，通过不相容职责的划分，达到各部门、各岗位业务关系尤其是相邻部门、岗位之间能够相互牵制的目的。应让员工理解其承担的控制责任，熟知完成工作任务的操作规程和处理程序，又懂得严格按照规章制度履行职责的重要性。

五、信息反馈原则

组织在设计内部控制制度时，坚持信息反馈原则就是要根据信息反馈过程及各阶段的特征，在单位内部设有严密的记录和报告等信息反馈系统，使各控制主体能够及时了解控制措施的执行情况，不失时机地行使权利，履行责任，调整生产经营活动，有效实现内部控制的目标。例如，在组织内部实行职责分工、职务分离，保证提供信息的准确性与可靠性；建立严格的业务处理和凭证传递程序，确保反馈渠道及时、通畅；在反馈过程的关键点或平衡点实行严格的控制手续，并建立经常性的核对制度，减少并能及时发现错弊；建立报告、分析制度，便于及时采取纠正措施，避免或减少可能造成的损失等。

六、过程控制原则

内部控制应以事前、事中控制为主，对经营和业务管理运行过程中的重要活动、关键环节，通过优化操作流程，健全落实业务岗位权责制度、财务管理制度、内部监督审计制度等,预防风险发生或能及时发现风险问题,把风险纳入可控范围,将风险造成的损失降低到最低程度。

七、关键环节原则

构建内部控制体系是为了实现经营目标、减少可能发生的损失,而设计、实施内部控制制度要支付一定的成本,组织必须关注实施内部控制的收益和成本,控制成本与控制收益相比必须是经济的,也即要遵循成本效益原则①。内部控制涉及方方面面,为合理、有效地实施内部控制,必须将控制应用在关键的环节上。反映和影响内部控制成效的因素很多,随实践的发展可供评价的因素将不断扩大。对内部控制的评价,应分析主要控制点和关键影响因素。在选取评价指标时应随着具体环境和评价目的的不同有所侧重,遵循重要性原则。由于结果评价选取的定量指标影响因素很多,内部控制只是其中一环,因此结果评价应采用弹性分析方法的思想,允许评价结果在标准值一定范围内发生波动,从而更合理地评价内部控制。

第三节 内部控制的目标和要素

一、内部控制的目标

内部控制的各项目标,都是为了保证完成工作任务和实现经营目标。国际上对内部控制的目标有多种多样的提法,COSO报告对内部控制目标的概括具有普遍的适用性。该报告认为,内部控制为实现以下三类目标提供合理的保证,即经营的效果和效率、财务报告的可靠

---

① 成本效益原则是指在会计信息供给与需求不平衡的状况下,会计信息供给花费的成本和由此产生需求之间要保持适当的比例,保证会计信息供给所花费的代价不能超过由此而获得的效益,否则应降低会计信息供给成本。

性、对现行法规的遵循。巴塞尔委员会①则把上述内部控制的三类目标分解为操作性目标、信息性目标和遵从性目标。操作性目标不只针对经营活动,而且包括其他各种活动。在信息性目标中还把管理信息包括了进来,明确要求实现财务和管理信息的可靠性、完整性和及时性（见表1—1）。

表 1—1　　　　　关于内部控制三类目标的表述

COSO 报告的内部控制目标	巴塞尔委员会的内部控制目标
经营的效果和效率 财务报告的可靠性 对现行法规的遵守	操作性目标：各种活动的效果和效率 信息性目标：财务和管理目标的可靠性、完整性和及时性 遵从性目标：遵从现行法律和规章制度

这三类目标满足不同的需要,又相互交叉。显然,内部控制是保证各项业务发展的,而不是妨碍其发展的。在操作性目标中,经营的"效果"是根据实际产出与预期计划产出的比较而言的；经营的"效率"是根据实际产出与实际投入的比较而言的。就企业而言,企业不能为实现自身经营性目标而不遵从国家法律法规,也不能为实现遵从性目标或操作性目标而违反财务和管理信息的可靠性、完整性和及时性。这是一种"全部控制论"的概念。良好的内部控制系统应能够确保上述三大目标的实现。

内部控制明确而科学的目标为各种组织提供了比较一致的标准,以便各组织能够评价其控制系统和决定如何加强控制。一个组织内部控制抓得好不好,可以对上述三类目标加以总体考核得出评判。以股

---

① 巴塞尔银行监理委员会（The Basel Committee on Banking Supervision）简称巴塞尔委员会,是由美国、英国、法国、德国、意大利、日本、荷兰、加拿大、比利时、瑞典10大工业国的中央银行于1974年底共同成立的,作为国际清算银行的一个正式机构,以各国中央银行官员和银行监理当局为代表,总部在瑞士的巴塞尔。巴塞尔委员会本身不具有法定跨国监理的权力,所作结论或监理标准与指导原则在法律上也没有强制效力,仅供参考,但因该委员会成员来自世界主要发达国家,因此影响较大。

份公司为例，它的董事会和高级管理层是否合理地理解该组织的操作性目标，它的财务报告和各项管理信息是不是可靠、完整、及时地提供给审核机构，它的各项活动是否遵从了现行的法律和规章制度，这些方向性的标准无疑是对一个组织比较有力的鞭策。细化这些标准，对内部控制的深入考核更有益处。

二、内部控制的要素

内部控制是一个体系，应有哪些要素组成，国际上总结不一。到目前有总结为三要素的[①]，即控制环境、会计系统、控制程序；也有总结为五要素的[②]，即控制环境、风险评估、控制活动、信息与沟通、监督与控制；还有总结为七要素的[③]，就是在COSO报告五要素基础上又增加了"风险偏好"和"风险容忍度"两个要素。COSO报告《内部控制——整合框架》五要素论，是一个比较完整和被广泛认同的理论（见图1—1）。

（一）控制环境

控制环境是指构成一个组织的控制氛围，它由一系列对组织的政策和程序的建立、完善与有效性产生综合影响的因素组成。COSO报告认为，控制环境提供组织内部控制的基本规则和架构，是影响内部控制其他要素的基础。"所有业务活动的核心都是人员（他们的个人特性，包括诚信、道德价值观和胜任能力）以及他们开展经营所处的环境。他们是推动主体发展的引擎，也是所有事情赖以存在的基础。"[④] 控制环境主要包括：

1. 员工的诚信和道德价值观

内部控制的有效性不可能脱离建立、执行和监控人员的诚信和道德价值观。诚信和道德价值观是控制环境的首要因素，它影响内部控

[①] 1988年由美国会计师协会的审计委员会（ASB）提出。
[②] 由COSO报告《内部控制——整合框架》提出。
[③] 由COSO委员会2003年颁布《企业风险管理框架》报告时提出的，又称风险管理框架。
[④] COSO报告《内部控制——整合框架》第一章。

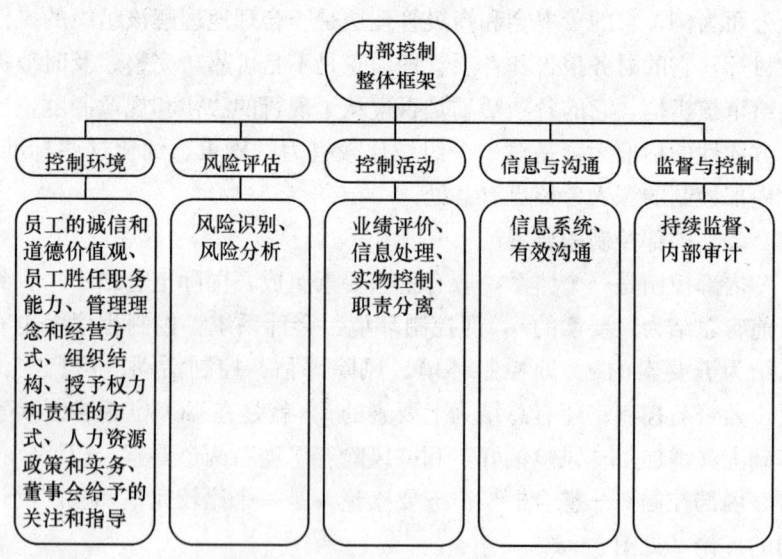

图1—1 内部控制整体框架示意图

制的其他构成要素的设计、执行和监控。诚信是道德行为的先决条件。各层级上的道德氛围对公司的良好发展,以及对公司的政策和控制体系的有效性起到重要作用。道德行为和管理层的诚信是"公司文化"(corporate culture)的一个产物。公司文化包括道德和行为准则、沟通这些准则的方式,以及在实践中强化这些准则的方式。最高管理层(从首席执行官开始)在确定公司文化中起着关键的作用。首席执行官通常主导着组织的个性,他们个人通常确立了组织的道德基调。

2. 员工胜任职务能力

雇员是否能胜任质量管理的要求。管理层需要明确特定岗位所需的胜任能力水平,并将这些水平转化为所需的知识和技能。必要的知识和技能可能取决于个人的智力、培训和经验。

3. 管理理念和经营方式

管理层的理念和经营风格影响其管理企业的方式,包括接受经营风险的类型。如：在可能的备选会计原则中进行的选择是保守的还是激进的，做出会计估计时的谨慎和稳健程度，对数据处理、会计职能和人员的态度。

4. 组织结构

一个主体（entity）① 的组织结构提供了一个框架，在这个框架内对为实现主体层次目标的活动进行规划、执行、控制和监控。组织结构的建立主要包括确定权力和责任的关键领域，以及适当的报告途径。如信息是否到达合适的管理阶层，并保证内部审计部门有足够的权力对发现的问题进行追查和提出建议。主体应该根据自己的需要来确定组织结构，其适当性取决于它的规模和活动的性质。无论采取何种结构，都应该把主体的活动组织起来，以便执行为实现特定目标而设计的战略。

5. 授予权力和责任的方式

授予权力和责任的方式包括对经营活动的权力和责任的分配，以及确立报告关系和授权的规程。它涉及鼓励个人和团队发挥主动性去应对和解决问题的程度，以及对他们权力的限制和关键部门经理的职责是否有充分规定。关键的挑战是能否做到实现目标必要程度上的授权和确保所有的人员都了解主体的目标，以及每个人的行动都是相互关联的和对于实现主体目标有什么作用。适应主体组织结构"扁平化"（flattening）的趋势，不断的授权调整意味着要求更高水平的员工胜任能力以及更大的责任，还要求管理层采取有效的程序去对结果进行监控。公司首席执行官对主体内部的所有活动，包括内部控制体系负有最终的责任。

6. 人力资源政策和实务

人力资源政策信息，如聘用、定岗、培训、评价、咨询、晋升、

---

① COSO 报告附录 E 选定术语表。主体是为了特定目的而成立的任何规模的组织。例如，一个主体可以是经营企业、非营利组织、政府部门或学术机构。作为同义词使用的其他术语包括组织和企业。

薪酬和补偿活动等，都传递主体对员工的要求方面的信息。其中，聘用人员资质标准，包括强调教育背景、工作经验以及诚信和道德行为，表明主体对胜任和值得信赖的人的要求；培训政策沟通预期的职能和责任，包括培训学校和培训班、模拟案例研究和角色扮演练习等实务，表明了期望的业绩水平和表现；有竞争力的薪酬计划，能够鼓励和强化突出的业绩。惩戒行动传递的信息是：对期望行为的违反将不会得到容忍。

7. 董事会给予的关注和指导

控制环境和"最高层的基调"受到主体的董事会和审计委员会的重大影响。影响因素包括董事会或审计委员会对于管理层的独立性、成员的经验和声望、参与和对活动进行审查的程度，以及其行为的适当性。一个积极参与的董事会、托管委员会或类似机构，应具备适当程度的管理、技术和其他专长，以及必要的声望和见地，以便充分行使必要的治理、指导和监督职责。

（二）风险评估

风险评估指管理层识别和分析对经营、财务报告、符合性目标有影响的内部或外部风险，包括风险识别和风险分析。风险识别包括对外部因素（如技术发展、竞争、经济变化）和内部因素（如员工素质、信息系统处理的特点）进行检查。风险分析涉及估计风险的重大程度、评价风险发生的可能性、考虑如何管理风险等。现代企业风险主要来自于：经营环境的变化，聘用新的人员，采取新的或改良的信息系统，新技术的应用，新行业、产品或经营活动的开发，企业改组，海外经营，新会计方法的应用等。

风险评估需要借助一定的手段方法，涉及内容较多，本章不做更多的介绍，详细内容见本教材的第三章。

（三）控制活动

控制活动指对所确认的风险采取必要的措施，以保证组织目标得以实现的政策和程序。实践中，控制活动形式多样，可将其归结为以下几类：

1. 业绩评价

业绩评价指将实际业绩与其他标准,如前期业绩、预算和外部基准尺度进行比较;联系不同系列的数据,如经营数据和财务数据,对功能或运行业绩进行评价。这些评价活动对实现企业经营的效果和效率非常有用,但一般与财务报告的可靠性和公允性相关度不高。

2. 信息处理

信息处理指保证业务在信息系统中正确、完全和经授权处理的活动。信息处理控制可分为两类:一般控制和应用控制。一般控制与信息系统设计和管理有关,例如保证软件完整的程序、信息处理时间表、系统文件和数据维护等。应用控制与个别数据在信息系统中处理的方式有关,例如保证业务正确性和已授权的程序。

3. 实物控制

实物控制亦称为资产和记录接近控制,这些控制活动包括实物安全控制、对计算机以及数据资料的接触予以授权、定期盘点以及将控制数据予以对比。实物控制中防止资产被窃的程序与财务报告的可靠性有关,例如在编制财务报告时,管理层仅仅依赖于永续存货记录,而存货的接近控制与审计有关。

4. 职责分离

职责分离指将各种功能性职责分离,以防止单独作业的雇员从事或隐藏不正常行为。一般来说,下面的职责应被分开:业务授权、业务执行、业务记录、对业绩的独立检查。理想状态的职责分离是:一个职员负责一个职能。

(四)信息与沟通

信息与沟通指为了使员工能履行其职责,组织必须能够识别、捕捉、交流外部和内部信息。外部信息包括市场份额、法规要求和客户投诉等信息。内部信息包括财务信息中的会计制度,即由管理层建立的,记录、报告经济业务和事项,维护资产与负债及业主权益的制度。有效的会计制度应包括:(1)可以确认所有有效业务的方法和记录。(2)序时详细记录业务以便于归类,提供财务报告。(3)采用恰当的货币价值来计量业务。(4) 确定业务发生时期以保证业务记录于合理的会计期间, 在财务报告中恰当披露业务。实际情况是组织中的所有层级都需要信息, 以便于开展业务, 并朝着主体所有各类经营、财务报告和合规目标的实现前进。信息质量如提供信息的及时性、适当性、准确性等, 影响管理层在管理和控制主体的活动时作出适当的决策的能力, 运用现代(信息化技术)的信息系统处理信息可以提高信息质量。沟通是信息系统[①]所固有的。沟通须在广泛意义上进行, 包括使员工了解其职责, 保持对财务报告的控制, 也包括使员工了解在会计制度中他们的工作如何与他人相联系, 如何对上级报告例外情况。组织必须开放有利于传递和报告信息的沟通渠道, 以及有明确的倾听意见的意愿和制度保障。特别是组织内所有人员都需要了解内部控制体系中的相关部分是如何运行的, 以及应在系统中的作用与职责。每个沟通的方式有政策手册、财务报告手册、备查簿, 以及口头交流或管理示例等。

(五) 监督与控制

监督与控制指评价内部控制质量的进程, 即对内部控制运行及改进活动进行评价, 包括实施内部审计和与组织外部人员、团体监督情况进行交流。以上监控内容通常由内部审计部门或人事部门执行, 他们定期或不定期地对内部控制的设计和执行情况进行检查和评价, 与有关人员交流内部控制强弱方面的信息, 并提出改进意见, 以保证内部控制按设计执行并随环境的变化而改进。他们的评价信息有多个来源, 如对现行内部控制的研究、内部审计报告、对控制活动的例外报告、监管者报告、操作人员的反馈、顾客的投诉等。

三、内部控制目标与要素的关系

上述五个要素相互关联与配合, 形成一个内部控制的完整系统, 这个系统能够对改变的环境做出动态反应。各控制要素之间的相互关系是以控制环境为基础, 风险评估为依据, 控制活动为手段, 信息与

---

① 此处指广义的, 可能是计算机化的、手工的, 或两者组合的信息系统。

沟通为载体，监督与控制为保证。五要素相互联系，相互制约，为了实现其目标，一个组织应当在培育积极的内部控制环境的基础上，识别、衡量和评估经营管理活动中所涉及的各种突出风险点，然后针对这些风险点设置各种控制机制，并不断地对整个控制过程的适当性和有效性进行监督和评价。其中，内部管理信息系统为整个过程提供信息和沟通的便利。这些要素形成了一个有机、动态的系统（如图1—2所示）。

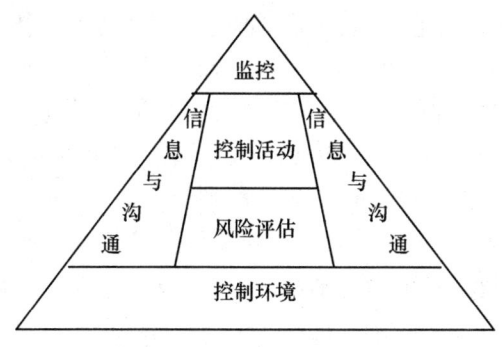

图1—2　内部控制五要素关系图

上述内部控制五要素与"经营的效果和效率、财务报告的可靠性、对现行法规的遵循"三类内部控制目标是紧密相连的。就像一个人体的细胞包含了人体的各种信息那样，一个组织中的任何一个机构、一项业务或一位成员都包含或反映出该组织中的"三类目标"和"五要素"等各种信息。

一般认为，内部控制的"三类目标"和"五要素"，构成了组织中内部控制系统的整体框架。现代内部控制理论对内部控制日臻完善的描述，帮助人们更全面和更深刻地理解内部控制及其控制对象。

第四节 国外内部控制理论与实践发展状况

内部控制的理论与实践是在内部牵制的基础上,经过长期的探索和经营管理实践逐步发展并完善起来的。

一、内部控制发展阶段

迄今为止,世界范围内内部控制理论的产生与发展大体经过五个阶段:

(一) 萌芽期——内部牵制 (Internal Check) 阶段

最早定义内部控制的是 1936 年美国发布的《独立公共会计师对会计报表的审查》。在这一时期,人们更习惯于内部牵制 (Internal Check) 这一概念。在《柯氏会计辞典》[①] 中,内部牵制的定义是:"以提供有效的组织和经营,并防止错误和其他非法业务发生的业务流程设计。设计有效的内部牵制使每项业务能完整正确地经过规定的处理程序,而在这规定的处理程序中,内部牵制机能永远是一个不可缺少的组成部分。"

实践证明,内部牵制的机制确实有效地减少了组织经营与业务管理过程中的错误和舞弊的行为,因此,在现代内部控制理论中,内部牵制仍占有相当重要的地位,并成为现代内部控制理论中有关组织规划控制、职务分离控制的基础。

(二) 成长期——内部控制 (Internal Control) 制度阶段

随着经济的发展,内部控制在内部牵制的基础上得以产生和发展。内部控制概念的形成和发展是传统内部牵制思想与古典管理理论相结合的产物。

1949 年,美国会计师协会的审计程序委员会在《内部控制——协调系统诸要素及其对管理部门和注册会计师的重要性》的专题报告

[①] W. W. Cooper and Yuji Ijiri. 1983. Kohler's Dictionary for Accountants. Chicago: Prentice—Hall, Ing and Englewood Cliffs. N. J.

中,对内部控制首次作出了权威性定义:"内部控制包括组织机构的设计和企业内部采取的所有相互协调的方法和措施。这些方法和措施都用于保护企业的财产,检查会计信息的准确性,提供经营效率,推动企业坚持执行既定的管理政策。"[1]

1958年10月,该委员会发布了《审计程序文告第29号》,正式以文告形式对内部控制重新进行表述:"内部控制从广义上说包括会计控制(Internal Accounting Control)和管理控制(Internal Administrative Control)。"1972年,该委员会在公布的《审计准则文告第1号》中对内部控制进行了重新解释和定义:"管理控制包括但不限于组织计划以及与管理部门授权办理经济业务决策有关的程序及记录。会计控制包括组织计划以及与保护资产和保证财务资料可靠性有关的程序和记录。"

(三)发展期——内部控制结构(Internal Control Structure)阶段

20世纪70年代后期以来,西方会计、审计界研究重点逐步从一般定义向具体化内容深化。

1988年4月,美国注册会计师协会发布《审计准则公告第55号》(SAS55)。该公告首次以"内部控制结构(Internal Control Structure)"代替"内部控制",指出:"企业的内部控制结构包括为提供取得企业特定目标的合理保证而建立的各种政策和程序。"并提出内部控制结构由三部分组成,即控制环境(Control Environment)、会计系统(Accounting System)、控制程序(Control Procedure)。该公告有两大变化:一是将控制环境正式纳入内部控制范畴,把对控制环境重要性的认识提高到相应的程度;二是不再区分会计控制和管理控制,而统一以要素表述内部控制。

(四)成熟期——内部控制整体框架(Internal Control Integrated Framework)阶段

进入20世纪90年代后,世界经济一体化进程加快,跨国公司

---

[1] 朱荣恩. 内部控制理论概述[J]. 中国审计,2001,8

蓬勃发展，企业管理日趋复杂，经营风险提高，内部控制成为企业管理科学化的重要标志。这也导致对内部控制的研究进入了一个新阶段。

1992年，美国"反对虚假财务报告委员会"下属的几个委员会共同组成的COSO委员会出版了COSO《内部控制——整合框架》。该框架具有广泛的适用性，被国际上普遍认为是有关内部控制的里程碑式的文件。文中对内部控制进行了重新的定义：内部控制是由一个企业董事会、管理人员和其他职员实施的过程，旨在为提高经营活动的效率和效果、确保财务报告的可靠性、促使与可适用的法律相符合提供一种合理的保证。这一定义的要点可以从四个方面进行理解：(1) 内部控制是一个动态的过程。(2) 内部控制的主体是董事会、经理阶层和其他内部人员。(3) 内部控制的目标是营运的效率和效果、财务报告的可靠性和法律法规的遵行。(4) 内部控制为这些目标的实现提供合理的保证。

COSO报告正式提出内部控制系统由控制环境、风险评估、控制活动、信息与沟通、监督与控制五部分组成。这五部分也就是上文所提到的"五要素"。

COSO内部控制整体框架，对世界各国的内部控制实践起到了重大的指导作用，为众多企业所广泛接受。报告中阐述的内部控制的制定与实施的责任问题，如组织中的每一个人都对内部控制负有责任的观点，以及强调内部控制应该与企业的经营管理过程相结合、内部控制是一个"动态过程"，"人"的重要性，"软控制"的作用等观点，均有着深远的影响，在内部控制理论的发展史上占有非常重要的地位。

(五) 最新发展——全面风险管理框架 (Enterprise Risk Management) 阶段

多年来，人们在风险管理实践中逐渐认识到，一个企业内部不同部门或不同业务的风险，有的相互叠加放大，有的相互抵消减少。因此，企业不能仅仅从某项业务、某个部门的角度考虑风险，必须根据风险组合的观点，从贯穿整个企业的角度看风险，即要实行"全面风险管理"。在这样的背景下，COSO委员会为了顺应内部控制理论与实务的发展，从2001年起开始进行相关方面的研究，于2003年7月完成了《全面风险管理框架》（草案），公开向业界征求意见，并于2004年10月正式发布了《企业风险管理框架》（简称ERM框架），认为企业风险管理包括内控，并且会全面取代内控，从而确立了内部控制向企业风险管理发展的合理性。

这一文件的出台，标志着内部控制理论有了一个新的发展。根据ERM框架，全面风险管理被定义为"一个过程"①。这个过程受董事会、管理层和其他人员的影响，从企业战略制定一直贯穿到企业的各项活动中，用于识别那些可能影响企业的潜在事件并管理风险，使之在企业的风险偏好之内，从而合理确保企业取得既定的目标。

二、内部控制理论演变及应用状况典例

（一）巴塞尔委员会扩充COSO报告五要素

内部控制理论是不断发展的，COSO报告对内部控制要素的概括，得到了巴塞尔委员会的认同和发展。1998年9月，巴塞尔委员会在COSO报告和加拿大的CoCo报告和实际经验的基础上，发布《银行组织内部控制系统框架》（FICSBO），在控制环境中强调了管理层的督促（oversight）和控制文化；在风险评估方面将风险的识别和风险的评估并举；在控制活动方面又突出了职责分离的重要性；该委员会特别对信息与交流作了更多的解释；除了监督评审活动之外，还把"缺陷的纠正"这种被COSO报告认为并非内部控制的活动也归纳为内部控制活动。

巴塞尔委员会还增加了监管当局对内部控制的检查和评价，把它作为内部控制的另一不可忽视的内容。事实是不论是COSO报告还是巴塞尔委员会，都跳出了传统的平面式的思维方式，把内部控制视为多维立体的空间，促使人们全面深入地理解控制和控制对象，分析

---

① 朱荣恩. 内部控制理论概述 [J]. 中国审计. 2001, 8

解决控制中存在的复杂问题。

(二) 欧盟公共内部财政控制系统 (简称 PIFC 系统)

PIFC 系统的目的是"为公共基金提供合理保障,确保其为实现设定目标所用",并保证资源使用的效率。公共内部控制是为"确保有合理的系统到位,尽可能从本质上实现预防腐败和欺诈"。这一系统是建立在 COSO 原则基础上的。

欧盟有 15 国没有应用 PIFC 系统,因为将新框架用于未被欧洲法律所覆盖的地区并不合适,且欧盟这 15 国的内部控制系统均已建立多时,已形成一套成熟的体系。将 PIFC 系统应用到东欧 10 个新入盟成员国比较合适,那些国家之前普遍采用前苏联的传统监察方法。东欧候选国分别在 2004 年和 2007 年成为正式欧盟成员国,PIFC 系统仍然适用的新候选国有克罗地亚、塞尔维亚和土耳其。

PIFC 系统与传统的监察和控制方法有着较大不同,欧盟发现它在政治和技术层面上有了很大进展。这个过程包括以下几步:(1) 建立中央协调部门作为改变的驱动力量;(2) 回顾法律规章,尤其是与公共财务相关的规章制度,确保 PIFC 系统与新修订的法律规定保持一致(如预算法和公共采购准则等);(3) 作缺口分析,检查规章制度和实际情况中的薄弱环节;(4) 制定一个政策开发文件,就法律法规、组织机构责任和流程提出建议;(5) 通过开发战略执行政策文件中提出的建议,经常与其他欧盟成员国的类似机构进行合作;(6) 通过年度报告、培训和支持,对单独机构和国家层面的 PIFC 框架进行定期监督。

PIFC 系统促使引入国转变中央协调部门角色。很多国家中央协调部门已经尽量尝试从最初的财政系统内部的一个部门向更广泛的方向发展,并促使中央协调部门注意向关系网络和利益相关部门搞好相关宣传。

另外,PIFC 系统应用 COSO 框架也反映出一些薄弱环节,主要包括:(1) 管理层面对内部控制的重要性认识不够,对内部控制工作支持不够。(2) 执行内部审计职务人员的待遇太低,难以招揽高质量工作人员。(3)审计规则中体现的普遍方法和要求,有待于内部审计与外部审计密切结合。(4)培训内容需要进一步集中于提高管理意识和实际技能上。

(三)英国工作和养老金部内部控制情况

英国的社会保障开支巨大。在2009—2010年的财政年度中,社会保障预计开支为1 888亿英镑,占GDP总额的13.4%,相当于卫生和教育两项支出的总和。金融危机期间,工作和养老金部共进行了50 000次与工作和待遇相关的访谈,处理了20 000个新待遇申领,并帮助5 000人重返工作岗位。劳动和养老金部直接雇用110 000名工作人员,所有员工在一个统一的垂直管理系统内工作,分为13个部门,包括6个服务部门和7个管理部门(信息、财务、人力资源、法规、变动管理、交流通信、电子政务)。

工作和养老金部把风险的源头归为6类:外部(起源于外部环境的风险,不在控制范围内,但可以为减小风险采取措施),当前的业务(与当月交割业务相关的风险),新的产生和改变(与改变风险发展或实施新项目或政策相关的风险),信息(与员工、客户、数据保护和信息自由法的信息安全相关的风险),名誉(与媒体对信息误解误传相关的风险),人员(与劳动能力、技术、雇用等人事因素相关的风险)。

针对这些风险源头,工作和养老金部作出如下分析:(1)服务风险,这类风险可能带来严重的信誉损失(例如因为主要的电脑错误或需要停止项目而无法支付参保人待遇);(2)财务风险,这类风险中最严重的情况是可能被国家审计部门限制账户,或不得不接受议会公共会计委员会的审查;(3)名誉风险,这类风险中最严重的情况是受到媒体的批评,这将使部长和高级公务员陷入舆论窘境。为此,工作和养老金部通过5个步骤实现风险管理(详见图1—3)。

第一步:识别风险。重点是识别战略和业务目标的关键风险,并落实到个体。第二步:风险评估。查明风险的起因和风险程度,确保部门之间相互协作;在此基础上对风险进行持续的评估,并使用持续

图 1—3 风险管理步骤

评分系统。第三步：风险定位。启动适当的控制活动缓和已确定的风险，同时分析确定出可容纳和无法回避风险的数量，从固有和残余两个方面衡量风险。通过标准风险管理软件工具获取风险分级数据并采用统一模板保存，如战略风险、高级业务风险信息等。第四步：审查风险报告。对风险注册信息定期监督和更新，以保证捕获新风险或合并风险。第五步：信息和协调。保证风险等级上升或下降过程的透明性。

（四）加拿大 CoCo 报告

1995 年加拿大特许会计师协会（简称 CICA）的控制标准委员会出版了《控制和治理指南》，即 CoCo 报告。CICA 指出：内部控制不只是一个过程，而是组织中那些联合起来可以支持人们实现组织目标的要素（包括资源、系统、文化、结构和任务）。这一内部控制目标与 COSO 框架内部控制目标基本相同。除此之外，CoCo 提供了它认为可以应用于整个组织或组织的重要部分的 20 条准则。因该报告使用了"控制"这个术语，具有更广泛的意义。这些准则分为目标（有关组织管理的准则）、责任（有关身份和道德标准的准则）、能力（有关能力的准则)、监督和学习（有关组织发展的准则）等类型。CoCo认为各项准则以循环的方式彼此相关，这一特征反映了控制过程具有连续性，就是目标促使有能力的人全力以赴地按照业务流程实施行动；监督和学习是为了保证组织在正确的轨道上发展和评估业绩，以便在必要时重新设置目标。

第五节 我国部分领域内部控制实践

近年来，内部控制的理论和实践在我国得到了空前的重视。新修订的《中华人民共和国会计法》第 27 条明确要求各单位必须建立健全内部控制制度。我国财政部相继发布了《内部会计控制规范——基本规范、货币资金、采购与付款、销售与收款、工程项目》等试行制度，中国注册会计师协会出台了《独立审计准则第 19 号——内部控制和审计风险》，这表明我国在现代企业内部控制规范化方面取得了部分研究成果并开始进入实践阶段。但由于我国内部控制理论的引进和研究起步较晚，其整体构架及审计评价体系尚未形成，在实践中还存在着诸多问题，内部控制制度的应有作用难以充分发挥。本部分以寿险公司、商业银行、企事业单位为例，介绍内部控制制度在我国的发展实践。

一、寿险业内部控制发展情况

寿险公司的风险具有潜在性、长期性和复杂性的特点，其风险的识别、预警、防范化解是一项系统而且十分艰巨的任务。而内部控制是企业风险控制的第一道防线，在风险防范中发挥着基础性和关键性的作用。我国寿险业内部控制的发展可概括如下：

自 1980 年我国恢复国内保险业务以来，在相当长的一段时期内，财、寿险混业经营，寿险业务发展缓慢，在 1992 年之前没有专门的寿险经营主体。监管机构也没有对寿险公司内部控制提出明确要求。

1997年5月,中国人民银行颁布了《加强金融机构内部控制的指导原则》,该原则引起各寿险公司的高度重视,由此开始认识并着手内部控制建设。2004年以来,中国保监会更加重视和关注保险公司的内部控制建设,将其作为风险防范系统工程的重要组成部分予以推进。逐步建立以公司内部控制为基础,以偿付能力监管为核心,以现场检查为重要手段,以资金运用监管为关键环节,以保险保障基金为屏障,努力构筑保险业风险防范的五道防线。

二、商业银行内部控制发展情况

商业银行内部控制是商业银行为实现经营目标,通过制定和实施一系列制度、程序和方法,对风险进行事前防范、事中控制、事后监督和纠正的动态过程和机制。商业银行要想稳健地开拓业务,实现既定的发展目标,必须有一套完整、有效、合理的内部控制体系,这是人们在长期总结银行业发展经验的基础上得出的基本结论。银行业作为一个特定行业所具有的特点——高负债、高风险、经营标的物是货币、容易成为犯罪分子作案的目标等,使得其在经营管理中存在一系列的高风险环节,如钱账分离、外汇交易的前台交易与后台结算分开等,这些都要求建立与其业务性质及规模相适应的完善的内部控制制度,以防范这些可能存在的风险。一个强有力的内部控制将有利于银行实现3大目标——业绩目标、信誉目标、合规性目标,即有效的内部控制将帮助银行达到长期赢利,保证财务报表与管理报告的可靠性、完整性和及时性,并确保银行遵守相关的法律、管理条例、计划以及内部管理制度及程序等,从而降低风险的发生。

风险控制是银行风险管理的重要环节,也是困扰我国银行业内部控制的木桶效应中的"短木板"。由于风险意识刚刚建立和风险管理专业人才的缺乏,我国商业银行对风险评估只能进行定性和人为可调整的管理方法,严重降低了已标准化、批量处理的银行零售业务的效率。

三、企业内部控制发展情况

企业内部控制制度是为适应生产经营管理的需要而产生的,是现代企业内部管理制度的一个重要组成部分。只要存在企业经济活动，就需要有相应的内部控制制度。企业内部控制的性质可以归结为两点：一是内部控制是企业经营管理的重要组成部分，二是内部控制是由企业内部的相关部门和人员制定和实施的控制企业经营管理活动的行为。从内容上来说，企业内部控制制度划分为内部管理控制制度与内部会计控制制度两大类。

内部管理控制制度是指那些对会计业务、会计记录和会计报表的可靠性没有直接影响的内部控制，例如，企业单位的内部人事管理、技术管理等。内部会计控制制度是指那些对会计业务、会计记录和会计报表的可靠性有直接影响的内部控制。在社会化大生产中，内部控制作为企业经营管理活动自我调节、自我约束的内在机制，处于中枢神经系统的重要位置。内部控制的健全完善与否已成为企业兴衰成败的关键。

我国目前尚未正式提出权威性的内部控制标准体系，对内部控制的完整性、合理性及有效性更是缺乏一个公认的标准体系。企业治理结构上的先天不足以及组织结构和人员素质等方面的原因，致使我国企业内部控制普遍薄弱，无章可循和有章不遵的现象较为突出，内部控制缺乏科学性和合理性，内部审计监督力度不够。企业经营失败、会计信息失真及不守法经营在很大程度上都可归结为企业内部控制的失败，例如郑州亚细亚、广东国投等的衰败都深刻说明了这一点。

四、事业单位内部控制发展情况

事业单位内部控制制度是指事业单位为了保证经营业务活动的有效进行，确保资产的安全完整和有效运用，会计资料的真实、合法，防止舞弊行为发生，实现经营目标和效益而制定和实施的贯穿于各事业单位经营活动的各个方面的一系列组织措施。事业单位内部控制的原则包括：合法规范性原则、相互牵制原则、有用性原则、成本效益原则。事业单位内部控制是一个组织设计并实施的一系列程序，以便为达到该组织的目标提供合理保障，也是对风险进行有效识别、评估、控制、监测和改进的动态过程和机制，包括控制环境、控制程序和会计系统三大部分。事业单位内部控制作用的有效发挥,需要采取措施不断使其进行完善。

行政事业单位的资金主要来源于财政拨款,在内部控制制度建设、内部控制目标制定、内部控制制度执行上普遍存在着不重视、不完善的现象。但其作为国家财政资金支出的重要范围,只有建立起完善的内部控制制度、合理的内部控制目标、科学的内部控制流程,才能更好地发挥在国民经济中的作用。

我国事业单位内部控制存在着一些问题,主要有两个方面:(1)会计核算不规范,资产家底不清。主要表现在会计记录系统不健全,原始凭证内容填写不完整、审核粗糙。预算外收入挂往来账,以此来掩盖收益。(2)预算控制比较薄弱。随着我国部门预算改革的推进,预算控制得到了一定程度的加强,但实际运用中相当数量的单位预算控制仍显薄弱,预算的计划性、科学性都不够好。

思考题:

1. COSO报告提出的内部控制的目标、要素有哪些?
2. 内部控制遵循的原则有哪些?
3. 内部控制的方法有哪些?
4. 内部控制存在的局限性有哪些?

第二章 经办机构内部控制概述

经过 20 多年的改革,我国基本构建起与社会主义市场经济体制相适应的社会保险制度体系。与此同时,社会保险经办管理逐步走上"规范化、信息化、专业化"轨道,其内部控制建设也经历了从无到有和逐步健全完善的发展过程。社会保险经办内部控制的设计与实施应紧紧围绕实现社会保险经办管理目标,即保证社会保险基金运行的安全与完整而进行。

本章主要介绍经办机构内部控制的含义与作用、社会保险经办风险类型,以及部分地区社会保险内部控制实践情况,探讨经办机构内部控制的发展趋势。

第一节 经办机构内部控制的含义与作用

一、经办机构内部控制的含义

经办机构内部控制,是指经办机构为了确保社会保险法律法规,以及国家社会保险政策的贯彻执行,维护社会保险基金的安全和完整,保证各项社会保险信息数据的真实性、准确性和可靠性,避免和降低各种经办风险,促进社会保险经办管理目标的实现,针对本系统内部职能部门及其工作人员从事社会保险经办管理服务活动制定和实施的一系列管理程序和制度的总称。内部控制是组织的自律行为,主要是通过建立责任体系的方式来防范和控制风险的发生。为了把握经办机构内部控制的内涵,可从以下几个方面进一步理解。

(一)经办机构内部控制的主体

内部控制的主体是指对内部控制承担直接和间接责任的单位和个

人。通俗地说，内部控制的主体就是指谁来进行控制。根据这个定义，经办机构内部控制主体，应该是与社会保险统筹层次相对应的经办机构。例如，实行养老保险省级统筹，省级经办机构就是当然的内部控制主体，同时其所辖的各级经办管理机构也承担着相应的控制责任。一定意义上讲，经办机构中，除了应设置专业的内部控制监管部门（如内部审计部门）外，经办人员人人都是内部控制的主体，每一个员工都应自觉参与内控管理活动和履行岗位内部控制职责，并接受组织和别的岗位对自己的监督。

（二）经办机构内部控制的目标

内部控制的目标并不在于寻求管理的"绝对安全"，而是着眼于实现有效控制基础上的社会保险事业持续发展的目标。因此，经办机构内部控制的总体目标只能是始终与社会保险经办管理服务发展的目标保持一致。一切与此相悖的内控制度设计都是不允许的。

（三）经办机构内部控制的客体

内部控制的客体是指内部控制的实施对象，也就是说在何种范围内对什么内容进行控制。因经办机构内部控制主要是对经办管理活动的全过程进行控制，其控制的客体就是全部的经办管理活动，既包括实施经办管理活动的主体，也包括经办管理活动的过程和管理活动的结果。实践看，经办机构内部控制的客体至少包括：（1）经办管理者和经办操作者；（2）经办管理的各个组成部门；（3）经办管理机构的所有资产；（4）经办管理的信息载体和信息处理；（5）经办管理的所有业务活动。

（四）经办机构内部控制方法

经办机构内部控制方法种类多样，主要有：（1）组织机构控制，包括组织结构控制、民主决策控制、岗位授权控制、岗位轮换控制、职责分离控制、责任追究控制、人力资源管理控制等；（2）业务运行控制，包括优化业务流程控制、复核复审控制、逐级审批控制等；（3）社会保险基金财务控制，包括会计制度控制、收支核算控制、预算管理控制、财务报告控制等；（4）信息系统控制，包括信息系统的组织与管理控制、信息系统开发、测试、上线与转换控制、信息系统维护控制、信息系统应用控制、系统安全控制等；(5)监督检查控制，包括自我监督检查控制、民主监督检查控制、专门监督检查控制。这些内部控制措施，构成经办机构内部控制责任体系。

二、经办机构内部控制作用

经办机构内部控制作用，可以概括为以下四个方面：

(一) 保证正确执行社会保险政策法规

经办机构的主要职责是全面准确地贯彻执行好国家颁布的社会保险法律、法规以及各项制度政策。通过一系列的经办管理活动，将国家的社会保险政策转化为公共服务产品，提供给社会保险制度规定的覆盖对象，以实现增进民众福利、维护社会稳定的目标。建立健全内部控制制度，能够从机制上保证国家的社会保险法律、法规和政策制度不折不扣地得到贯彻执行，从而有利于实现社会保险的政策目标和保障社会保险事业长效健康发展。

(二) 确保社会保险经办信息的可靠性和安全性

社会保险经办不仅离不开客观准确的信息，而且还会不断生产出大量的信息。这些信息不仅关系到广大参保对象的切身利益，而且还直接影响管理决策的正确与否。因此确保社会保险经办信息的客观、准确和完整，就成为社会保险经办管理的一项重要任务。健全的内部控制，能够规范经办人员认真履行岗位职责，保证完整准确地采集、审核、记录各项社会保险信息，以及保证社会保险经办信息的传输和存储的正确与安全。

(三) 保证社会保险基金的完整和安全

社会保险基金是社会保险制度的物质基础，规模庞大的社会保险基金，对于确保社会保险制度的正确运行和促进国民经济的健康发展起着极其重要的作用。所以，确保社会保险基金的完整和安全就成为社会保险经办管理的首要任务。健全内部控制制度，包括岗位责任授权制度、会计控制制度等，能够有效地监督制约经办管理的各个环节认真履行职责，预防或纠正管理漏洞，确保社会保险基金运行安全完整。

（四）促进提高经办管理效率和质量

社会保险经办管理政策性、关联性强，岗位设置也多种多样，既有对外的前台服务窗口，又有对内的技术保障和负责业务监督检查的后台管理，如业务运行管理、社会保险基金财务管理和信息维护管理等。为提高经办管理效率和质量，必须规范经办职务行为，用制度约束每一个业务人员认真履行岗位职责，在授权范围内充分发挥主观能动性，争创一流的工作业绩。强化内部控制，要求落实各项内部控制制度，能够促使业务岗位人员履责更加严谨规范，提高经办管理服务效率和质量。

第二节 经办管理工作特点与风险类型

内部控制是防范风险的有效机制，是以风险的存在为前提的。不同行业风险的程度和风险的特点存在差异，要有效提升防范风险的能力，不仅要遵从内部控制的一般规律，而且要在认真研究本行业工作特点的基础上，把一般规律与行业特点有机结合起来，构建起符合本行业特点的内部控制体系。

一、经办管理工作特点

社会保险工作不同于其他的社会事业，其工作性质的独特内涵使其具有十分鲜明的行业特点。了解这一点，对于理解和组织落实内部控制工作十分必要。

（一）经办管理的周期长

从宏观层面看，社会保险作为社会稳定的保护网和减震器，是现代社会所必须建立的基本社会制度，它是与工业社会相生相伴的产物。因此，它是一项必须长期发展的社会事业。从微观的角度看，社会保险所包含的管理项目，是针对劳动者的生、老、病、死等状态而设立的,从严格的时间界点看,它将对人从出生到生命终结的全过程进行管理,即所谓的记录一生、服务一生、保障一生,其管理的一个周期可以长达百年。这种长期性必将使社会保险经办管理面临一系列复杂的问题,如准确记录参保权益的压力,保证社会保险基金安全运行的压力,以及满足参保对象服务需求的压力等。

(二)服务对象的广泛性

社会保险是集合社会力量保障社会安全的社会事业,筹资需要遵循"大数法则"。然而由于社会群体的状态千差万别,人们对社会保险的需求也存在很大的差异,要通过大数法则实现社会风险的共担,必须依法要求所有符合社会保险法律法规条件的人参加社会保险和履行缴费义务,这就决定了社会保险的参保和服务对象是十分广泛的。我国社会保险事业发展的历史也充分证明了这一点。仅以医疗保险为例,其覆盖范围已经由城镇职工扩展到城镇居民,由城市扩展到广阔的农村,实现了制度的全覆盖。社会保险服务对象的广泛性,给经办管理工作带来许多新的挑战,如经办能力不足与服务工作量增加的矛盾,管理手段单一与服务需求多样化的矛盾等。

(三)业务管理的复杂性

社会保险经办管理工作的长期性和广泛性,以及社会保险项目的多样性,使得社会保险的业务管理变得十分复杂,需要一套完整而严密的管理制度和信息系统,准确地记录参保人员在整个保险期内的一切业务变动情况,而且还要随着社会经济和科学技术的发展,建立一个开放的管理系统,共享社会资源,以便为参保者提供更加高效和优质的服务。同时越是复杂和开放的管理系统,越是面临着更多和更大的管理风险。

(四)管理的信息安全等级高

社会保险经办的重要职责之一是信息管理。社会保险信息是社会保险经办的核心资产,其重要性不言而喻。根据国家信息安全保护等级标准,经办机构的信息安全保护等级为三级,即信息系统受到破坏后,将会对社会秩序和公共利益造成严重损害。如果社会保险经办信息管理出现差错、丢失等系统安全问题，将直接影响为参保对象正确记录权益和支付待遇，甚至危及社会保险基金的使用安全。2007年5月，日本厚生省社会保险厅因为丢失了5 095万份养老保险记录，还有1 430份厚生年金没有及时记录，事件引起日本朝野的震动，导致首相下台，足以说明管理社会保险信息的重要性。

（五）管理的社会保险基金影响大

社会保险基金是建立社会保险制度的物质基础。由于社会保险基金具有建立的强制性、来源的广泛性、使用的严格性、给付责任的长期性和保值增值的艰巨性，管理社会保险基金工作成为经办机构的头等重要任务。如果社会保险基金遭受到任何风险和损失，都会引起社会的广泛关注和震动。

二、经办管理风险类型

风险管理有一个著名的论断：处处有风险、时时有风险、事事有风险。这是对事物发展的一个总体判断。但对具体事物而言，面临的风险有普遍存在和共性的，也有特殊存在和个性的。分析社会保险经办管理风险，从大的视角看，有来自外生的风险，如政治风险、自然风险、法律风险等，外生风险不属于经办机构内部控制的范畴。内部控制关注解决的是社会保险经办管理运行中的内生风险，主要包括：控制环境风险、业务操作风险、社会保险基金管理风险、技术保障风险和道德操守风险。其中，业务操作风险、社会保险基金管理风险和技术保障风险是经办机构的特殊和个性风险，其他类型风险则是所有组织都可能存在的共性风险，若有区别，也只是发生风险的表现形式不同而已。

（一）控制环境风险

经办机构控制环境风险，是指由经办机构的组织结构设置、管理层控制意识、内部控制制度有无、员工队伍素质状况优劣等一系列相互关联的人文因素造成的风险的总称。控制环境是经办机构内部控制的基础，直接影响经办机构的内部控制效果。经办机构控制环境风险主要表现在三个方面：

1. 组织结构的设计不利于信息传递

信息在组织系统中的顺畅传递是实现有效控制的基本要求和必然结果。信息的顺畅传递，主要取决于组织结构的设计是否科学。我国大多数经办机构的组织结构是行政化的多层级模式。这种组织形式的特点是一级抓一级，突出的优点是管理责任明确，便于督促工作任务落实。但随着经办机构组织规模的扩大和业务量的大幅增加，易出现信息失真、有令不行、有禁不止以及内控监督管理效能低下的问题。这种状况与提高各险种统筹层次的管理要求不相适应。

应明确的是，任何一种类型的组织结构都不会十全十美。经办机构应随着生产力和经济社会的不断发展，以及适应新形势可持续发展的需要，围绕提高公共服务效能，为参保对象提供方便快捷、安全可靠的服务，以及有利于内部控制的目标，适时地优化组织架构，减少控制环境的风险因素。计算机、网络技术的飞速发展，使传统的多层级职能制组织结构能够向简化管理层次、通畅信息传递渠道、提高组织效率的扁平化组织结构转变。实施扁平化组织架构，保证实现组织的目标，对经办机构管理层的监管能力和操作层的综合处理业务能力以及所有业务岗位的自我约束的控制能力，提出新的和更高标准的要求。

2. 以诚信和道德价值观为主体的组织文化建设薄弱

经办机构的组织文化是在长期业务经办实践中形成，并被员工普遍认同和遵从的思想观念、价值标准、思维方式和工作作风的总和，是物质文化、制度文化和精神文化的复合体。良好的组织文化起着导向、凝聚或规范的纽带作用，是组织健康发展的催化剂。如把组织比做一棵大树，那么组织的理念和文化就是大树的根，是组织发展的灵魂；组织的各种制度规范和行为准则，则是大树躯干、枝，是组织核心价值的体现，也是组织业务运行的基本保障；而组织呈现在公众面前的外在形象，就是大树的花、果、叶。

组织文化对组织行为架构、目标设立和风险评估的方式等，有潜移默化的影响，直接或间接地影响内部控制活动。强化经办机构组织文化建设是营造良好控制环境的首要任务和经常性工作。但从现实情况看,许多经办机构忽视以诚信和道德价值观为主体内容的组织文化(亦称内控文化)建设。如,未有计划开展遵纪守法等思想品德教育,处置违规违纪问题往往是就事论事,不触及思想根源;虽然建立了职业道德规范和经办管理服务制度,但有布置无检查,部门之间、岗位之间未形成主动相互监督的内部控制氛围。由此,一些经办机构发生了侵占或挪用社会保险基金的违法案件,不但造成经济损失,还造成严重的不良社会影响,有损政府形象。违规违纪经办参保缴费、待遇支付业务等,也同样会导致经办管理运行风险,最终危及社会保险基金的完整与安全。

3. 人力资源管理状况与承担的职责任务不相匹配

有效配置人力资源是保证经办机构实现各项管理计划目标的决定性因素。作为组织控制环境中的重要部分,经办机构人力资源管理状况,包括人力资源规划、工作岗位分析、人员引进招聘、岗位绩效考评、薪酬制度设计、员工培训与开发等,这些因素是否能正确反映和达到工作目标要求,直接关系着经办机构内部控制的有效性。但全国社会保险经办系统缺乏统一规范的职位体系设计,缺乏有约束性的中长期不同职级和覆盖各专业职务的岗位培训与人才培育开发规划,缺乏科学的人力资源绩效考核机制和激励机制,导致部分人员素质与经办管理服务的工作效率和质量标准不相适应,特别是普遍缺乏既会组织管理,又懂社会保险业务的领导人才和高水平的财务管理、会计核算、稽核审计、计划统计、绩效评估、预算精算、信息维护、流程再造、宣传调研等各类专业技术人才。许多地方经办机构在招录人、使用人、培养人等关键环节上,缺乏计划性、前瞻性,决策存在随意性或短期行为,以致出现了专业技术人员缺乏,有关岗位由非专业人员替代的状况,甚至都选拔不出来符合素质要求的业务主管;对员工履责行为考核评价流于形式,不能全面了解员工的诚实性和道德行为的真实性,以及是否胜任岗位工作要求;用人迁就照顾倾向严重,对个人素质不适应任职审核、审批等关键岗位的人员,该调整的没调整;

按有关规定应实行任职轮岗制度、任职回避制度、离任审计制度以及薪酬与绩效挂钩激励制度等，以种种理由未实行或象征性地实行。这种人力资源管理状况，对于社会保险事业的健康发展是十分不利的。

（二）业务操作风险

经办机构业务操作风险，是指经办机构业务经办人员未按照政策规定或未按照业务流程、业务规程办理业务，最终给社会保险业务运行造成直接或间接风险的总称。实践看，业务操作风险有两个特点：（1）风险因素主要是操作失误，属于可控范围；（2）风险覆盖范围广，几乎涉及业务经办管理的方方面面。

1. 因流程设计引发的操作风险

因流程设计引发的操作风险主要是业务流程设计不严谨、不科学，给经办操作埋下风险隐患。长期以来，由于存在"重制度改革，轻经办执行"，"重基金征缴，轻管理服务"的情况，全国社会保险经办系统没有形成规范统一的经办管理业务流程。各地区普遍自行设计业务流程，对控制操作风险的认识和掌控程度存在差别，有些地方经办机构的一些业务流程存在着严重的风险隐患。

例如，有的经办机构授权一个业务经办环节（岗位）办理参保登记审核、信息录入和变更信息维护，没有设置复核（复审）环节；还有的经办机构，授权一个部门办理退休资格审核、待遇计算和养老金发放。类似业务操作，对参保单位或个人提供了方便，但是由于缺乏对岗位权力的制约和监管，这种专管员制模式极易产生经办失误、错办或故意违规的现象。

2. 因个人素质引发的业务操作风险

业务操作风险大多与人的敬业精神和业务素质有关。如果经办机构业务岗位人员的责任心不强、政策观念淡薄，专业水平或操作技能与岗位职责和质量标准要求不相适应，尤其是管理层知识结构不合理，如领导不熟悉业务，指导和监督检查不力，以及对操作人员业务培训不够等，都易引发业务操作风险。还有，业务操作风险还包括因身体疲劳等非故意因素导致的如误审、误核、误录、误记等工作差错。通常业务操作风险可以复退和追溯纠正,经办机构可以承受,但要增加工作成本。

3. 因外部环节引发的业务操作风险

因外部环节引发的业务操作风险主要是指来自外部的一些欺诈行为,如外部人员采取欺骗手段冒领社会保险待遇和瞒报参保缴费基数等,经办机构的职能部门或经办岗位未能及时识破和监督整改,就会接纳这些外部风险,并将外部风险变成内部业务操作风险。

(三) 社会保险基金财务管理风险

社会保险基金管理风险有广义、狭义之分。前者包括各项社会保险基金的收支、管理和投资运行中各个环节管理风险;后者只限于社会保险基金的财务管理风险。这里所指的社会保险基金管理风险是后者。实践看,社会保险基金财务管理风险主要包括:财务人员未按制度规定及时将收入户的社会保险基金转存到财政专户,或未及时结算转存到期社会保险基金的本息;未做到各险种社会保险基金专户存储和专款专用,存在相互拆解使用或被挪作他用的问题;社会保险基金被个人贪污侵占,造成经济损失。

(四) 技术保障风险

经办机构技术保障风险,是指由于经办机构的信息系统、网络、通信系统等信息化技术保障平台引发的危及业务经办正常运行,最终危及社会保险基金完整与安全的风险因素的总称。社会保险经办管理对信息化技术的依赖程度越来越大,已到了唇齿相依的程度。与此同时,因技术保障带来的风险也会随之加大。主要有:

1. 硬件系统的先进性不足

缺乏足够的保障支撑能力,直接危及社会保险经办业务运行和数据存储的完整性、精确性。

2. 应用系统设计存在缺陷

主要指导入接受数据有误,运算社会保险待遇达不到规定的标准,业务流程缺失复核复审确认控制环节等。

3. 适时堵塞系统漏洞困难

经办机构普遍没有自己的信息管理部门，又缺乏对应用系统开发的参与，实际工作中不能适时独立维护信息系统，导致过度依赖或完全受制于软件开发商，不但影响业务经办的顺畅运行，即使发现了技术保障风险，也难以做到及时补救。在这种情况下，有些地方社会保险经办机构不惜违背不相容责任分离的内部控制规定，通过扩大服务窗口岗位的信息维护授权范围，来提高业务经办效率，结果又人为导致新的经办风险。

有关技术保障风险将在第八章讨论。

（五）道德操守风险

道德操守风险并不等于道德败坏，它是 20 世纪 80 年代西方经济学家提出的一个哲学范畴的概念，即"从事经济活动的人在最大限度地增进自身效用的同时做出不利于他人的行动"。在经济活动中，道德风险问题相当普遍。

社会保险经办道德操守风险，是指经办人员在履行岗位职责过程中，因故意违反社会保险政策法规或职业道德，给经办管理运行造成不利影响或造成基金损失行为的总称。道德操守直接反映一个人的品质和价值观，在社会保险经办所有风险中，道德操守风险通常与损人利己、徇私舞弊、搞权力寻租等行为紧密相连，具有潜在性、隐蔽性和破坏性大的特点，控制难度最大。

第三节 经办管理内部控制实践

我国社会保险事业发展快速，但仍处于发展的初级阶段。不仅社会保险政策需要不断完善，社会保险经办管理水平，特别是内部控制建设仍需要不断地加强和提高，以适应切实保证社会保险基金完整与安全运行的需要。

一、我国经办机构内部控制发展过程

我国经办机构内部控制建设,伴随着社会保险事业的不断发展,从无到有、从单一到全面、从低级向高级的逐步发展,大体经历了三个阶段。

(一)注重单一的财务控制阶段(1987—1994年)

全国省级以下经办机构普遍组建于1986年,到1994年业务经办范围主要限于城镇职工基本养老保险,统筹层次大多数为县级统筹。这期间经办机构的业务是企业职工基本养老保险基金收支,并实行专管员制和完全依靠手工记录缴费和拨付的财务账目,内部控制的防范风险目标集中在防止记录缴费台账和收支现金、支票的差错上,以及防止发生个人贪污侵占社会保险基金的违法行为。防范措施主要是:(1)依靠本级领导监督检查,主要是核对会计报表、统计报表有无差错。(2)强调落实财务制度,主要是督促负责收缴社会保险基金的会计人员落实财务会计制度。(3)系统内监督检查。有些地区实行了养老保险地市级统筹,在统筹范围内地市级对县市区级经办机构收支养老保险基金情况进行定期财务会审等。这一阶段,全国经办机构防范风险尚未引入"内部控制"的概念,所有防范风险活动,全部是围绕保证不违反社会保险基金财务、会计制度进行。

(二)注重内部审计和规范管理控制阶段(1995—2006年)

1995年10月,《社会保险审计暂行规定》(劳部发〔1995〕329号)(以下简称《审计规定》)颁布实施。该文件规定:"上级社会保险基金经办机构负责对下级社会保险基金经办机构的审计监督","社会保险的内部审计,在本单位主要负责人的直接领导下实施";内部审计的内容包括"各项社会保险基金的核定、收缴、支付、上解、下拨、存储、调剂及管理服务费和其他专项经费的提取、使用、上解、下拨"。

以贯彻执行《审计规定》为标志,我国经办机构内部控制发展,进入了以内部审计为主的新阶段,对各级社保经办机构自律经办行为,包括履行社会保险基金的征收、支付、存储等管理职责,提出新的工作标准和要求。内部审计明确扩大了内部监督检查（即防范经办风险）的范围，但防范风险的目标仍然集中在保证社会保险基金财务运行安全上，与社会保险基金财务有关的岗位人员和履责行为仍是被监督检查的对象。与前一阶段不同的是，监督检查更专业化了，有一套统一的会计制度和方法。在此之后10年的时间里，经办机构内部控制活动开始越来越呈现多样性色彩，尽管全国还未普遍引入"内部控制"的概念，但在国家行政主管部门设计的一些社会保险业务规程和信息管理系统规范等文件中，已间接引入"内部控制"理念和有关方法。

1998年，政府机构改革，各级劳动保障行政部门成立了社会保险基金监督部门，因将履行社会保险基金内部审计职能明确授予了行政部门，社保经办机构系统不再使用内部审计概念了，但随着贯彻执行《社会保险费征缴暂行办法》（国务院第259号令）、《社会保险基金财务制度》（财社字［1999］60号）、《社会保险基金会计制度》（财会字［1999］20号）等行政法规和规章，省级以下经办机构围绕社会保险基金财务安全，自行组织的内部审计工作并没有停止过，对发现的一些违规违纪行为及时进行纠正。不仅如此，征缴社会保险费和支付各项社会保险待遇的经办行为，逐步走向依法合规、自律规范的轨道。2005年，劳动和社会保障部下发《关于进一步加强社会保险稽核工作的通知》（劳社部发［2005］4号），要求各地经办机构建立内部控制机制，不断优化经办管理制度，切实加强社会保险基金管理，确保社会保险基金安全与完整，具体措施包括："采取上对下、交叉检查等形式，重点检查社会保险收支的原始凭证是否真实可靠，有无弄虚作假现象，检查社会保险财务制度是否健全，各项费用结算办法是否科学、完善等。要通过稽核审计，督促本系统建立健全各项财务制度和费用结算制度，建立和完善相关岗位、相关人员的牵制监督机制。对稽核审计中发现的套取、挪用、贪污社会保险基金的问题，要一查到底，严肃处理，绝不手软。"贯彻执行劳社部发［2005］4号文件，全国经办机构进入了以稽核审计为主要方式的规范开展内部控制新阶段。

这一阶段社会保险制度改革密集出台，社会保险经办管理工作量增大、任务加重。各级经办机构的工作注意力，主要集中在落实确保基本养老金按时足额发放和保证完成扩大社会保险覆盖面及各项社会保险基金征缴任务指标上。由于社会保险经办发展方式未转变，社会保险经办管理粗放式特征十分明显，内部控制建设普遍存在内容、目标、方法单一的问题。

（三）注重全面综合控制阶段（2007年至今）

进入"十一五"以来，国家加快健全社会保险制度体系的步伐，出于对社会保险经办管理重要性的认识，以及鉴于实践中发生了一些严重的社会保险基金管理风险问题，许多地方经办机构自觉探索内部控制新方式，有一些地区取得了明显成效。在总结各地有益实践的基础上，特别是适应保证社会保险事业健康发展的需要，2007年，劳动和社会保障部颁布实施了《社会保险经办机构内部控制暂行办法》（劳社部发［2007］2号）（以下简称《暂行办法》）。这是国家社会保险行政主管部门指导全国经办机构实施内部控制的首个专门规范性文件。至此，我国经办机构内部控制实践开始进入全面综合防范风险的新阶段。

《暂行办法》立足当前和着眼于全国社会保险事业的发展趋势，系统地明确了经办机构内部控制建设的目标、原则和具体内容，为新形势下各级经办机构加强内部控制建设提供了可操作性的重要依据。具体如下：

1. 明确了经办机构内部控制的目标

经办机构内部控制的目标：在全系统内建立一个运作规范、管理科学、监控有效、考评严格的内部控制体系，对社会保险机构各项业务、各个环节进行全过程的监督，提高社会保险政策法规和各项规章制度的执行力，保证社会保险基金的安全完整，维护参保者的合法权益。其中，实现对各项业务经办全过程监控是方法目标，确保社会保险各项政策、法规和规章制度落实到位是根本目标，确保社会保险基金安全完整是基本目标。

2. 明确了经办机构内部控制应遵循的原则

经办机构内部控制应遵循的原则有：合法性、完整性、制衡性、有效性、适应性。可做如下理解：合法性主要是指内部控制的一切活动应当符合国家有关社会保险政策、法规的要求，只能在法律法规框架下进行；完整性主要是指经办机构内部控制应覆盖各项业务和各项管理活动，既要健全内部控制制度，又要保证贯彻执行；制衡性主要是指经办机构内部机构设置应确保各部门和岗位权责分明，形成相邻部门、相邻岗位之间相互牵制的工作机制；有效性主要是指内部控制活动应该注重实际效果，形成科学合理的内部控制决策机制、执行机制和监督机制，建立合理的内控程序，保障内控管理的有效执行；适应性主要是指经办机构应针对新情况、新问题，适时完善工作制度和优化业务流程，以适应社会保险经办管理服务的变化。

3. 明确了经办机构内部控制的主要内容

《暂行办法》针对社会保险经办管理的行业特点，从组织机构控制、业务运行控制、社会保险基金财务控制、信息系统控制和内部监督检查控制五个方面，明确了经办机构内部控制的主要内容。其中涉及领导决策、人事管理、授权批准、规范业务流程、建立业务复核复审制度、加强社会保险基金财务管理与核算、建立信息权限管理制度和信息交流反馈制度等20个方面的内容，基本涵盖了社会保险经办有机组成的各个部分和主要工作方面，并贯穿从决策到具体执行的全过程。其中，《暂行办法》基于经办机构现有的组织结构现状，明确规定由经办机构的稽核部门履行内控监督检查的职能。同时，还提出通过建立内控考评机制和奖惩制度，对全系统的内部控制工作进行监督。

几年来，各地结合实际贯彻执行《暂行办法》，对内部控制的重要性、必要性和可行性的认识不断深化和提高，经办机构内部控制体系建设框架基本形成，基本实现了由单一的社会保险基金财务控制、内部审计控制，向全面综合的内部控制的转变，为进一步落实和逐步提升内部控制水平打下基础。许多地方还创造了新鲜的经验,一些先进地区,已开始探索试验以信息化为主的高级形式的内部控制措施。

2009年,人力资源和社会保障部社会保险事业管理中心下发了《社会保险经办机构内部控制检查评估办法》(社会保险中心函[2009]32号)(以下简称《评估办法》)。《评估办法》不仅提出了开展经办机构内部控制检查评估应达到的目标,更重要的是从组织机构控制、业务运行控制、社会保险基金财务控制、信息系统控制和内部控制监督检查五个方面,提出了58条检查评估的具体要求,对于推动全国经办机构深入开展内部控制工作,起到积极的促进作用。

但是,我国经办机构内部控制发展整体还处在建章立制和"人控"阶段,而且各地区的发展也不平衡,内部控制发展任重道远。

二、一些地区内部控制的经验做法

贯彻执行《暂行办法》,全国经办机构内部控制进入全面、综合发展的新阶段。许多地区根据《暂行办法》所提出的目标、原则和要求,紧密结合实际,大胆探索,勇于实践,取得了良好的成效,进一步丰富和发展了我国社会保险内部控制体系。

(一)广东省社会保险基金管理局全面深化内部控制制度建设,形成以组织控制为基础,以信息管理为载体,以风险评估为重点的内部控制体系

1. 以权力制衡规范业务运作

(1)在内设机构方面,全省推行"综合、参保、待遇三条线,前台服务、社会保险基金管理、信息技术三个层次"的内设机构模式,形成了既方便参保办事,又强化内控的"横向协调制约、纵向指导监督"的内部运行机制。(2)在岗位设置方面,业务经办部门、社会保险基金财务部门与稽核内审部门,保险关系部门和待遇核发部门,分管领导不得为同一人;信息系统研发人员与信息系统维护人员职责和权限相分离;查处稽核案件,实行查、审权限相分离;经办机构中层干部3～5年轮岗一次,特殊岗位不定期轮岗。(3)在授权管理方面,

一人不能同时进行二级（含二级）以上业务权限的操作。

2. 以信息化为抓手，推动系统控制

通过在业务系统中设置逻辑检测、联动制约和警示功能，有效控制符合社会保险规则和逻辑的数据进入业务信息系统，同时对业务办理的特殊情况进行联动制约和预警，以达到事前控制的目的。如对待遇超出正常定额范围支付的，系统设置预警，需要再次复核才予支付。

在数据传递过程中，通过制度控制手段，减少人为干预，实现信息的事中控制。社会保险费征收数据、社会保险待遇支付数据交换，尽量通过与社会保险费代征（代收）、代发机构专线连接，采取数据不落地处理，避免人为操作的干扰因素。社会保险基金财务数据尽量由业务系统产生，社会保险基金财务数据切断人为干扰因素。中山市社会保险局通过与银行共建社会保险业务电子交易处理平台，实现社会保险基金每日结账。

通过开发内控监督系统和软件，实现监督方式信息化，有效增强事后控制的效率。广州市社会保险中心于 2009 年开发运行内控稽核信息系统，通过对业务系统和社会保险基金财务数据的自动分析，识别出业务经办过程或系统数据可能存在的问题，系统通过与档案影像系统连接，将该业务或数据的相关档案影像发送至稽核人员进行非现场监督。该系统还通过同比、环比等方式对一些敏感数据（宏观数据）的变化定期进行监控，对于波动异常的敏感数据由稽核人员进行分析确认。广东省社会保险基金管理局开发使用了特殊工种提前退休、养老待遇核发、失业待遇核发内控检查软件，通过软件分析发现问题。

3. 以强化组织机构建设，保障内控落实

广东省社会保险基金管理局已建立起省市县三级内控监督体系。2008 年初，经广东省编办批准，省社会保险基金管理局原"稽核部"改名为"稽核与内审部"，明确了内审职能。《广东省经办机构内部控制实施细则》规定，稽核部门对本级有关部门内部控制的监督检查每半年一次，市级经办机构对县级经办机构内部控制的监督检查每半年一次，省级经办机构对市级经办机构内部控制监督检查每年一次。2007—2009年，广东省社会保险局每年对23个市级经办机构进行年度实地检查，并对63个县（区）级经办机构进行实地抽查。

中山市社会保险基金管理局通过政府购买服务形式，聘请中介机构依据纸质凭证，将所有电子交易支付平台业务的关键数据重新录入独立的信息系统，稽核内审部门再对业务系统已生成的数据与中介机构录入的数据进行比对，以检查凭证资料的真实性、一致性、合法性和业务办理过程的合规性。

4. 以风险评估提升风险控制水平

广州市社会保险基金管理中心编制了防范风险操作指引，通过查找风险、评估风险、确定风险等级，梳理了各项业务，绘制出163幅内部控制图，并针对每一风险环节、风险内容、风险等级，提出了相应的控制措施。

（二）湖南省养老保险管理服务局将内部控制作为"一把手"工程，以业务流程控制为核心，探索形成寓内控于业务流程、寓内控于信息系统的内部控制体系

湖南省养老保险管理服务局认识到内部控制是实现经办管理目标的重要途径，把内部控制制度建设作为"一把手"工程来抓。他们认为，如果"一把手"不参与、不推动、不带头执行，内控制度就无法有效建立，即使建立了，也无法有效实施。为此，在设计内部控制体系建设中，他们着重在业务流和信息流两个重要领域，从四个方面强化内部控制体系建设。

1. 重置企业养老保险系统，强化内控手段，保证内部控制贯彻到各个业务环节。为强化企业养老保险经办机构内部控制手段，2007年颁布了《湖南省企业养老保险经办机构内部控制规定（试行）》，将经办机构的全部业务环节归纳为60个项目，并明确规定，所有业务环节和经办项目只能在新的企业养老保险信息系统中完成，且每个经办项目由两个部门或两个岗位进行初审和复审。

2. 重新设置业务经办岗位，明确岗位职责，确保内部控制监控到各项经办过程。为落实内控制度的要求，将业务流程与部门（岗位）职责有机地结合起来。按照参保登记、缴费、个人账户管理、退休待遇审核、基本养老金发放、社会保险基金财务管理、信息系统管理、稽核监督等业务环节分别设置初审、复审岗位，明确初审、复审的职责归属，为相关业务经办人员配置操作权限，使各部门在业务经办的过程中职责分明、权限清晰。这一方法有效地解决了过去个别部门的职权过于集中、一人兼任不相容岗位等问题。

3. 完善业务经办流程，规范经办规程，保证内部控制在制度上得到体现。在劳动保障部社保中心颁布的《基本养老保险经办业务规程（试行）》（劳社险中心函［2003］38号）的基础上，根据情况变化，特别是内部控制的要求和新系统的开发运用，对原有规程适时进行了修订。确定新规程的原则是："常规业务一事两岗双审、非常规业务特定审批、系统外不留数据、银行外不见资金"，实现"钱从银行走、数据网上流、正常经办按程序、非常业务设开关"。为此，将经办业务项目进行了梳理和规整，确定为常规业务和非常规业务两大类。常规业务项目分为参保登记、人员异动、个人账户处理与转移、待遇支付、养老金发放、个人参保、财务结算等35大项。常规业务均实行一事两岗两审，复审发现有问题时不能自主修改，须退回到初审岗位，由初审人员修改，所有数据经复审通过后方可生效。相关业务资料由复审岗位整理归档。非常规业务包括：个人缴费基数调整、修改个人账户关键信息、办理提前退休、重新计发养老保险待遇、破产改制企业"两费一金"[①]挂账处理、跨年度补建个人账户等10项业务经办。新信息系统中对非常规业务特设了开关，必须履行书面报批程序，最后由稽核部门根据单位领导的批示确认办理。

4. 开展内控检查，强化督导评估，确保内控制度落到实处。

---

① "两费一金"是指国有关闭破产企业应缴的养老保险费和应预留养老保险费以及应预留的已退休人员养老保险金。

2008年，湖南省社保局把对落实内部控制列为"十件重点工作"之一，并以湖南省劳动保障厅名义下发了《关于对全省各级经办机构开展内部控制检查的通知》（湘劳社工字[2008]19号），开展了企业养老保险经办机构内部控制大检查，加强了内控制度的督导评估。不仅成立了高规格的内控检查领导小组，而且制订了操作性很强的内控检查工作方案，将检查内容细化为150项。将出现过违规、违纪问题，基础工作较薄弱的基层企业养老保险经办机构作为检查的重点单位；将"经办机构是否建立健全管理制度、是否制定科学合理的经办流程"等内容作为重点检查项目。同时还研究制定了统一评估标准，按内控制度规定，强调业务经办"五必须""五不准"，即：业务系统必须与财务系统关联，各项业务必须有两个以上岗位经办，财务会计、出纳岗位必须分设，财务必须与银行、财政及时对账，经办网络必须与公共网络分离；经办机构主要负责人不准兼任财会岗位职责，业务人员和社会保险基金财务管理人员不准直接接触现金，财务岗位与业务岗位不准相互兼任，财务印鉴不准由一人保管，任何人员不准越权办理业务。

（三）天津市社会保险基金管理中心按照内部控制体系建设五要素的要求，从改革经办模式入手，努力创造良好的内部控制环境，同时注重建立信息沟通渠道和强化内部控制方法与措施，使内部控制管理落到实处

1. 创新经办模式，优化内部控制环境

天津市社会保险基金管理中心（以下简称市中心）认识到控制环境不但直接影响内部控制的建立，还直接决定内部控制实施的效果以及控制目标的实现。因此，他们通过理顺社会保险经办管理体制，改进和完善社会保险经办管理模式，创造了良好的控制环境。

实践中探索并形成了"一二三四五"的经办模式。(1) 社会保险基金一级结算。市中心通过银行统一收款和支付，经办人员见表、见数、不见钱，数在网上走，钱在银行流，减少了社会保险基金收支环节，提高了社会保险基金运行的安全性。(2) 业务两级经办。区县分

中心面向参保单位和参保个人,具体办理社会保险费征缴、支付等事务;市中心对区县分中心形成的业务数据进行审核汇总,统一向银行或定点医院传输业务信息、划拨社会保险基金。通过两级把关,确保数据完整准确。(3)管理三个层面。将经办管理过程分为操作、管理和监督三个层面。其中监督层负责对内部控制进行管理。(4)网络四级平台。一级平台为市中心平台,支持各险种社会保险费统一征收、分别支付和办公自动化;二级平台为市中心与人力资源和社会保障部(以下简称人社部)联网的信息网络平台,它保障了与人社部的信息交换和资源共享;三级平台为市中心与各区县分中心的业务操作平台;四级平台为政府公共机构以及养老金代发机构、定点医疗机构、定点药店等社会服务机构及社区服务站的网络平台。(5)经办五险合一。对养老、医疗、工伤、失业、生育五个险种实行一个基数、一单征收,分别记账,集中管理,统一支付。

由于在社会保险经办管理中突出了内部控制理念,"一二三四五"的经办管理模式优化了控制环境,有效保证了各项社会保险基金的运行安全与完整。

2. 加强信息沟通,实现内控工作联动

信息与沟通是内控五要素之一。畅通的信息沟通,可以改进内部控制体系,更好地发挥控制效能。为此,市中心设计出能在管理层、监督层和操作层之间有效沟通的信息通道。例如,监督层面以在通信平台发布"内控信息"的方式,将监督检查的具体情况在全系统内发布,对操作层存在的经办风险进行预警,向管理层提出加强防范的措施,将防范关口前移,促进系统上下对风险防范的重视程度,达到检查一家,规范整体;审计一点,带动全面的作用。

3. 加强轮岗和责任审计,强化权力制约

建立完善内部控制体系并使之真正发挥应有的作用,必须加强权力运行监督。市中心对处级干部三年一次轮岗,对交流中晋升、调任、离任的,以及在原职务岗位主持工作的正、副职处级干部,按规定进行离任经济责任审计。为了从源头上规范经办,规避管理风险,在日常工作中，市中心还对关键职能处室的主要负责人实施履责审计，通过对处室领导的政策把握、管理筹划和指导分中心经办等方面的能力和履行管理职责情况的审计，协助处室领导深挖管理薄弱环节，查找经办工作疏漏，提高职能处室依法经办管理水平。

4. 强化监督检查，促进遵守内部控制制度

在梳理分析业务流程的基础上，授权内部审计部门依托信息系统和局域网，对34个关键风险控制点进行实时监控，还选取不同的风险控制点，每季度进行一次现场监督检查。通过强化内部控制监督检查，市中心不断查找出制度层面的空白点和执行层面的薄弱点，有针对地加以解决。

三、经办机构内部控制存在的突出问题

通过全国的社会保险经办管理实践，尤其是一些违规违纪现象和贪污侵占社会保险基金的违法案件来分析，经办机构内部控制存在的突出问题有以下三个方面。

（一）内部控制制度体系不健全

实施有效的内部控制，首先必须建立一整套用于规范社会保险经办人员行为、防范风险以及风险发生后用以评价和处理的一系列规章制度。一般认为，一个完整的内部控制体系主要包括：严密有效的组织机构和独立的内部审计机构、完善的会计控制体系、相对独立的业务部门和明确的职责体系、严格的授权审批程序、合理有序的内部检查制度等。然而，一些经办机构忽视了健全内部控制制度体系，如没有制定规范的业务经办规程，没有明确的授权审批制度，没有严密的信息沟通与传递的程序和制度，更没有一套发生风险后的有效处置措施，内部控制处于十分粗放的状况。例如，在有些经办机构，会计与出纳由一个人担任，退休审批由一个人全程办结，维护缴费记录等核心数据由一个人操控。

（二）内部控制缺乏有效的组织保障

实施内部控制需要有效的组织保障。通常情况下，完善的内部控制体系是以集中、独立、全面的组织职能体系为基础的。组织职能体

系是内部控制的"基础设施"。换句话说,如果没有制定内控制度和监督内控实施的专门机构,内部控制就会流于形式,执行效果会大打折扣。

从现实看,一些经办机构内部控制之所以薄弱或无效,重要因素之一就是缺乏内部控制的组织保障,如县一级经办机构普遍没有专设的稽核(审计)部门,未形成决策、执行、监督三方合理分工和相互制衡的权力约束机制。全国经办机构组织结构设置,普遍沿用的是行政管理方式,很少有设置类似商业银行或保险公司中风险管理部门、合规审计部门的,与强化内部控制的需要不相适应。再以经办机构人力资源配置为例,全国社保经办系统不仅缺乏大批具有专业水平的社会保险财会、审计、精算和信息维护人员,而且缺乏具有专业水准的内部控制人才。

(三) 内部控制文化建设的核心部分薄弱

有效的经办机构内部控制,不仅需要有完善的制度体系,更需要有能够保证实现社会保险经办管理目标的价值观和精神寄托。但经办机构文化建设中的核心部分,即在教育员工强化社会责任意识和集体主义精神、工作讲原则、认认真真干事业、诚实守信和遵纪守法等思想教育方面,与建章立制比较还欠工夫,甚至有的地方还很薄弱,控制环境缺乏灵魂。有研究表明,海尔集团的发展,离不开海尔强有力的内部控制,而海尔文化中的人文部分,在海尔的内部控制中又起着关键的作用。据此可认为,如果每一个经办机构中的员工都对发展社会保险事业和做好本职工作有着强烈的责任感、事业心,即使在内部控制要素与结构设计并不健全的情况下,也会产生良好的内部控制效果。而要达到这样的目标,经办机构必须全面加强组织文化建设,尤其是应在着力培育员工诚实守信、遵纪守法、爱岗敬业和团队协作价值观方面下工夫。

第四节 经办机构内部控制建设发展目标

从经办机构内部控制建设的现状出发,跟踪世界内部控制管理科学发展的新趋势,当前乃至今后一个相当长的时期,强化我国经办机构内部控制建设,需要从以下三个方面入手。

一、在控制方向上,着力构建全面风险管理

内部控制同其他管理科学一样,始终处于不断完善发展的过程中。20世纪末,内部控制理论发展到一个新的阶段,人们已认识到,一个组织的内部控制不能仅仅局限于内部体系的防范,而应从一个开发的系统和前瞻的视角去应对。为此,在世界范围内有很多企业在这种理念的指导下,开始研究建立以风险管理为导向的内部控制体系,即由内部控制管理向全面风险管理转变。

一般认为,全面风险管理除包括内部控制的控制环境、风险识别、控制活动、信息和沟通、监督与控制五大要素外,还增加了目标设定、事件识别和风险对策三个要素。内部控制是管理的一项职能,而全面风险管理则贯穿于管理过程的各个方面;内部控制主要通过防范性的视角去降低内部可控的各种风险,侧重于财务和运营,而全面风险管理强调通过前瞻性的视角去积极应对组织内外的各种可控和不可控的风险,侧重于战略、市场、法律等领域,以及更加重视风险意识和风险文化"软件"的营造。

社会保险经办管理是一个开放性的系统,风险来源随着系统开放程度的扩大会更加复杂。为保证实现社会保险可持续发展的目标,需要构建一个以风险为导向的社会保险经办管理控制体系,并着力由内部控制管理向全面风险管理转变。

《社会保险法》规定:"经办机构应当建立健全业务、财务、安全和风险管理制度。"① 这项规定对经办机构内部控制发展提出了新的要求和目标，为着力构建以风险管理为导向的内部控制体系提供了法律依据。

二、在控制方式上，着力完善信息系统控制

信息系统是社会保险经办管理的操作平台，随着科学技术的发展和对信息系统开发应用能力的水平不断提高，经办机构内部控制模式应向"人控加机控，以机控为主"转变。即在组织机构控制基础上，突出信息系统支持下的业务流程控制；通过在业务流程中嵌入程序化的控制环节，提高内部控制的客观性和有效性，最大限度地降低人工成本。

（一）流程再造优化信息系统控制环境

主要是围绕提高社会保险经办服务满意度和最大限度地防范经办操作风险，以及节约经办管理成本等，优先对已经不适应或风险问题突出的业务流程实施再造。通过业务流程再造，以流程为导向配置经办岗位和明确岗位权责，为开发信息系统功能，设置程序化控制环节创造必要条件。

（二）抓住社会保险信息化建设的重要机遇

"金保工程"建设为推进社会保险经办信息系统控制提供了难得的历史机遇，社会保险经办系统应统筹内部控制设计，结合提高各项社会保险统筹层次，统一业务流程和经办规程，有计划地实施信息系统控制，并力求实现三方面变化。一是通过完善信息系统，使内部控制手段从事后检查转变为事前预防和事中实时控制，变被动控制为积极的预防控制，控制重点也由适时控制转向实时控制。二是充分依托信息化技术，在实现社会保险经办管理扁平化的同时，简化内部控制层次，包括监督检查内部控制，总体降低内部控制成本。一方面，经办机构的管理层、内部控制监督检查人员，可以直接监控所有经办人员的履职过程，改变信息不对称的状况；另一方面，使内部控制从管

---

① 《社会保险法》第73条

理者或监督检查人员单兵作战，变为全员参与、协同进行内部控制的局面。无论是管理者、监督检查人员还是普通员工，均可通过信息系统平台参与到内部控制中来，充分发挥不同岗位人员的作用，提高整体的内部控制能力。三是通过信息系统控制，可以规范内部控制监督检查行为，有利于正确评价内部控制运行状况，提高评估检查结果的客观性，从而真实反映问题。

（三）正视信息化应用与发展带来的新挑战

第一，以不断完善发展的信息系统为重要支撑的信息技术的广泛应用，经办机构的各个业务环节之间联系更加紧密，其中任何一个节点发生突发性风险事件，可能就会瞬间波及整个业务系统的正常运行。如果仍然运用事后检查纠正的传统内部控制方式，就会无法满足信息化条件下社会保险经办管理内部控制需求。第二，经办机构内部以及与外部相关部门之间网络和数据共享，会带来安全风险。在网络等完全环境尚无可靠保证的状态下，经办机构人员有意无意的一次不合规操作，就可能给业务或社会保险基金管理安全带来风险。第三，社会保险经办业务流程融入信息系统之后，内部控制的对象变得更为复杂。在组织控制和流程控制的基础上，增加了信息控制和信息系统设备控制等新内容，随之而来内部控制的程序化和制度化难度也必将增大。

三、在控制成效上，着力强化内部控制执行力

国内外很多著名的企业并不缺乏一套比较完善的内部控制制度，然而仍然发生了令人震惊的失控事件。例如百富破产、中航油因从事石油期权投机而亏损 5.54 亿美元，以及长虹的坏账事件，都与企业风险意识薄弱、内部控制设计缺失，特别是与内部控制运行失效有关。

比尔·盖茨曾经说过，他的企业"在未来 10 年内，所面临的挑战就是执行力"。实际上，对于建立内部控制的中国企业来说，执行力的确是个大问题。大部分企业认为内部控制仍然主要基于制度设计本身，是考核审查单位及其各流程的控制环节和控制点的建立情况，

并没有对执行的过程给予足够的关注。缺乏执行力，内部控制的设计就失去了意义，就如同聋子的耳朵，就是一个摆设。所以说，执行力是影响内部控制效果的关键。

对于内部控制建设仍处于初期阶段的经办机构来说，加强内部控制执行力显得尤为重要。提高内部控制执行力，应从经办机构内部控制的实际状况出发，多措并举。

(一) 强化管理层内部控制责任

建立健全内部控制机制是实现社会保险健康发展的前提，也是经办机构管理层的应尽职责。企业内部控制的实践表明，管理层对于内部控制建设的态度在很大程度上决定了企业的内部控制水平。另外，从内部控制的基本概念中，也能清楚地感受到，所谓的内部控制体系，其实质是一整套有效的责任体系。只要人人都有明确的职责，就能建立起有效的防范体系，而在这个责任体系中，明确管理层尤其是明确"一把手"负主要责任更是关键。实践中一些地方没有发生过有悖社会保险政策法规和一般违规违纪情况，重要原因就是主要领导自觉把内部控制当做"一把手工程"常抓不懈，发现风险苗头就及时纠正。

应构建经办机构内部控制责任体系，包括建立健全激励与约束相结合的监督机制，如建立内部控制检查制度和岗位过错责任追究制度等。对控制风险作出贡献的员工，按照制度规定予以精神表彰或适当的物质奖励，鼓励责任感，弘扬正气，广泛调动员工积极性；对违反工作制度导致风险，给社会保险经办管理服务带来不利影响或一定经济损失的，按照岗位过错责任追究制度予以处分，促使责任人，同时也警示大家汲取教训，防止再发生类似的过错。构建内部控制责任体系的直接目的，是促进加强经办机构内部控制建设，提高内部控制的执行力。

(二) 上级对下级经办机构进行内部控制监管

国际经验表明，促进内部控制建设仅仅依靠一个组织的自身积极性是远远不够的，在这一过程中，监管扮演了十分重要的角色。在社会保险经办管理体制中,上级经办机构应对下级经办机构内部控制进行监管。包括科学地建立内部控制评价指标体系,将监管的重点从内部控制制度建设转移到对内部控制有效性评价上来。监管方式主要是调查、测试、分析和评估其内部控制的运行状况,判断内部控制的有效性程度。应有区别地开展监管,对内部控制有效性程度高的经办机构,减少检查频率和力度;将检查重点放在内部控制水平较低的经办机构,以有效利用监管资源,提高监管效率。

(三)建立健全内部控制工作机制

提高社会保险经办管理内部控制执行力,需要构建"三结合"的工作机制。(1)常规防控与专项防控相结合。防控和实现控制目标是最好的内部控制,应构建健全的防控体系,以常态化的防控活动来防范风险。常规防控是日常性的,贯穿于日常各项社会保险业务经办之中。专项防控的目标是倾向性、特殊性或阶段性的风险问题,往往针对某一项具体业务经办活动进行。(2)事前防控与事后防控相结合。防控管理重在预防,事前防控做到位,能把风险降低到最小的程度。但防控也不是万能的,不可能提供绝对安全保证,在抓好事前防控的同时,也必须重视事后防控工作。(3)专业防控与全员防控相结合。防控工作中专业队伍的作用至关重要和无可替代,但就风险的特点而言,仅靠专业防控是不够的,要构建全员性的风险责任体系。

(四)加强全员培训,提高内部控制能力

经办机构内部控制建设,是一项业务性、综合性都很强的管理工作,需要有专业的队伍履行职能。在金融机构、商业保险机构和许多大企业,都设置有负责内部控制的职能部门和专业人员。经办机构内部控制发展历史不长,整体上缺乏高素质的内部控制设计和组织管理人才,特别是面对信息化发展和全面综合实施内部控制新形势的挑战,经办机构应健全内部控制职能部门和专业队伍。走出困境的当务之急,是加强全员的业务培训,提升各个岗位履行内部控制职责的能力,提高经办操作效率、质量,形成人人自觉践行工作制度的内部控制环境。

思考题：

1. 经办机构内部控制的含义与目标是什么？
2. 经办机构内部控制的作用有哪些？
3. 社会保险经办风险类型有哪些？
4. 简述经办机构内部控制的发展过程。

第三章 经办管理风险评估

经办管理风险评估,在社会保险经办机构内部控制要素中具有承上启下的特殊作用。通过分析影响社会保险经办管理目标实现的内外部因素,识别出有关风险和评估风险的可能性及影响程度,对强化经办机构内部控制体系建设具有重要意义。

本章主要介绍社会保险经办管理风险(以下统称经办管理风险)评估的含义与意义、风险识别的方法、风险评估方法与风险评估结果运用以及经办管理风险评估应注意的问题。

第一节 经办管理风险评估含义及意义

要准确定义经办管理风险,须先明确社会保险经办管理目标。本节从社会保险经办管理目标定义经办管理风险,进而通过经办管理风险阐述风险评估的含义及意义。

一、经办管理风险评估含义

《社会保险法》第七十条规定:"社会保险经办机构应当定期向社会公布参加社会保险情况以及社会保险基金收入、支出、结余和收益情况。"第七十三条规定:"社会保险经办机构应当建立健全业务、财务、安全和风险管理制度。"第七十四条第二款规定:"社会保险经办机构应当及时为用人单位建立档案,完整、准确地记录参加社会保险的人员、缴费等社会保险数据,妥善保管登记、申报的原始凭证和支付结算的会计凭证。"第七十四条第三款规定:"社会保险经办机构应当及时、完整、准确地记录参加社会保险的个人缴费和用人单位为其缴费，以及享受社会保险待遇等个人权益记录，定期将个人权益记录单免费寄送本人。"第八十条第二款规定"社会保险经办机构应当定期向社会保险监督委员会汇报社会保险基金的收支、管理和投资运营情况。"

根据《社会保险法》规定的经办机构法定职责，结合经办机构的性质和业务特点，经办管理目标主要包括三个方面：一是确保社会保险业务数据和社会保险基金的真实准确和完整安全；二是确保社会保险基金财务和非财务报告的可靠性、准确性和有效性；三是确保社会保险经办的业务活动必须遵守社会保险法律法规和政策制度。三个方面目标可概括为经办运行目标、基金安全目标和合规约束目标。在三个目标中实现第一个目标是社会保险经办管理的核心目标。后两个目标实现需要依靠或反映在社会保险业务数据上。由此，可将经办管理风险定义为：社会保险业务数据和社会保险基金的真实准确和完整安全的不确定性。

社会保险经办管理的工作基础是社会保险数据和社会保险基金。实践中，保证社会保险经办数据的真实准确和完整安全，是保证社会保险基金真实准确和完整安全的前提。社会保险数据的真实准确和完整安全，体现在社会保险数据产生、管理、使用的各个环节，而每个环节都存在经办管理风险。

经办管理风险评估是指经办机构通过分析影响经办管理目标实现的内外部因素，识别相关风险，评估风险的可能性和影响程度，以防范经办管理风险，确保经办管理目标实现的过程。经办管理风险评估的主体是经办机构自身。随着参保人对经办管理服务透明度要求的提高，独立的外部相关机构如社会中介组织将会更多地参与风险评估工作，以满足参保人对经办管理风险的知情权。风险评估的客体是经办管理风险发生的可能性，以及对经办管理目标实现的影响程度。风险评估的目的是防范经办管理风险，确保经办管理目标实现，即根据评估确定经办管理风险的可能性和影响程度，经办机构采取相应的防范措施，以确保经办管理目标的实现。

二、经办管理风险评估意义

风险评估是内部控制的重要环节,其最终目的和落脚点是为了防范风险或最大限度地降低风险。开展经办管理风险评估,就是对经办管理过程可能面临的风险是什么,风险来自何方,风险发生的可能性和影响有多大等,进行风险判断,为采取控制措施提供决策参考。

(一)风险评估是内部控制的有机组成部分

内部控制通常包括控制环境、风险评估、控制活动、信息与沟通、监督与控制五要素,五要素之间是不可分割、相互联系的有机整体。风险评估是内部控制中重要的一环,起着承上启下的作用。风险评估的承上作用是指控制环境决定着经办机构愿意承担多大的经办管理风险,直接影响风险评估等级大小。如某经办机构不愿意承担重要数据的录入风险,对重要数据录入风险的风险评估等级较高,规定经办人员必须二次录入,第二次空白录入且需要与第一次录入相同,同时事后委托中介机构对部分关键业务数据在模拟业务信息系统中录入,稽核部门将业务部门录入的结果与中介机构录入的结果进行比对。风险评估的启下作用是指经办机构基于一定的控制环境,在对风险进行识别和评估后,根据风险评估结果,进而选择有效的控制活动。

(二)风险评估是内部控制成效的检验手段

经办机构通过风险评估,能够评价已采取的内部控制措施是否合理,是否有效。例如,经办机构通过评估采取内部控制措施前后,某业务环节经办管理风险发生的可能性大小、影响程度高低的比对,以检验内部控制成效。同时,随着新经办业务的拓展、新信息手段的推广、新经办模式的调整,之前有效的内部控制措施,可能随着内部控制环境的改变而失效或有效性降低,也可能因内部控制环境的改变而产生新的风险。通过风险评估,经办机构能够及时识别新的风险、评估风险发生的可能性及影响程度,并与之前的评估结果比对,检验之前的内部控制措施是否仍然有效,为内部控制提供动态管理参考。

(三) 风险评估是防范经办管理风险的重要基础

在内部控制中,经办机构要防范风险,首先要识别风险,评估风险发生的可能性高低、风险的影响程度大小,才能做到有的放矢,采取正确的内部控制措施。任何一项内部控制活动都有成本,有的是经济成本、有的是效率成本、有的是人力资源成本。例如,为了降低经济成本和提高经办效率,某经办机构只对风险评估等级较高的数据实行二次以上录入、三级以上审批;对风险评估等级较低的数据只实行一次录入,也无须委托中介机构模拟录入。在资源约束条件下,经办机构因考虑控制成本,对不同的风险采取不同的控制措施,对发生的可能性高、影响程度大的风险,尽量采取回避或转移的措施,不能回避或转移的尽量降低其发生的可能性和影响程度,并作为经办机构内部控制重点防范的对象,力求以最小的投入达到最佳的控制效果。

第二节　经办管理风险识别方法

风险识别是指经办机构通过各种方法,将影响经办管理目标的不确定因素查找出来,发现风险并对其进行描述和分类的过程。风险识别是风险评估的第一步,是内部控制的前提和基础。风险识别的准确性与全面性直接影响风险评估的成效,也直接影响后续内部控制措施的选择。

风险识别方法较多,专家学者和一些研究机构提出的方法也不尽相同,各种方法在不同的领域、行业的运用也各有侧重。例如,针对项目管理领域,蒋衔武、陆勇[1]列出了德尔菲法、核查表法、图解法、工作分解结构法、故障树分析技术、事件树分析法、综合应急评

---

[1] 蒋衔武,陆勇. 项目风险识别方法比较分析. 山东省科技大学经济管理学院. 资料来源: www. doc88. com

审与响应技术、因子分析方法、人工神经网络技术等10种风险识别方法。COSO报告[①]列出了事项目录、内部分析、扩大或底限触发器、推进式的研讨与访谈、过程流动分析、首要事项指标、损失事项数据方法7种事项识别方法。COSO报告把可能给企业管理目标带来负面影响的事项确定为风险。事项识别方法，包括风险识别方法。

结合社会保险业务经办特点，本章介绍流程识别法、数据识别法、检查识别法3种经办管理风险识别的基本方法，并侧重介绍数据识别法。

一、流程识别法

（一）业务流程意义与现状

经办管理业务流程是经办机构办理社会保险事务的载体和操作平台。业务流程产生业务流、信息流和资金流。业务流程设计是否科学合理，如办事环节是简化还是繁杂，服务效率是高还是低，流程中各岗位是各干各的还是相互制衡等，直接关系经办机构履行职责的绩效和基金运行安全。规范的业务流程应该要素齐全，一般应明确六个方面的内容：（1）流程名称（要反映该项业务流程的内容全过程，取名确切合适，以便于内外部识别）；（2）办事主体（指业务流程上的经办岗位，要求根据处理业务需要和内控要求据实确定岗位数量）；（3）办事客体（指经办管理的服务对象、应当审核的申报资料等）；（4）服务标准（指经办岗位办结业务事项的时限、质量规定）；（5）经办步骤（指处理业务的顺序）；（6）操作规程（指规定各经办岗位的权责）。规范业务流程要素，实质是具体明确一项经办业务由谁来做、做什么和做到什么程度。统一规范的经办管理业务流程，有利于科学办事，限制经办人员"自由裁量权"，避免人为的主观随意性；有利于服务均等化，使经办服务不因经办人和经办对象的不同而

---

① （美）COSO制定发布．方红星，王宏译．企业风险管理——整合框架．大连：东北财经大学出版社，2005.37

提供不同的服务；有利于经办管理的标准化和信息化，为实现各项社会保险全省或全国统筹奠定基础。

由于各项社会保险制度改革的起步时间不同，各地区实施推进改革的力度不一样，以及经办管理体制全国未硬性统一等，目前多数市、县级经办机构的经办管理业务流程不规范、不统一问题十分突出，甚至在一个市范围内的各县区也不一样，业务流程中的办事步骤、办事标准、操作规程等都有很大的差异。特别是像社会保险待遇核定支付等一些重要的业务流程，审核、审批、录入岗位设置没有体现职权相互制衡的内部控制的要求。如有些经办机构审核退休资格、录入缴费历史和核定养老保险待遇的权限等，完全由同一个部门负责；甚至还有由两个人（一个是部门负责人，一个是办事员）就办理了从审核退休资格到发放养老金业务全过程的情况。另一种状况是，一些业务流程被人为地分割，不方便用人单位或参保人办事。如有的市办理职工退休业务，用人单位必须要经过五个环节：（1）到市政府行政审批中心领取《职工退休审批表》；（2）到社会保险行政部门报送拟退休职工人事档案和审核退休资格；（3）到养老保险经办机构核定计算基本养老金；（4）到社会保险行政部门审批盖章；（5）到养老保险经办机构办理领取基本养老金的手续。这样烦琐的业务流程，还体现在各险种经办机构分设上。在经办机构多头分设的地方，用人单位和个人办理养老、医疗、工伤、失业、生育保险业务，包括社会保险登记、申报缴费、申领社会保险待遇等，往往要往来多个办公场所，不仅不方便，因同类事项不断地重复填写表格和重复申报，既烦琐和费时间，又增加办事成本。

（二）流程识别法的含义与作用

流程识别法是指对经办管理业务流程的各个经办环节，特别是关键环节和薄弱环节进行分析，将影响经办管理目标的各种不确定因素查找出来，发现风险并对其进行描述和分类的方法。一般，业务流程的办事环节越多，处置的业务越复杂，不确定因素也越多。对此，须有清醒的认识，要规避复杂业务流程的不确定因素，实施业务流程再造①是必由之路。经办机构应紧紧依托信息化技术，适时淘汰与经办管理服务目标和以人为本理念相悖的业务流程。

流程识别法定义中的关键环节是指该环节的风险一旦变成风险事件，将导致某项业务经办无效或基金的直接损失。薄弱环节是指该环节的风险在现有的条件下难于被控制。例如，医疗保险异地费用报销过程中，在没有实行异地医疗费用联网结算的情况下，申请环节既是关键环节又是薄弱环节。称其关键是因为申报提供异地就医票据的真实性直接关系能否支付医保待遇；称其薄弱是因为异地就医票据的真实性核实的难度大，特别是在异地医疗机构与经办机构之间没有信息联网的情况下更难核实。

实践中，掌握和正确运用流程识别法，可以在两个方面发挥作用。一是对现有业务流程进行风险识别，找出业务流程的薄弱环节和关键环节，为有针对性地采取控制措施提供目标描述。这一作用，在当前现实意义重大。对全国大多数经办机构而言，实施内部控制运用流程识别法具有紧迫性和操作性。二是对业务流程再造，使其适应提高各险种统筹层次和创新经办管理服务模式的需要。按照统一、规范、便民、高效、安全、可靠的要求重新设计业务流程，具有帮助识别风险点和为嵌入程序化控制措施提供技术方法的作用。经办机构实施业务流程再造过程中，应重视和注意发挥流程识别法的功能。

（三）流程识别法的工作内容

以对现有业务流程进行风险识别为例：

1. 绘制流程图

整理、分析社会保险经办各项业务流程，对已有的业务流程图可取其使用。对没有流程图的，按实际经办业务过程，绘制出每项业务的经办流程图。通过绘制流程图，完整反映各项经办业务的全过程，为后续识别风险的工作打基础。

---

① 流程再造指针对业务流程的基本问题进行反思，并对业务流程实施彻底的改造，以便在工作成本、质量、服务和效率等衡量绩效的重要尺度上取得显著的进展。

2. 分析经办环节

绘制好各项社会保险经办业务流程图后,引入经办管理风险产生因素,对经办环节逐个进行分析,查找出每个经办环节可导致经办管理目标不确定性的所有因素。通过分析经办环节,能够识别风险是否存在于某个经办环节及某个经办环节存在何种风险,清晰反映经办管理风险与经办环节甚至工作岗位之间的联系,同时为后续实施的对每个经办环节和工作岗位的内部控制提供直接依据。

3. 确定经办管理风险

通过查找出的每个经办环节的不确定性因素,根据工作人员实际工作经验,历史出现业务经办差错数量、类型,及已发生的骗保、诉讼等典型案例,结合社会保险政策规定,确定并描述每个经办环节存在的经办管理风险。经办机构将全部经办环节识别出的经办管理风险进行汇总、分类,制成经办管理风险清单。为了更加清晰完整反映内部控制依据,经办机构可将风险清单与后续风险评估、风险控制内容相结合,制成内部控制列表,体现经办流程、经办环节、经办管理风险、风险分类、风险等级、控制措施等内容(见表3—1)。

表3—1　　　　　　　内部控制列表

序号	经办流程	经办环节	经办管理风险	风险类别	风险等级	控制措施

图3—1列示了社会保险基金异地转出拨付流程及风险,以更好地说明按业务流程识别经办管理风险的方法。

二、数据识别法

数据是社会保险事业发展的基础和经办机构的核心资产。目前,全国建立了基本养老、基本医疗、失业、工伤、生育保险联网数据指标上报制度。本章把联网数据指标及地方特色数据指标简称数据项。

数据识别法是指根据数据项的特点和来源对其进行分类,分析数

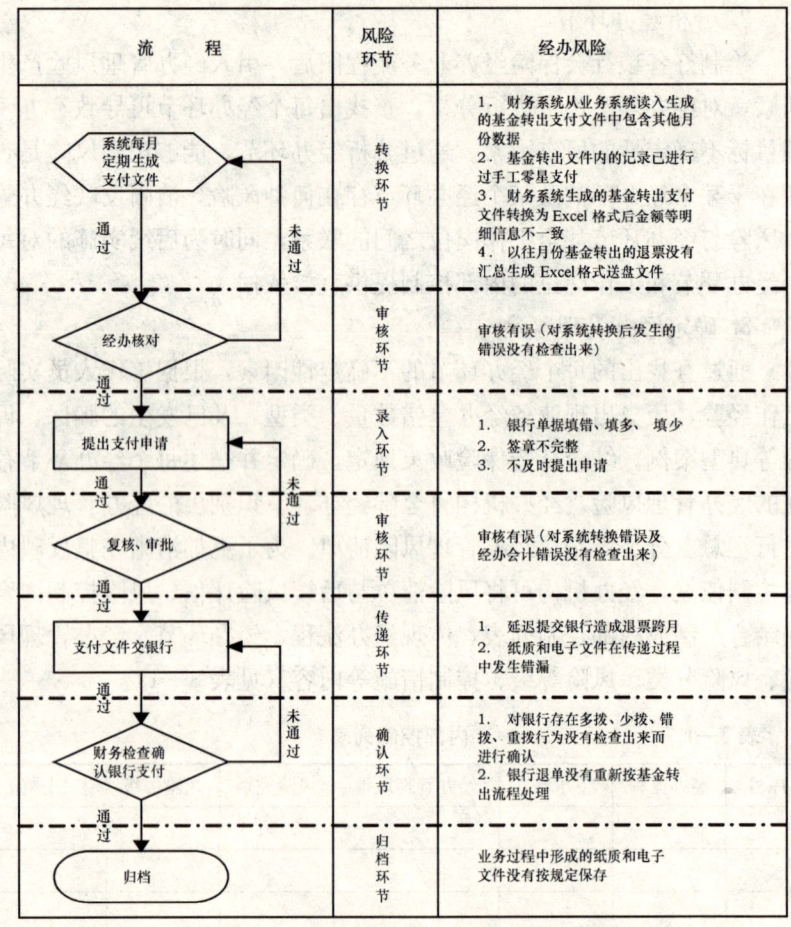

图 3—1　社会保险基金异地转出拨付流程及风险图

据项之间的关联关系，根据关联环节进行分析，将影响经办管理目标的各种不确定因素查找出来，发现风险并对其进行描述和分类的方法。

（一）数据项分类

根据数据项产生来源、使用范围和数据特征，社会保险数据项可归纳为参数数据、基础数据、过程数据、结果数据四大类。各类数据项按下列定义和特征归类：

1. 参数数据

参数数据是指按规定设置的本统筹区所有参保对象公用的数据。其特征是数据相对静态和稳定，需要人工录入，统筹区内公用，如单位缴费比例、单位职工个人缴费比例、以个人身份参保的个人缴费比例、个人账户利率等。

2. 基础数据

基础数据是指通过参保对象申报或外部机构（地方税务机关、银行等）数据交换，由经办机构审核录入、确认，涉及参保单位和个人信息的数据。其特征是数据相对静态和稳定，需要人工录入或确认，且为参保对象所特有，如姓名、性别、公民身份证号码、民族、出生日期、户口性质、个人身份、个人缴费基数及单位名称、组织机构代码、单位类型、经济类型等。

3. 过程数据

过程数据是指根据参数数据、基础数据，由经办机构业务信息系统自动生成的、可变化的数据。其特征是数据动态、可变，由系统自动生成，如单位参保缴费状态、实际缴费月数、个人账户累计本息、应发历次调待累计金额等。

4. 结果数据

结果数据是指根据参数数据、基础数据、过程数据，由经办机构业务信息系统自动生成并经人工确认后不再变化的数据。其特征是数据静态、固化、不能改变，由系统自动生成，如个人实缴当月金额小计、截至上年末个人月平均缴费工资指数、退休时个人账户总金额、死亡人员的丧葬费等。

将数据项分类，便于根据不同数据类型为后续识别风险、评估风险提供依据，同时提出风险防范应对措施。例如，对参数数据、基础数据实行"源头"控制，要求所有参数和基础数据来源必须是唯一的，确保其准确、完整；过程数据和结果数据要实行信息系统控制，通过数据之间的逻辑关系进行校验和控制。

(二) 绘制关联图

考虑每个数据项自身的特点，及其与其他具体数据项的关联关系，对社会保险数据项的关联关系进行整理，用数据项关联关系图的形式进行表现。社会保险制度决定数据项的关联关系。以过程数据个人应缴当月金额关联关系图为例（见图3—2），个人应缴当月金额由基础数据个人缴费基数和参数数据单位职工个人缴费比例或个人身份参保人员个人缴费比例、当地上年度在岗职工月平均工资以及个人缴费状态决定，并由系统根据社会保险制度规定的逻辑关系自动生成。根据社会保险制度规定，自动生成的个人应缴当月金额与结果数据个人实缴当月金额、个人累计欠缴金额及过程数据个人缴费状态存在关联关系。

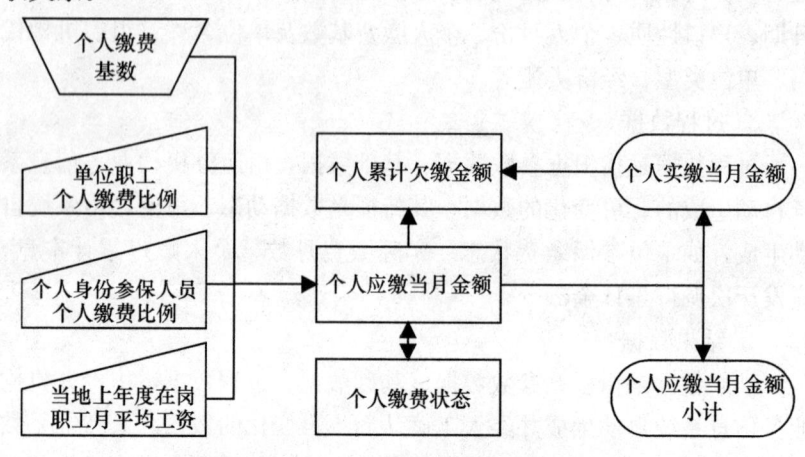

图3—2　个人应缴当月金额关联关系图

(三) 分析风险环节

根据关联图找出各具体数据项在社会保险数据管理中所要经历的各个环节，各类数据项的特点，引入风险产生因素。分析各类数据项各个环节隐含的经办管理风险因素，确定经办管理风险存在的环节。

参数数据经办管理风险环节有：调整环节、审核环节、录入环节、归档环节。

基础数据经办管理风险环节有：申报环节、审核环节、录入环节、转换环节、传递环节、归档环节。

过程数据经办管理风险环节有：生成环节、转换环节、传递环节、归档环节。

结果数据经办管理风险环节有：生成环节、转换环节、传递环节、归档环节。

另外，在社会保险经办过程中，社会保险业务系统维护、档案管理不是针对个别数据项进行的，从具体数据项的管理环节中无法体现和分解出该风险环节，为此应专设社会保险业务系统维护和档案管理环节。

（四）确定经办管理风险

确定经办管理风险环节后，根据关联关系图对数据项的重要性进行分析。一般，重要程度越高，其经办管理风险越大，应作为重点进行分析。具体确定需要综合考虑相关因素。

为更好地说明按数据项识别经办管理风险的方法，以分析"个人应缴当月金额"为例：

1. 数据项分类

"个人应缴当月金额"属于过程数据。

2. 绘制关联图

绘制关联图参见图3—2。

3. 分析风险环节

（1）生成环节：个人应缴当月金额根据单位职工个人缴费比例或个人身份参保人员个人缴费比例、缴费基数、当地上年度在岗职工月平均工资、个人缴费状态等参数数据、基础数据和过程数据，通过计算机程序自动生成。

（2）转换环节：根据系统生成的个人应缴当月金额转换为发送银行或地方税务机关征收的电子数据或纸质文档。

（3）传递环节：系统转换后的个人应缴当月金额数据传递到银行

或地方税务机关。

(4) 归档环节：对系统生成、转换、传递过程中形成的个人应缴当月金额数据纸质文档和电子数据按规定保存备份。

4. 确定经办管理风险

(1) 系统自动生成程序出错。因系统设置程序缺陷或其他未被预知的原因，导致系统生成的个人应缴当月金额不等于缴费基数乘以缴费比例，或者个人身份参保人员缴费比例按职工参保个人缴费比例计算。

(2) 转换有误。经系统转换后，送银行或地方税务机关代收的与系统记录的个人应缴当月金额数据不一致。

(3) 传递有误。系统转换后传递到银行或地方税务机关的个人应缴当月金额数据与业务系统记录的数据不一致；或者传递不及时影响征收，及向银行或地方税务机关传递个人应缴当月金额过程中发生数据泄露。

(4) 归档不当。对系统生成、转换、传递过程中形成的个人应缴当月金额数据纸质文档和电子数据未按有关规定保存备份。

通过数据识别法，识别出的经办管理风险可归纳如下（见表3—2、表3—3）：

表3—2　　　　　　经办管理风险分类表

数据类型	风险环节	经办管理风险
参数数据	调整环节	1. 未按规定时间调整参数数值或未调整参数。如根据原劳动保障部规定，养老保险个人账户利率每年调整一次，少数地区执行调整利率的时间滞后或提前。
	审核环节	2. 审核有误，如核定参数数值不正确
	录入环节	3. 录入有误，如把核定正确的数据输入系统时错误
	归档环节	4. 归档不当，如纸质和电子文件未按规定保存
基础数据	申报环节	1. 申报资料造假，如外部欺诈
	审核环节	2. 审核有误，如多核定参保人视同缴费年限

续表

数据类型	风险环节	经办管理风险
基础数据	录入环节	3. 录入有误，如把参保人出生时间1958年录入为1953年
基础数据	转换环节	4. 转换有误，如经系统转换后，业务系统记录的缴费数据与银行交换来的缴费数据不一致
基础数据	传递环节	5. 传递有误，如对外交换传递数据发生错漏、不按时、泄露
基础数据	归档环节	6. 归档不当，如纸质和电子文件未按规定保存
过程数据	生成环节	1. 系统自动生成程序出错，如系统计算实际缴费月数错误
过程数据	转换环节	2. 转换有误，如经系统转换后，送银行代收的与系统原记录的单位应缴当月金额数据不一致
过程数据	传递环节	3. 传递有误，如银行收到的代收应缴数据与系统转换生成的代收应缴数据不一致
过程数据	归档环节	4. 归档不当，如纸质和电子文件未按规定保存
结果数据	生成环节	1. 系统自动生成程序出错，如系统计算应发养老金合计金额有误
结果数据	转换环节	2. 转换有误，如经系统转换后送银行代发的与系统原记录的个人应发养老金合计数据不一致
结果数据	传递环节	3. 传递有误，如经传递后，系统转换后送银行代发的与银行实际收到的个人应发养老金合计数据不一致
结果数据	归档环节	4. 归档不当，如纸质和电子文件未按规定保存

表3—3　　　　　　　　经办管理风险分类表

业务类型	经办管理风险
业务信息系统维护	1. 后台批量处理数据错误，如批量建立视同缴费账户有误
业务信息系统维护	2. 数据批量迁移错误，如所有的业务数据从旧业务信息系统迁移到新业务信息系统有误
业务信息系统维护	3. 信息系统维护错误，如业务系统部分功能调整、新功能增加、后台提取数据等有误
档案管理	档案没有按照相关制度进行管理，如将档案放置于潮湿的环境，温度、湿度均不符合规定
其他	信息系统受破坏或被非法入侵（如信息系统遭受水淹、火灾等）

三、检查识别法

检查识别法是指经办机构通过对经办管理过程的检查,以发现对经办管理目标有负面影响的事件和不符合社会保险经办内部控制的现象,进而分析事件、现象产生的各种因素,以确认经办管理风险,并对其进行描述和分类的方法。该方法遵循从结果找原因的原则,分析事件与其产生的各种因素之间的因果关系。

检查识别法使用广泛和灵活,既适用于对发生了风险事件的调查性风险识别,也适用于对未发生风险事件的检查性风险识别;既适用于社会保险系统中上级经办机构对下级经办机构经办管理风险的检查识别,也适用于本级经办机构对自身经办管理的风险识别。检查识别法的检查内容涉及业务操作、基金管理和信息系统运行等方方面面,可以是专项检查也可以是全面检查。

不论是专项检查还是全面检查,检查又分为现场检查和非现场检查两种形式。(1)现场检查就是依据社会保险经办内部控制制度和相关业务规程,对业务操作、基金管理、信息维护等经办管理行为,贯彻执行社会保险各项政策法规的情况进行检查。具体检查形式包括听取有关工作汇报,向有关经办岗位人员了解情况,查阅有关业务台账、工作制度、财务会计账册等资料,如需要还可以走访有关服务对象或有关协作机构等。为提高检查效率和针对性,应借助信息化技术手段,如开发使用内部控制监督软件,对有关业务环节进行即时监控检查等。(2)非现场检查就是履行内部控制监督检查职责的人员,通过调阅统计报表、会计报表、财务报告等书面资料,非接触式检查被检查部门、岗位履行经办工作职责的情况。社会保险信息化建设为非现场监督检查提供了技术支持,各级经办机构应充分运用信息化技术手段,适时开展非现场监督检查工作。

运用检查识别法时,以各级建立的经办机构内部控制制度为对照,凡与内部控制制度目标和要求不一致的经办行为,都应视为风险行为,并纳入内部控制的视野之内,包括未发生的潜在风险。如某省经办机构检查发现,某市经办机构 PC 机存在内外网没有完全物理隔离，以及数据库信息没有按日备份的问题。对此，省经办机构认定该市经办机构存在信息安全管理风险，提出了限期整改的要求。

除对照内部控制制度检查外，经办机构可通过假设影响经办管理目标实现的情景，根据情景查找风险因素。例如，经办机构假设发生业务信息系统数据被非法篡改的事件，并以假设事件为切入点检查信息安全管理各种风险。

四、三种方法比较

上述三种方法各有利弊，运用时需要根据实际情况综合考虑，以准确、全面识别不同的经办管理风险，为实施更加有效的内部控制提供依据。

（一）流程识别法

优点：方便入手，简单易行；分析直观、风险点明确，应对措施针对性较强。如统筹区内同一险种的各项业务流程统一，其经办管理风险点、风险源就统一，运用流程识别法容易实现防范风险措施的标准化、规范化。

缺点：如业务流程不一样，其业务环节中的经办管理风险点就有所不同。由此，各险种的各项业务流程不统一，就难以满足实现各险种的要求，不利于社会保险经办内部控制信息化建设。

（二）数据识别法

优点：以国家公布的统一的数据项（如180项养老保险联网数据项）为基点识别风险，符合有关标准化要求；可以直接判断数据间的逻辑关系，进而开发内部控制监督软件以实现内部控制的信息化；通过数据关联关系，为新业务风险识别及将来业务系统维护风险评估提供依据。

缺点：部分经办管理风险对数据真实、准确、完整、安全的影响相对滞后，数据产生异动后再进行分析及进行监控，可能产生内部控制滞后的现象；数据项多，分析整理工作量大；数据关联关系复杂，识别较难。

（三）检查识别法

优点：识别重点突出，组织灵活，调整迅速，实施方便；既适用于风险事件发生前后的识别，也适用于特定风险的识别。

缺点：没有或很难有统一标准，风险识别效果受人为因素和选择范围影响较大，风险识别不全面，容易遗漏风险。

第三节　经办管理风险评估方法

本节主要从经办管理风险发生的可能性和对数据质量影响两方面入手，对经办管理风险进行评估，侧重介绍定性评估的方法。对评估等级较高的经办管理风险，经办机构需要制定严密而切实可行的内部控制措施，实施重点监控。

经办机构风险评估既要考虑固有风险，也要考虑剩余风险。固有风险是指在经办机构没有采取任何应对措施情况下，经办机构所面临的经办管理风险。剩余风险是指经办机构采取应对措施后残余的经办管理风险。[①]

一、参考要素

（一）发生的可能性

对经办管理风险发生的可能性，一般利用历史积累的数据，辅以主观的判断来估计未来发生的概率，应从经办管理风险产生的因素进行判断：

1. 流程因素

业务流程设计是否科学合理，以及完善程度的高低，与经办管理风险发生的可能性大小呈负相关。业务流程设计科学合理程度越高，经办管理风险发生的可能性越小。科学合理是指业务流程设置须符合

---

① 参考《企业风险管理——整合框架》固有风险和剩余风险定义。（COSO 制定发布．方红星，王宏译．大连：东北财经大学出版社，2005.40）

国家有关社会保险政策法规的要求,并符合规范化、信息化的要求,包括明确办事主体、客体、程序、标准、要求,以及岗位权责界定清晰,符合内部控制要求和不断优化信息系统等。

2. 操作因素

业务操作的合规性和人员素质高低,与经办管理风险发生的可能性大小呈负相关,业务操作的合规性和人员素质越高,经办管理风险发生的可能性越小。

3. 技术因素

技术保障水平高低,与经办管理风险发生的可能性大小呈负相关。技术保障水平越高,经办管理风险发生的可能性越小。

4. 道德因素

相关人员对道德准则的遵循性高低,与经办管理风险发生的可能性大小呈负相关。道德准则遵循性越高,经办管理风险发生的可能性越小。

5. 政策因素

对政策因素的应对能力强弱,与经办管理风险发生的可能性大小呈负相关。应对能力越强,经办管理风险发生的可能性越小。

对于自然灾害、人为破坏等经办管理风险产生的其他因素,由于具有不可预知性,不能作为经办管理风险发生可能性的判断要素,但必须作为所有经办管理风险评估后,经办管理风险应对时参考的固定条件。

(二)对数据质量的影响

经办管理风险直接影响社会保险数据的真实、准确、完整、安全,数据的重要程度决定经办管理风险影响大小。从数据的分类及关联关系分析数据的重要程度,数据的如下因素决定其重要程度:

1. 影响范围

影响范围指某项数据错误将对其他数据造成影响的范围大小。影响范围与经办管理风险大小呈正相关,影响范围越大,经办管理风险越大。例如,养老保险个人账户利率、当地上年度在岗职工月平均工资错误将影响全体参保人,而个人出生年月的错误仅影响某一参保人。

2. 关联程度

关联程度指某项数据与其他数据及社会保险基金的关联程度高低。关联程度与经办管理风险大小呈正相关,关联程度越高,经办管理风险越大。例如,根据图3—2分析,个人实缴当月金额直接体现为基金,且与个人账户累计本息、个人实缴当月金额小计、个人缴费状态、个人累计欠缴金额直接关联;而单位职工个人缴费比例仅与个人应缴当月金额关联,且没有直接体现为基金。

3. 发现难易

发现难易指某项数据出现错误后被发现的难度大小。被发现的难度与经办管理风险大小呈正相关,被发现的难度越大,经办管理风险越大。例如,参数数据和基础数据人工干预程度高,确认录入系统所依据的来源资料被存档保存,且易于事后检查;而过程数据、结果数据由业务信息系统依据业务程序运算生成,错误不易被检查发现。因此,相对参数数据、基础数据而言,过程数据、结果数据错误较难于被发现并及时处置,经办管理风险相对较高。

4. 纠错能力

纠错能力指某项数据错误后进行纠正或恢复的难度大小。纠正或恢复难度与经办管理风险大小呈正相关,纠正或恢复难度越大,经办管理风险越大。例如,基础数据根据参保对象提供的资料确认录入,参数数据根据政策规定设置录入,一旦发生错误,可以依据档案资料进行纠正或恢复;而过程数据和结果数据由业务信息系统依据业务程序运算生成,一旦发生错误,需要重新检查基数数据、参数数据及业务程序的正确性,纠正或恢复较难。因此,在数据纠错能力方面,过程数据、结果数据相对参数数据、基础数据风险更大。

5. 影响时间

影响时间指某项数据错误对基金产生影响的时间长短。影响时间与经办管理风险大小呈负相关,影响时间越长,经办管理风险越小。

例如，公民身份证号码错误不会对基金立即产生影响，但个人实缴当月金额及退休人员的死亡时间，能立即对基金产生影响。在影响基金过程方面，个人实缴当月金额及死亡时间数相对公民身份号码的风险大。

二、评估方法

在实践中，恰当地运用风险评估方法具有重要意义。通常来说，风险评估的方法主要有三种，即定性评估、定量评估和综合评估。

（一）定性评估

定性评估是指运用定性术语描述、评估经办管理风险发生的可能性及其影响程度，并对经办管理风险划分相应等级的过程。在经办管理风险难以量化，定量评估所需要数据难以获取时，一般应采用定性评估的方法。定性评估方法有多种，重点介绍经验评估方法。

经验评估是指经办机构根据工作人员、相关专家的经验积累、历史出现业务经办差错数量、已发生的案例、内部和外部审计报告等，对经办管理风险进行评估。具体方法如下：

1. 判断经办管理风险发生的可能性

风险等级分类太少不易于分级管理，分类太多易把问题复杂化，反而不易将风险区分。参照金融机构（如中国建设银行）的标准，结合经办机构实践，可把风险等级划分为五个等级：A——极可能；B——很可能；C——可能；D——不太可能；E——罕见。判断经办管理风险发生可能性有多大，可先将判断经办管理风险发生可能性的每一个要素分为 H、M、L（高、中、低）三个等级（随着实践的深入不断细分），再对经办管理风险发生可能性的各个要素进行等级评定，最后将各个要素的等级评定结果进行综合，得出经办管理风险发生可能性的评定结果。

各评估要素等级评定的基本方法有：

（1）流程设计。流程设计科学合理程度低的评定为 H 等级，流程设计科学合理程度一般的评定为 M 等级，流程设计科学合理程度高的评定为 L 等级。

(2) 业务操作。业务操作合规性和人员素质低的评定为 H 等级，业务操作合规性和人员素质一般的评定为 M 等级，业务操作合规性和人员素质高的评定为 L 等级。

(3) 技术保障。技术保障水平低的评定为 H 等级，技术保障水平一般的评定为 M 等级，技术保障水平高的评定为 L 等级。

(4) 政策应对。对政策执行的应对能力弱的评定为 H 等级，对政策执行的应对能力一般的评定为 M 等级，对政策执行的应对能力强的评定为 L 等级。

(5) 道德水平。相关人员对道德准则遵循性低的评定为 H 等级，相关人员对道德准则遵循性一般的评定为 M 等级，相关人员对道德准则遵循性高的评定为 L 等级。

综合评定为 4H1L 及以上的，评估为 A——极可能；综合评定为 3H2L 及以上至 4H1L 以下的，评估为 B——很可能；综合评定为 2H3L 及以上至 3H2L 以下的，评估为 C——可能；综合评定为 1H4L 及以上至 2H3L 以下的，评估为 D——不太可能；综合评定 1H4L 以下的，评估为 E——罕见。表 3—4 以"个人账户累计本息"相关经办管理风险发生可能性评估为例，解释风险发生的可能性。

表 3—4　　　　经办管理风险发生可能性评估表
（以个人账户累计本息为例）

数据类型	序号	数据项	经办管理风险	流程设计	业务操作	技术保障	政策应对	道德水平	综合评定	可能性
过程数据	1	个人账户累计本息	系统自动生成程序出错	H	L	H	H	M	3H1M1L	4——很可能
	2		归档不当	L	L	H		M	1H1M2L	2——不太可能
	3		转换有误	H	H	H		M	3H1M	4——很可能
	4		传递出错	H	M	H		M	2H2M	3——可能

2. 判断经办管理风险对数据质量的影响

经办管理风险对数据质量的影响分为五个等级：5——极大影响；

4——较大影响；3——中等影响；2——较小影响；1——极小影响。判断经办管理风险对数据质量影响程度，可先将衡量数据重要程度的每一个要素分为 H、M、L 三个等级，再对衡量数据重要程度的各个要素进行等级评定，最后将各个要素的等级评定结果进行综合，得出经办管理风险对数据质量影响的评定结果。

（1）影响范围：某一数据项影响统筹区所有参保对象的评定为 H 等级，影响特定参保单位的评定为 M 等级，影响某一个参保人的评定为 L 等级。

（2）关联程度：一是数据项之间的关联程度。某一数据项直接关联 4 个以上（含 4 个）数据项的评定为 H 等级，直接关联 2~3 个数据项的评定为 M 等级，直接关联 1 个数据项的评定为 L 等级。二是与社会保险基金的关联程度。直接体现为社会保险基金数值或与社会保险基金数值直接关联的数据评定 H 等级，间接体现为社会保险基金数值或与社会保险基金数值关联度相对较高的数据评定为 M 等级，基本不体现为社会保险基金数值或者与社会保险基金数值关联度较低的数据项评定为 L 等级。

（3）发现难易：过程数据评定为 H 等级，基础数据和结果数据评定为 M 等级，参数数据评定为 L 等级。

（4）纠错能力：基础数据评定为 H 等级，过程数据、结果数据评定为 M 等级，参数数据评定为 L 等级。

（5）影响时间：对社会保险基金产生影响的时间即时体现的数据评定为 H 等级，从数据生成到影响基金需要的时间相对较长的数据评定为 L 等级，其他评定为 M 等级。

综合评定为 4H2L 及以上的，评估为 5——极大影响；综合评定为 3H3L 及以上至 4H2L 以下的，评估为 4——较大影响；综合评定为 2H4L 及以上至 3H3L 以下的，评估为 3——中等影响；综合评定为 1H5L 及以上至 2H4L 以下的，评估为 2——较小影响；综合评定为 1H5L 以下的，评估为 1——极小影响。以经办管理风险对"个人账户累计本息"数据质量影响评估为例（见表 3—5）。

表 3—5　　　经办管理风险对数据质量的影响评估表
（如个人账户累计本息为例）

数据类型	序号	数据项	影响范围	关联程度		发现难易	纠错能力	影响时间	综合评定	影响程度
				数据项的关联程度	与基金的关联程度					
过程数据	1	个人账户累计本息	L	H	H	H	M	H	4H1M1L	5——极大影响

3. 综合评估经办管理风险的等级

综合评估经办管理风险的等级主要是以经办管理风险等级矩阵（见表3—6）为评估工具，根据经办管理风险发生的可能性和对数据质量的影响程度，对经办管理风险的等级进行综合评估。综合评估分为E、H、M、L、I五个等级，其中：E（Extreme）——极大风险，不可接受；H（High）——高风险，不可接受；M（Medium）——中等风险，不可接受；L（Low）——低风险，可接受；I（Ignore）——极小风险，可接受。

表 3—6　　　经办管理风险等级矩阵评估表

发生的可能性 \ 影响程度风险等级	1——极小	2——较小	3——中等	4——较大	5——极大
1——罕见	I	L	L	M	H
2——不太可能	L	L	M	H	E
3——可能	L	M	M	H	E
4——很可能	M	M	H	E	E
5——极可能	M	H	H	E	E

以"个人账户累计本息"相关经办管理风险评估为例（见表3—7）：

表3—7　个人账户累计本息经办管理风险等级矩阵评估表

数据项	经办管理风险	发生的可能性　风险等级　影响程度	5——极大
个人账户累计本息	系统自动生成程序出错	4——很可能	E
	数据存储不当	2——不太可能	E
	数据转换有误	4——很可能	E
	数据传递出错	3——可能	E

4. 经办管理风险等级评估特例

"后台批量处理数据""批量数据迁移""信息系统维护"和"信息系统受破坏或被非法入侵"对经办机构信息系统整体数据或部分数据的真实、准确、完整、完全造成的不确定性，不能通过单个数据项的影响大小对其进行评估。上述4种经办管理风险一旦发生，社会保险数据将会面临极大的损失，属于极大风险。

（二）定量评估

定量评估是指运用数量方法评估、描述经办管理风险发生的可能性及其影响程度，并对经办管理风险划分相应等级的过程。一般情况下，运用定量评估方法比运用定性评估方法能够提供更为客观的评估结果，特别是在评估大量风险因素时，有助于确定风险概率，减少主观判断。为此，定量评估方法作为风险管理流程中的重要一环，越来越受到观念上的重视。与此同时，由于信息化技术的广泛运用和不断发展，在更多的领域包括经办管理领域，使用定量评估方法可以获得充分的支持。经办管理业务和财务管理风险环节多、情况复杂，风险量化难度高，尤其是风险量化本身也存在局限性，实施定量评估方法还需要与组织制度、管理流程和控制文化等方面相结合。根据COSO

报告,定量评估通常有 3 种方法:设定基准、概率模型、非概率模型。①

1. 设定基准

设定基准着眼于具体的事项或过程,采用共同的标准比较计量指标和结果。通过事例可以很好地描述设定基准的评估方法,如:经办机构从建立养老保险个人账户起至某一时点,根据个人账户利率、单位缴费划入个人账户比例、单位个人缴费基数上下限、个人缴费比例等条件,设定连续参保缴费时,参保人养老保险个人账户累计本息可达到的上限值和下限值,用以评估个人账户累计本息数据的风险,超过上限值或低于下限值的数据,需要及时做出处理。

2. 概率模型

概率模型根据特定的假设,将所有事项、事项造成的影响、事项发生的可能性进行联系,并在历史数据或对未来行为假设模拟结果的基础上,对经办管理风险的可能性和影响进行评估。

3. 非概率模型

非概率模型在评估无法量化相关可能性的经办管理风险的影响时,利用主观假设,并根据历史或模拟数据和对未来行为的假设,对经办管理风险的影响进行评估。

(三) 综合评估

综合评估是指综合运用定性评估和定量评估两种方法对经办管理风险进行评估。综合评估建立在其他两种评估方法的基础上,对同一经办管理风险按两种方法进行评估,对两种评估结果进行综合,得出的评估结果相对更客观、准确。

2009 年,人力资源和社会保障部社保中心发布的《经办机构内部控制检查评估暂行办法》(社会保险中心函 [2009] 32 号)是对经办机构履行内部控制职责的评估,与本节所述的经办管理风险评估,

---

① (美) COSO 制定发布. 企业风险管理——整合框架. 方红星,王宏译. 大连:东北财经大学出版社,2005.42

属于两个不同的范畴。

需要指出的是，风险识别与风险评估虽然概念不同，但在风险管理的实践当中，它们往往是同步进行的，而且两者之间的关系是紧密相连且不能分割的，所使用的风险识别方法以及定性、定量的手段也是相互通用的，并不仅限于在风险识别或风险评估阶段使用。由此，将风险识别与风险评估过程应用在实际的风险管理工作中，不一定有必要刻意、明确地分开哪个步骤是风险识别，或者哪一项行动应属于风险评估[①]。

第四节 经办管理风险评估结果运用

经办管理风险评估结果出来后，经办机构接着要做的是全面分析评估结果风险因素之间的关系，认真梳理出哪些风险是独立存在的，哪些风险是相互依赖的；再根据自身的承受能力，如法定的职责要求、本单位员工队伍的素质状况、技术保障支撑水平以及依据成本效益原则等，选择合适的风险处理措施。这些措施主要包括：回避、转移、降低和承担经办管理风险。

一、回避经办管理风险

回避经办管理风险，是指通过业务流程再造（至少是优化），直接回避或尽可能回避导致经办管理风险的业务或业务环节。例如，天津市社会保险基金管理中心实行各项社会保险费统一征收和基金一级结算的经办体制，即区县经办机构每月征收的基金直接进入市级基金收入户，由市经办机构直接管理。这一结算体制直接回避了县区级经办机构设置基金收入户的管理风险。又如，有一些地区实行基本医疗保险、失业保险、工伤保险市级统筹后，撤销了县区级经办机构的基

---

① 陈文辉. 寿险内部控制建设与监管［M］. 北京：人民出版社，2005.76

金核算部门和业务职能，实际效果与天津市相同，也回避了县区级经办机构进行基金核算的风险。实践中经办机构应尽可能的回避 E 等级、H 等级、M 等级的经办管理风险。

二、转移经办管理风险

转移经办管理风险，是指经办机构为降低经办管理风险的可能性，减轻经办管理风险的影响，通过改变操作方式、增加责任主体等方法，转嫁部分或全部经办管理风险。例如，经办机构应改变现金支付社会保险待遇的方式，全部通过银行账户进行非现金拨付。这样，现金管理风险就被转移。又如，为方便灵活就业人员或无雇工个体工商户缴纳社会保险费，同时也转移经办管理风险，现阶段经办机构可以与金融系统合作，为有关缴费群体提供可选择的多种缴费结算方式，如设置 POS 机让他们刷卡缴费。从发展的角度看，让他们使用全国通用的"社会保障卡"缴费。总之，经办机构在不能回避 E 等级、H 等级、M 等级经办管理风险的情况下，应尽可能地转移经办管理风险。

三、降低经办管理风险

降低经办管理风险，是指采取控制措施降低经办管理风险发生可能性，减轻经办管理风险影响，使经办管理风险在经办机构的可承受范围之内。降低经办管理风险几乎涉及经办机构内部控制的全过程。如有些经办机构为降低某项经办管理业务的风险，对该项业务办理实行多级审批制度，或者加大内部审计抽检办理结果比例等。上海市社会保险基金结算中心针对特殊业务（指需要审批的业务），分别实行了二审（指部门内初审、复审）、三审（部门内初审、复审加分管领导审批）或会审制度（属于疑难问题或特别重要的业务事项等，区县分支经办机构报市级经办机构专门会议研究），通过健全、公开经办程序和集思广益等，有效地降低了经办管理中的操作风险和道德风险。目前，全国有许多经办机构建立了特殊业务多级审批制度。

经办机构在不能回避和转移 E 等级、H 等级、M 等级经办管理风险的情况下，应尽可能地降低经办管理风险的可能性，减轻经办管理风险的影响。

经办机构在采取降低经办管理风险措施时，应坚持成本与效益相结合、安全与效率相结合的原则，不能为了安全不计成本、完全牺牲效率；应坚持阶段性与持续性相结合原则，既要突出阶段性控制措施，又要实现内部控制持续性；应坚持全面性与重点性相结合原则，既覆盖导致经办管理风险产生的所有经办管理环节，又突出高风险业务或环节；应坚持人工控制与系统控制相结合原则，逐步实现内部控制信息化。从全国经办管理实践发生的风险案例看，经办机构中除了决策层特别是主要负责人外，具有核准、审批权限，包括核准缴费基数、核准增加补缴缴费年限、核准享受各种社会保险待遇资格和计算支付待遇标准，以及直接结算、管理基金存储等性质的岗位，相对别的岗位而言是高风险岗位。但具体到一个经办机构，因业务流程和基金管理流程不一样，高风险岗位也有不确定性。在全国未执行统一的业务流程和基金管理流程的控制环境下，经办机构还应从各自的实际状况出发，识别高风险岗位并处理风险。

四、承担经办管理风险

因经办机构资源限制和内部控制系统的局限性等，经办机构不得不承担一些经办管理风险。例如，经办机构在回避、转移、降低经办管理风险过程中，控制成本高于效益，或者预测经办管理风险的影响大小，在经办机构可承受能力范围之内，通常只能选择承担经办管理风险，即承担采取回避、转移、降低经办管理风险措施之后剩余的风险。

应明确的是，承担经办管理风险不是任凭风险扩散，甚至风险坐大，而是要重视和尽可能地采取适当措施，降低经办管理风险发生的可能性和减轻经办管理风险的影响。一般来说，经办机构可承担 L 等级及 I 等级经办管理风险。

第五节　经办管理风险评估应注意的问题

近几年,全国绝大多数地区经办机构已经建立起业务、财务内部控制制度,并在日常工作中贯彻执行。但由于对内部控制的认识和推进相关制度建设,包括风险识别、风险评估的理论和技术手段正在不断完善之中,实施经办管理风险评估需要注意以下问题。

一、着力纠正两个薄弱环节

一是着力纠正思想认识不足的局限性。因主客观因素交织在一起,当前经办机构普遍存在对风险评估的重要性、必要性认识不足的情况。为保证内部控制有效实施,经办机构特别是管理层应注意纠正对风险评估思想认识不足的问题,树立把风险评估作为内部控制不可或缺的重要环节,纳入日常风险监控机制有计划组织实施的紧迫感和责任感。

二是着力纠正识别风险能力不足的局限性。识别风险是实施内控的前提。为保证识别风险的及时性、客观性,经办机构在坚持综合运用各种风险识别方法的同时,应重视使用业务流程识别方法和数据识别方法,并把学会和能熟练运用两种方法,作为衡量和评价内部控制监督检查部门履责能力的业务标准,在实际工作中推动实施。

二、突出风险评估重点目标

经办管理是一个庞大而复杂的业务系统,风险评估应覆盖各个子系统和各种要素。但实施内部控制除了要遵守全面设防原则外,还应遵守关键性环节原则,因为内部控制设计和实施要支付一定的成本,还要考虑控制措施的可行性等。为合理、有效地实施内部控制,必须将有限的控制资源应用在关键的环节上,也就是要突出针对重点风险,而把可承受的风险放在次要的位置予以控制。由此,风险评估也需要突出重点目标。一般而言,经办管理业务运行中的资格审核、数据录入、待遇核算、基金支付、信息维护等环节，应作为风险评估的重点目标。还有，经办机构新旧业务信息系统转换也是风险评估的重点目标。经办机构必须保证系统升级时数据导入完整、准确。实际工作中，在这方面是有教训的。如有的市、县因监督不力，信息系统升级时部分数据丢失，造成了不可挽回的损失；有的市、县因未解决好有关方面推诿扯皮的问题，信息系统升级五六年了还没完成数据导入工作，影响经办管理效率和质量。

　　风险无处不在，风险评估也不例外。风险评估也难免存在评估结果不准确，致使所采取的内控制措施不符合实际的情况。如：某一业务环节发生风险的可能性小，但风险危害极大。对此，风险评估的等级应为 H 等级或 E 等级，而实际评估结果定为 L 等级。这样的评估结果，就可能因为选择承担风险，而导致发生不可承受的风险损失。

三、立足实际选择评估手段

　　风险评估手段有多种，并且随着实践的深入和风险评估理论的发展，风险评估的手段将越来越丰富。经办机构选择哪种风险评估手段，应根据实际情况确定。一般来说，在定量分析技术未成熟、部分经办管理风险难于量化的情况下，经办机构采取定性评估手段是恰当的。事实上，任何一种手段都不可能 100% 地识别风险和准确评估风险。为得到更加科学的评估结果，经办机构应注意利用多种手段综合进行风险评估。依据系统理论，综合的因素越多，风险评估的结果越接近客观。风险评估是一个动态过程，不是一劳永逸的行为；任何风险都有一个逐渐反映暴露的过程；"最大的风险是尚未意识到的风险"。对这些观点，经办机构应有深刻的认识。如果经办机构未将风险评估制度化、持续性实施，就很难及时发现所面临的潜在风险。经办机构应持续不断地进行风险评估活动，并建立风险评估周期，根据每次评估结果健全评估数据库。通过比较风险评估结果的适当性，适时改进、完善风险评估手段。

思考题：

1. 经办管理风险评估的意义有哪些？
2. 经办管理风险数据识别法的内容有哪些？
3. 经办管理风险评估方法有哪些？
4. 经办管理风险评估应注意的问题有哪些？

第四章　经办管理组织机构控制

经办管理组织机构控制，是经办机构内部控制体系中的基础部分，对经办机构业务运行控制、基金财务控制、信息系统控制、监督检查控制等控制活动，起根本性、导向性和保障性的作用。其内容包括组织决策控制、岗位设置及权责分配控制、人力资源管理控制、内审监督检查控制、组织文化"软"控制等。组织机构控制关注"人"在内部控制系统中的行为和作用，核心目标是营造有利于实现组织目标的控制环境。

本章主要介绍经办机构组织控制的含义、意义、内容与措施等。

第一节　经办管理组织机构控制的含义与意义

一、经办管理组织机构控制的含义

组织机构是把人力、物力和智力等按一定的形式和结构有秩序地组合起来，为实现共同的目标、任务或利益而开展活动的社会单位。经办机构是依法建立的承担贯彻执行国家社会保险方针政策，负责具体经办社会保险事务管理服务的社会单位，是政府提供公共服务职能体系中的有机组成部分。

经办管理组织机构，是指为社会保险经办管理运行提供计划、执行、控制和监督职能的组织架构。其职能主要是对组织内的全部活动合理有效地分配职责和权限，为执行任务和承担职责的组织成员特别是关键岗位的人员，提供和配备所需的资源，并确保他们的经验和知识与职责权限相匹配。社会保险经办管理服务活动是依靠相关的经办机构执行的，而机构又是由部门、岗位组成。岗位职责规范了每一个岗位的行为，业务流程规范了每一项业务的程序，这些因素综合发生作用，保证经办运行目标的实现。

经办管理组织机构控制，就是要通过建立恰当的组织结构模式来确保经办机构各部门和岗位权责分明、相互制约；通过有效的相互制衡措施，消除内部控制中的盲点；通过人员的责任分工及部门、岗位设计来完成各项具体活动，在岗位、部门和单位三级内控管理模式的基础上，形成科学合理的内部控制决策机制、执行机制和监督机制，将经办机构中所有部门、岗位和人员，所有业务项目和操作环节都纳入到内部控制的范围内。

二、经办管理组织机构控制的意义

从经办管理组织机构控制的构成因素看，组织机构控制作为内部控制基础的各种因素的总称，既包括组织结构设置等"硬"环境建设，也包括组织文化等"软"环境建设。这些因素共同作用，为组织机构控制运行提供了平台。

（一）组织机构控制是实施内部控制的载体

经办机构的内部控制不是某个事件或某种状况，而是散布在经办管理活动中的一连串行动，是经办管理过程的一部分。从内部控制体系存在的条件来看，任何内部控制都必须建立在一定的环境和框架中进行，否则内部控制就会成为无源之水，无本之木。组织机构控制为整个内部控制乃至经办机构管理全过程，提供了一个活动环境框架，包括决策、执行、监督等一系列为实行经办管理目标而进行的活动，都必须在此框架内完成。它应根据相互牵制、相互作用的原则，使每一项业务的全部处理过程或过程中的重要环节，不是由一个部门单独完成，而是由两个或两个以上的部门在相互协调、相互制约的基础上完成。对每一个部门的责任与权力应予以明确规定，既要防止权力重叠，也要避免出现权力真空，使每一项业务处理的各个环节都有相应的机构和具体人员负责。

(二）组织机构控制影响内部控制的目标确定

任何组织为保证实现既定的经营和管理目标,需要建立一套制度体系,亦称组织性制度。其作用在于有效地将人、财、物组织起来,形成一个有机的整体,并且发挥出组织的力量,达到组织的目标。这种制度主要通过对人、财、物的配置,以及对人的利益分配格局的规划来实现组织的目标,而经办管理组织机构控制制度,是经办机构众多组织性制度中的重要内容。从组织机构控制与内部控制其他要素的关系来看,组织机构控制设定了经办机构管理活动的基调,影响职工在内部控制中的控制意识,为内部控制其他构成要素提供了秩序与结构,从而成为影响内部控制目标的一个关键要素,在内部控制中起基础性作用。

（三）组织机构控制直接影响内部控制的有效性

任何一项制度的效率和效果,最终取决于执行人的执行效率和效果。而影响执行效率和效果的因素很多,其中最主要的,应当是执行人的道德素养和职业素质。由此可以认为,社会保险经办内部控制的效果好坏,直接取决于经办机构员工的诚信度、职业道德水准和胜任专业岗位的能力。还有,组织机构建设中最主要的是选拔、安排和使用人才,就是要为机构本身提供有效率的人力资源保障。一个好的组织机构控制体系,可以使人才各尽其用,进而营造良好的内部控制环境,提升组织控制的有效性。

第二节 经办管理组织机构控制内容

一、健全组织决策控制制度

组织决策是指经办机构为了达到一定的经办管理目标,采用科学方法和手段,从多个决策方案中选择最佳方案的分析判断过程。由于主、客体等多种不确定因素的存在,决策不能达到预期目的的可能性也存在。组织机构决策控制,就是经办机构依据有关规定,通过建立决策规则对组织决策和实施决策的过程进行规范管理。减少决策失误、降低决策风险、提高决策正确率是对决策的基本要求。如果经办机构在执行社会保险经办收支、管理等政策上出现重大决策失误,将人为给基金运行安全与完整造成风险,甚至会迟滞健全社会保险制度体系的发展。

(一)健全民主决策会议制度

党的十六届四中全会通过的《中共中央关于加强党的执政能力建设的决定》提出:"改革和完善决策机制,推进决策的科学化、民主化,完善重大决策的规则和程序,通过多种渠道和形式广泛集中民智,使决策真正建立在科学、民主的基础之上。"完善深入了解民情、充分反映民意、广泛集中民智、切实珍惜民力的决策机制,推进决策的科学化、民主化,已成为我国政治体制改革一项重要任务。

目前,我国社会保险经办管理体系在全国县级以上行政区域普遍建立,随着社会保险制度覆盖面的扩大,社会保险基金规模的增长,社会对公共部门提供高效、便捷的服务,并纳入法治化轨道的要求越来越高。而社会保险经办管理决策涉及的因素多、变化快、影响广,单靠某个人的知识、经验、才能、智慧越来越难以应付层出不穷的新情况、新问题,这就要求经办机构必须建立健全民主决策的会议制度,使决策活动向着集体化、民主化、专业化方面发展。纳入会议制度决策的内容,主要是有关贯彻执行社会保险方针政策、社会保险基金管理、社会保险待遇资格确认、实施业务流程再造、设置与调整业务岗位、研究制定工作制度,以及选拔使用中层以上干部等重大事项。会议形式及参加会议的人员范围,应根据讨论议题的性质和需要而定。贯彻执行社会保险方针政策和涉及人力资源管理使用、制定工作制度等决策,应召开经办机构领导班子会议,由党委(总支、支部)书记召集并主持会议,会议通过民主集中制的方式作出决定。决策业务经办事项等,应召开经办机构办公会议或办公扩大会议,由经办机构的主要行政负责人召集并主持会议,参加会议的人员为部门的主要负责人或有关人员。会议由主要行政负责人根据讨论的意见作出决定。为保证会议作出正确的决策，会前应将会议议题及有关要求通知与会人员，以便与会人员做好会议发表意见的准备工作。

经办机构应建立健全民主决策会议制度，制度的内容一般包括规定会议的类型、参加会议的人员范围、会议决策程序及有关要求等，并公布制度让全体员工监督执行。

（二）健全决策风险控制机制

任何一种决策，都是在一定环境下，按照一定程序（流程），由单个人或多个人集体做出的。决策不仅仅只是一个客观过程，还涉及大量的个人情感以及价值判断等主观因素。因此，导致决策风险的因素有客观方面的因素，也有主观方面的因素。客观因素如信息不充分、不可预知的因素发生、决策机制不健全等。主观因素如决策者的能力不足，受情绪、成见影响导致判断失误等。因此，要建立防范和控制决策风险机制，具体可以从以下几个方面着手：

1. 决策事项要公开透明

一般，除规定应当保密的事项外，经办机构决策的有关管理服务事项结果应公开，接受内、外部监督。例如，应公开经办机构各部门、各岗位工作制度，包括内部管理制度、对外服务制度、岗位责任考评制度等。其中，经办服务规程，如业务流程、服务标准、办理各项业务需要申报审核的资料等，必须向社会公开。

2. 健全决策备案监督制度

为促进严格执行民主决策制度，经办机构应健全民主决策档案资料备案监督制度，及时记录决策内容、决策过程、决策结果、决策时间以及参加决策的人员等，并将文书资料存档备查。

3. 对决策效果跟踪反馈

经办机构应对决策效果进行跟踪评估，通过对决策方案实施过程的跟踪、信息反馈等途径，及时修改、完善决策方案，确保民主决策更加符合客观实际。对决策实施过程中发现有决策不当的问题，应及时作出是否停止实施、延期实施、修正实施的决定。经办机构可授权综合部门或稽核审计部门负责决策效果的跟踪反馈工作。

4. 实行决策责任追究

为严格自律,除了执行国家有关规定外,经办机构应按照"谁决策、谁负责"的原则,建立决策责任追究制度。纳入追究的责任主要包括:违反民主决策程序,导致决策出现失误的责任;违反依法经办原则,决策不按政策法规办事,导致基金安全风险或不良社会影响的责任;未实事求是处理解决经办管理个案问题,导致执行政策失误或引发更多矛盾的责任;未经调查论证,未认真听取专业技术人员意见,未进行会议充分讨论,决策信息化建设项目、调整业务流程等造成了经济损失,或严重迟误工作进程的责任;参与决策人员未忠于职守或有悖职业道德行为,影响民主决策结果的责任等。经办机构系统承担的社会责任重大,强化内部控制实行决策责任追究制度是必要的。为保证可及性,需要自上而下的设计、布置和贯彻执行。

(三) 明确内控工作领导责任

为增加决策的有效性,必须明确规定各种决策谁是第一责任人,即对某一个事项产生不良后果后,首先承担责任的人。各级经办机构的主要领导,是经办机构的决策者,也是实施内控工作的组织者和监督者,既要对保证基金运行安全负责,也要对经办机构的信誉和工作人员的行为负责。劳社部发〔2007〕2号文件明确规定:"各级社会保险机构主要领导要着力推动内控制度建设,贯彻执行内控制度的规定,严肃处理违反内控制度的机构和责任人,并在一定范围内予以通报,维护内控制度的严肃性,防止流于形式。"经办机构主要领导作为组织的最高管理者,他的意识和行为,对全体职工起着关键的影响,在内部控制活动中起着主导作用。建立内控制度,就是经办机构自己给自己定规矩,涉及每一个业务环节、每一个岗位和每一位工作人员,牵涉经办机构内部的职责分工、岗位设置和权力分配,贯穿于业务经办的全过程。如果主要领导不重视、不参与、不推动或不带头执行内控制度,内部控制就无法有效实施,甚至内控变成内讧,造成员工互不信任、建立内控制度与建立业务经办规程互不搭界、内部控制"走过场"的状况。

二、适时优化组织结构设置

(一)组织结构概述

组织结构又称组织架构,一般是指组织对于其运作过程中如何分工和协调合作而做的较为稳定的安排。组织结构如何设置是一个组织在成立之初就需要确定的事务。一个合理的组织机构可以使组织运转顺畅高效;而一个不合理的组织机构,会大大降低组织的运转效率,甚至会影响组织的生存。组织机构设置的目的,就是要让组织的运转平稳、高效,从而长久地保持组织的生命力。这种高效平稳的运转包括组织内部各项制度的有效施行。内部控制作为组织内部的一项重要制度,其运行自然离不开组织机构的保障。

经办机构的组织结构,为整个经办机构的有效平稳运转提供保障,为内部控制乃至经办管理的全过程提供了一个活动框架,包括决策、管理、执行、监督等一系列为实现经办管理目标而进行的活动。健全、科学的内部结构设置和权责分配,是建立并实施内部控制的基本前提,是影响、制约控制环境的重要因素。组织结构设置是否合理,对经办机构的效率影响极大。

(二)经办机构组织结构的设置

经办机构应围绕有利于履行经办管理服务职能、具体职责,结合业务运行、财务运行的特点和对技术保障依赖程度,以及体现先进管理理念的业务流程、操作规程等因素,综合确定组织结构和适当配备岗位人员。

1. 组织结构设置的原则

(1)安全性原则。保证社会保险基金运行安全是整个社会保险经办管理工作的重中之重。因此经办机构的组织结构设置,首先要考虑有利于管理和保证社会保险基金完整安全运行。

(2)有效性原则。经办机构是具体承办社会保险事务的组织,其组织结构设置,包括设置哪些部门和哪些经办岗位,必须要充分考虑如何设置,才有利于提高经办管理服务的运行效能。

(3) 协调性原则。部门职能相互衔接、互不重叠，职责明确、均衡、高效，建立起相关部门间有机响应的配合通道和协调路径。

(4) 制衡性原则。科学划分部门职能和合理岗位授权，对经办权力形成制约和监督；建立起相邻业务部门、相邻岗位之间的相互制衡的工作机制。

2. 组织结构设置的要求

任何类型的组织结构都有一定的适用范围，没有也不可能存在适用于一切情况的组织结构。经办机构的组织结构设置，需要随着管理服务任务、要求的变化，以及信息化建设水平的提升等不断调整。

(1) 组织结构的设置应符合社会保险经办职能需要。一是要按照各级经办机构的业务规模、特点等，将业务活动分归适当的单位或部门，形成层次化、部门化的结构，经办运行所需要的职能都有相应的部门（单位）负责。同时要适应职能需要，及时调整和改革组织机构。二是机构、部门与岗位的变更，要适应社会保险业务经办现状及发展需要，要能随着社会保险经办职能变化的需要，及时进行相应的调整和改革。

(2) 组织结构的设置须完整统一。一是要确保社会保险经办系统管理职能完整统一。社会保险经办系统职能多层次，由各级经办机构分别承担，每一个层级经办机构履行的职能，只是系统总体职能的有机组成部分。同样，各级经办机构的组织结构设置，也要遵循"局部服从全局，个别服从整体"的原则，保证本级经办管理服务职能的完整统一。二是机构功能设置要完整统一。在机构功能方面，应有完整的决策、执行、监督系统，彼此联系、相互配合，以发挥不同的功能作用。同时应处理好统一领导与分级管理的关系，保证上下级经办机构的名称、级别、隶属关系要规范统一，形成能够上下贯通、左右协调的统一体，既有利于各项社会保险政策的贯彻，又要有利于地方积极性的充分发挥。

(3) 组织结构设置上权责一致。一是明确部门的职责权限和职能分工。机构内各部门的职责权限和部门之间的职能分工要明确，避免职能交叉。二是明确规定各级人员的职责权限。通过目标管理责任制、职位分类制等制度化途径，做到事事有人负责，人人各司其职、各行其权、各负其责。

（4）组织结构的管理幅度设置应科学合理。管理幅度又称管理宽度，是指在上级机构或本级机构领导者，直接指挥和监督下级机构及其成员的数目。各级领导者的管理幅度必须合理适当，领导者处在高层或低层，领导者个人素质，下级能力，工作近似、规范程度，对直接领导的下级控制手段等，都会影响有效管理幅度。

3. 组织结构设置的两种基本方法

（1）金字塔式的组织机构，又称高耸形组织结构。其特点是最高层与基本作业层间具有众多的管理层次，每个管理层次的管理幅度较小。

金字塔式组织机构的优点包括：组织结构十分严谨、周密，便于管理人员对下属实施严密控制；组织成员职责分明，分工明确；上下级之间等级森严，领导的权威性程度高，垂直的纵向关系十分明晰，有利于统一指挥；稳定性程度高，纪律比较严明。

金字塔式组织机构的缺陷表现为：层次间和部门间的协调任务重，计划和控制工作较为复杂；管理成本比较高，管理工作效率降低；信息交流不畅且容易失真；决策的民主化程度不高。

（2）扁平化的组织结构。其特点与高耸形组织结构正好相反，其结构扁平，具体表现为管理幅度大，管理层次少。

其优点包括：节省管理费用；高层领导比较容易了解基层情况；有利于促进基层管理人员成长；有利于提高决策的民主化；纵向沟通联系渠道缩短，可以加快信息传递速度，并减少信息失真。

实施扁平化变革要受到诸多客观条件的限制，具体的注意事项如下：1）必须有高素质、知识结构合理的职工；2）必须发挥计算机对企业管理的辅助和替代功能；3）必须有用户导向、业务导向的简化的业务流程，并确保切实执行；4）必须授权并建立授权前提下的有效控制机制。

需要指出的是：具备了以上条件，管理幅度也不可能无限地增加，管理层级也不可能无限减少。确定增加与减少的程度，要综合考虑各项业务的特点和相关因素。

(三) 适时优化组织结构设置

我国社会保险事业不断发展壮大，特别是随着《社会保险法》的颁布实施，各险种覆盖面会进一步加大，经办管理服务对象数量会不断增多，管理社会保险基金规模也会越来越大，对社会保险基金的安全性的要求也会越来越高。为应对上述发展和变化，经办机构内部管理方式等需要适时优化，组织结构设置也必然随之变化。

1. 从传统的"以职能为导向"向"以流程为导向"转变

传统的职能导向管理模式，侧重于对职能管理和控制，关注部门的职能完成程度和垂直性的管理控制，部门之间的职能行为往往缺少有机的联系。尤其是它没有确定的时间标准，工作标准一般由部门主管临时确定。这样就大大加重了部门主管的工作负荷，而且效率不高。"以流程为导向"的管理模式侧重的是目标和时间，即以市场或服务对象为导向，将组织的行为视为一个总流程上的流程集合，对这个集合进行管理和控制，强调全过程的协调和目标化。每一项工作都是流程的一个节点，它的完成必须满足全流程的时间节点，因此按时完成非常重要。多年来，地方经办机构的组织结构设置，普遍是以部门为导向进行的，与社会保险业务单一和资金流小的状况相适应。随着形势的变化，需要适时引入"企业再造理论"，向"以流程为导向"的经办管理模式转变，以提高管理服务效率、质量和服务对象的满意度。在"以流程为导向"的管理模式下，经办机构要根据业务流程来设置职能部门和业务岗位。

2. 从传统的金字塔式管理模式向扁平化管理转变

传统的金字塔式管理模式强调的是组织内部的层级制和上下级对应负责的制度。这种体制目前在经办机构中较为普遍。但是这种体制对中层干部素质要求全面，可持续性受到挑战。要提高社会保险经办效率，可探索实践扁平化管理模式的组织结构方式。这种方式有利于促进职工不断学习业务和操作技能,尤其是促进整个团队的学习和整体进步,充分调动职工的积极性和创造性思维能力。扁平化组织结构的目标是建立一种柔性、扁平、符合人性发展需求的组织。在此架构下,权力分层和等级差别弱化,使个人或部门在一定程度上有了相对自由的空间,能有效地解决经办机构内部沟通的问题。按照扁平化管理模式进行组织结构设置,要求经办机构不能设置过多的中间层级,多安排机会使底层职工与高层领导直接对话等。

3. 从传统的"专管员制"模式向"柜员制"服务模式转变

多年来各地区经办机构普遍采取"专管员制"管理服务模式,随着服务需求的发展,这种模式需要向"柜员制"转变。所谓"柜员制",是指经办机构业务大厅的服务窗口,能够做到一岗可以办理多项不同的社会保险业务。如在每一个经办窗口,都可以办理社会保险登记、转移接续社会保险关系、正常退休手续、支付社会保险待遇等。这种服务模式具有方便办事、服务效率高,以及均衡经办操作岗位工作量等优点。如果说组织结构扁平化是组织体制的纵向收缩,那么"柜员制"则是组织体制的横向收缩。但实现这种转变的前提是:经办机构的参保缴费数据库信息必须完整精确,经办机构实行了严格的组织授权和健全了内部控制制度,经办机构管理层具有较强的监管能力。

三、健全岗位职责授权制度

岗位职责授权制度是指经办机构的各级人员必须经过适当的授权和批准才能执行有关业务活动,未经授权和批准,不得处理有关业务。通过授权批准管理,规定各级管理人员的职责范围、业务处理权限、审批程序和承担的相应责任,各级人员在其业务处理职责范围内无须请示便可以直接处理业务,从而避免推诿现象发生,提高工作效率;同时明确各级人员应予履行的职责,从而做到分工负责,权责分明。

(一)岗位职责授权的基本内容

一般来说,经办机构进行岗位职责授权,须经经办机构决策层研究决定后，由主要领导组织实施。规范的岗位职责授权应制作文书，在经办机构内部公布执行和存档备案。特殊情况下或临时性承办一些业务事项，如不具备集体决策的条件，为保证及时完成突发的经办工作任务，经办机构决策层的领导或部门主要负责人在职责范围内可以对分管部门或所属部门的员工予以相应的经办授权。但对于承办重大的业务事项，仍需要集体讨论授权或者实行有关领导联名签字授权，任何个人不得擅自改变集体做出的授权决策。经办机构的各级管理人员都应当在授权范围内行使职权和承担责任。

1. 授权范围

经办机构内所有业务经办活动，都应纳入授权办理的范围。任何经办岗位、办理任何一项业务，都必须经过授权。对于岗位变化或岗位职责调整的，应当及时调整授权。

2. 授权形式

授权形式一般分为常规授权和特别授权。常规授权是指经办机构按照既定的授权程序进行的授权。特别授权是指经办机构在特殊情况下进行的授权。经办机构应建立健全授权制度，规定授权范围、授权程序和执行责任，严格控制特别授权。为预防经办风险，可以按照风险等级进行授权管理，一般业务办理，授权岗位人员全权操作；对于需要审批的特殊业务事项，应当按照审批程序授权操作。同时，应做到决策审批、监督管理岗位与经办操作岗位业务权限的完全分离。对各岗位授权，应制作书面文件并下达各职能部门执行。授权文件应交经办机构档案部门归档。

3. 明确责任

在授予经办岗位操作权限，规定工作职责的同时，必须规定相应的责任。有权必有责，权责一致。避免只授予权限，不规定应该承担的工作责任。

（二）授权应注意的问题

1. 权责划分与岗位相适应

各岗位权限应符合法律、法规、规章的规定，确定职责时应尽可能的具体、明确和全面。应统筹责任和权力的匹配，尤其是对办理特殊业务岗位的授权，应处理好内控需要和提高业务经办效率的关系，避免出现"层层审批"或"一支笔"这两种极端情况。

2. 建立授权备案制度

每一次授权，包括普遍性授权和对个别岗位授权等，都应做好授权备案记录工作。按社会保险档案管理规定，保存好各级各职人员的预留印鉴或人员标志等。对于授权调整，也要加以记载。

四、健全轮岗制度

轮岗，又称岗位轮换，是指在同一组织系统或单位内，对担任领导职务和非领导职务的人员有计划地掉换职位任职。工作岗位定期或不定期地进行轮换，有利于丰富各级各职人员的工作经验，促进钻研学习社会保险政策法规、业务知识和操作技能，全面提高业务经办素质。其中中层以上管理人员定期轮岗，有利于提高骨干队伍的综合素质和组织领导水平。特别是通过定期轮岗，可以有效抑制一些易发生舞弊行为岗位，出现有悖职业道德问题。健全轮岗制度，是经办机构内部控制制度体系中不可或缺的重要组成部分。

（一）轮岗适用范围

理论上，定期轮岗的适用范围，应包括经办机构的各级各职在编人员。实践中，有条件的经办机构可以结合实际，实行全员轮岗制度。从防范经办风险和培养人才的角度，特别是从实践轮岗制度的可能性看，一般应采取对重点岗位实行轮岗的制度。适合轮岗的岗位主要是经办机构的中层以上干部和部分业务岗位。前者包括业务主管；后者包括：核定缴费申报（含核定缴费基数）岗位，审核、审批领取社会保险待遇资格岗位，核定支付或计发社会保险待遇岗位，基金财务出纳岗位，个人账户信息维护岗位，以及稽核监督检查等重要业务事项审批岗位。鉴于全国各险种经办机构岗位设置和授予权限不统一、岗位名称不统一等，本教材不能全面具体地列出各级各险种经办机构应该定期轮岗的岗位。经办机构应从本单位的实际出发，确定纳入定期轮岗的具体岗位。

（二）轮岗的类型

轮岗可以采取多种形式进行。按轮换的形式分，有短期轮岗和调动性轮岗。短期轮岗属于适应性轮岗性质，目的是让轮岗人员在规定的时间内熟悉某方面的业务，具有岗位应用培训的意义。轮岗时间根据实际需要而定，通常不超过半年。调动性轮岗，除特殊情况外，一般要按照轮岗制度规定的岗位范围、任职期限进行。按轮岗性质分，有强制轮岗、建议轮岗和按个人意愿轮岗。强制轮岗不征求个人意见，个人须服从组织的安排。建议轮岗一般征求个人意见，如个人不愿意，理由又充分，组织应考虑暂缓执行。按个人意愿轮岗属于特殊情况，一般体现在可以供个人选择的情况下。

（三）轮岗的配套工作

1. 坚持有效沟通原则

职工对于岗位轮换的态度，在很大程度上决定了岗位轮换的效果，因此在实施岗位轮换之前，必须对职工的特点和发展方向进行深入的分析和把握，与轮岗职工进行有效沟通，避免对职工情绪造成过大冲击。

2. 坚持岗位全程监控原则

轮岗职工与接替者和被接替者之间顺畅有效的交接，在很大程度上决定了轮岗工作实施的效果，为了避免出现不应有的缺失和失误，经办机构必须对该项工作的实施，给予全面的监控和把握。同时，监控的实施必须是建立在完善相应配套制度的基础上的。

3. 坚持岗前培训原则

在确定轮岗人选、进行相关交接工作的过程中，应当制订实施岗前培训计划。这种培训，既可以由相关岗位经验丰富的员工带班培训，也可以通过外派方式对其培训。

（四）轮岗制度应注意的问题

1. 坚持适才适用的原则

轮岗工作不能简单地为轮岗而轮岗，而要考虑具体的工作需要，以及职工的具体情况等多重因素。坚持适才适用就是在轮岗中既要考虑轮岗的需要，又要根据每个职工的才能，把其安排在比较合适的岗位上。

2. 坚持个人服从组织的原则

轮岗是组织行为，组织必须重申纪律，坚持个人服从组织，不能各行其是。一旦组织做出轮岗决定，轮岗人员必须执行。

3. 坚持重点岗位轮岗的原则

经办机构的中层以上干部（包括业务主管），以及部分重要岗位（如以上轮岗适用范围提示的部分岗位），应定期轮岗。确定轮岗期限，中层以上干部（含业务主管）任职3～4年，或者任满一个聘期应轮换一次。专业性强和重要业务事项审批岗位，除有特殊规定的外，原则上也应3～4年进行轮岗。

4. 坚持轮岗责任交接的原则

应建立轮岗职务交接制度，以划清前后任岗位的各自责任。如在交接过程中，接任者发现前任存在工作差错，应按制度规定予以报告，否则承担相应责任。

五、健全不相容职责岗位分离制度

所谓不相容职责，是指社会保险经办中如果由一个人履行岗位职责，既可能弄虚作假，又能够自己掩盖其舞弊行为的职务活动。不相容职责适度分离，就是要把那些不相容职责分别由几个人担任，以便相互监督。

（一）不相容职责岗位划分

社会保险业务内容复杂，具体经办岗位类型较多。如何科学设置经办岗位，需要根据实际业务流程统筹考虑。为保证各项业务经办规范运行，严格执行政策法规，防范各种风险等，在明确划分相关部门之间、岗位之间、上下级之间的职责时，需要建立起不相容职责分离、纵向与横向相互监督制约的机制。纵向将社会保险业务分为决策、执行、监督三个层次，横向将每一个险种业务划分为审核、审批、录入、计发、支付等环节。

纵向方面必须实行决策、执行、监督岗位职责分离制度。领导不能既当裁判员，又当运动员。决策层、监督层不能直接经办业务，执行层必须接受监督层的工作检查，监督层必须依据监督检查工作制度实施监督检查。横向方面必须实行各项业务环节相互独立、相互制约的操作规程，总的要求是，不能由一个岗位全过程经办一项包括不相容职责在内的多个环节业务。

（二）建立合理的责任分离制度

一般来说，经办机构的业务审核岗位应与审批岗位职责分离，审批岗位应与数据录入岗位职责分离，记账岗位应与管钱管物岗位职责分离，审批岗位应与计发待遇岗位职责分离，信息维护岗位与具体业务经办岗位职责分离等。《社会保险经办机构内部控制暂行办法》（劳社部发〔2007〕2号）规定："货币、有价证券的保管与账务处理相分离，重要空白凭证的保管与使用相分离，资金受理发放或待遇支付与审查相分离，信息数据处理与业务办理及会计处理相分离。"各级经办机构应结合工作实际，细化上述有关责任分离制度。

（三）落实责任分离制度应注意的问题

目前，地方经办机构普遍存在人员缺失的问题，许多单位相互兼岗或一人多岗的情况突出。有关经办机构应结合采用信息化技术和整合经办资源之机，适时调整内设机构，在确定岗位设置时，最大限度地落实不相容岗位职责分离制度，避免出现不相容职责岗位。针对新任务或工作调整而出现的新的不相容职责岗位，应随时评估其风险，积极采取应对措施。人事管理部门及各单位（部门）负责人，应定期对不相容职责岗位是否真正分离情况进行检查。

六、健全内部审计控制制度

内部审计控制制度是内部控制监督检查的一种特殊形式。依据劳社部发〔2007〕2号文件规定，经办机构的稽核部门负责履行内部审计职责，每年要对本单位及所辖机构内部控制工作进行检查评估。经办机构应认真贯彻落实《关于进一步加强社会保险稽核工作的通知》（劳社部发〔2005〕4号）的要求，高度重视稽核队伍建设，大力完善稽核组织体系，确保内部审计工作的有效开展，建立健全内部审计制度。

(一) 内部审计与组织机构控制的关系

组织机构控制是实施内部审计的制度环境,是促使内部审计有效开展,保证内部审计功能发挥的前提和基础;内部审计是组织机构控制趋于健全完善的保证,组织机构控制的完善及其作用的发挥离不开内部审计。内部审计作为一项监督评价机制,也成为组织机构控制中不可或缺的组成部分。有效的内部审计是组织机构控制中形成权力制衡机制,并促进其有效运行的重要手段。

(二) 内部审计主要职责及在组织机构控制中的作用

内部审计主要职责是:依据政策法规,对本单位社会保险基金财务收支、管理、投资运行情况进行跟踪监督;依据上级和本单位内部控制规定,对经办管理的重要环节、重点业务办理,以及重要部门、重要岗位履行职责情况进行监督;依据有关规定,对干部离任及工作交接情况进行监督等。

内部审计在组织机构控制中的主要作用有:

1. 监督约束作用

通过内部审计,经办机构可以及时发现自身存在的经办风险问题,督促经办人员遵纪守法,严格执行各项工作制度。

2. 咨询服务作用

对经办管理的薄弱环节进行专项审计,报告审计查出的问题和提出整改建议,可以为领导决策提供服务。内部审计接触面广、综合性强,有利发挥上下之间信息沟通的作用。上级经办机构对下级经办机构实施内部审计,指导和促进下级经办机构重视和纠正存在的经办风险问题。

3. 风险防范作用

内部审计从评价各部门落实内部控制制度入手,能深入到经办管理的细微环节,查找出管理漏洞,由此分析制度本身的健全性、合理性和有效性,以风险发生的可能性大小为依据,作出相关评价,起到风险防范作用。内部审计作为独立的第三方,在促进各部门强化风险管理方面起着协调作用，有利于防范宏观决策带来的风险。

4. 评价、鉴证作用

通过上级授权，内部审计对本单位干部任期内经济责任进行审计和做出评价，可为使用特别是提拔干部提供依据。

(三) 内部审计机构设置原则

1. 独立性原则

内部审计部门应能够独立行使对内部控制系统的建立、运行、结果进行监督和评价的权力。

2. 权威性原则

内部审计部门应具备与监督、评价内部控制系统相适应的权威性。对在监督与评价过程中所遇到的有关问题或情况有一定的处置权。

3. 协调性原则

内部审计部门与机构中其他职能部门就监督与评价内部控制系统方面应是协调一致的，在工作上能够相互配合、相互制约、相互促进；内部审计部门与外部审计机构在监督与评价内部控制系统方面能相互协调一致。

4. 效率原则

内部审计部门在效率上应能够满足经办机构对内部控制系统进行审计监督与评价的有关要求。

(四) 强化社会保险经办内部审计工作

社会保险经办内部审计是内部控制体系的重要组成部分，它对内部控制的各个环节具有检查、监督、评价的作用。从提高各险种统筹层次，即职工基本养老保险逐步实行全国统筹，基本医疗、失业、工伤、生育保险逐步实行省级统筹的发展趋势看，为保证内部审计能充分发挥职能作用，社会保险经办机构系统应建立健全以内部审计为重点的内部控制体系，赋予内部审计更多、更全面的监督检查职责，并保证内部审计机构在上级内部审计部门和本级经办机构主要负责人的双重领导下独立开展工作。应赋予内部审计对内部控制监督检查的再监督职责，使内部审计成为内部控制中的"控制"。

七、健全内部控制的信息与沟通系统

随着经济的发展和社会的进步，社会保险经办工作对信息和信息资源管理的依赖性越来越大。不仅参保单位、参保人员的基础信息、缴费权益记录、社会保险关系转接、社会保险基金流动等各项业务经办均以计算机系统为载体进行信息管理，而且，由于信息技术在经办工作中的广泛使用，对经办工作的组织结构、运行方式，乃至工作人员的心理和行为都发生了重大影响。信息化已经渗透到了社会保险经办工作的各个环节，同样内部控制也离不开信息化这一沟通渠道。就是在传统的信息沟通方式之外，借助于高技术设备的信息沟通手段，丰富和增强沟通的有效性。应建立起良好的信息传递、反馈、监控流程，利用各种途径和方法，全方位、多角度地收集社会保险经办运行过程中可能产生的风险和影响控制有效性的内外部信息，并将信息及时、充分地传递给相关人员，以提高经办机构内部控制的效率和效果。

（一）建立充分沟通及协调的工作机制

建立信息反馈制度，及时将内控监督部门发现的风险问题反馈给有关部门。也可以通过定期的联席会议方式，沟通一个阶段内发现的问题。各级经办机构应按照《社会保险法》的要求，加强与工商行政管理部门、民政部门、机构编制管理机关、公安部门等沟通，及时掌握相关信息，拓展信息资源共享渠道，提高经办工作的效率和水平。

（二）建立具有沟通、传递、反馈各种业务经办信息的内部信息交流平台

一方面，要完善信息向下传递机制，使参与经办管理活动的所有人员，及时了解社会保险政策法规、经办规程、操作审核要求，明确各自职责及其在内部控制系统中的地位和作用；另一方面，要完善信息向上反馈机制，使职工能够畅通地向上级反映发现的风险问题，形成内部控制人人有责的监督局面。

（三）落实重大风险问题报告制度

社会保险经办过程中，可能会发生一些重大的风险突发事件，这些事件处理得不好，可能要影响一个地区的稳定和谐。因此，各级经办机构应按照国家有关规定，认真落实重大风险事件报告制度，将经办过程中发现可能造成严重后果的问题，及时向上级报告。经办机构应建立健全重大风险问题报告制度，包括明确报告程序等。

八、健全内部控制评价机制

（一）建立内控考评制度

根据行为科学理论，只有根据行为效果进行奖罚，才能实现人的行为效果的最大化，从而最大限度地发挥人的主观能动性。因此必须要把激励和约束机制引入到内部控制运行机制中来，完善管理层上下级之间的委托代理关系。这就要求在组织内部建立健全的内部控制评价机制，来对组织成员践行内部控制的行为及其效果进行评价，从而进行激励或者约束。

从经办机构来说，任何一名社会保险工作人员都应参与到内部控制管理中，也应被纳入到内部控制运行过程中，实现内部控制运行过程中的全员参与，通过明确个人在事前、事中、事后不同的风险控制责任，明确各部门、各岗位的具体职责，按照管理层次进行层层分解落实，并与业务经办质量、岗位责任联系起来，纳入到内控考评制度中。考评结果可以实行"五个挂钩"：与被评价部门（个人）的年度综合考核挂钩、与评先评奖挂钩、与授权管理挂钩、与绩效工资分配挂钩、与领导干部和领导班子的考核使用挂钩，以进行必要的奖罚和考核。

同时，要在后续评价阶段，跟踪检查被评价单位问题的整改情况，处理处罚决定的执行落实情况和评估内部控制状况的改进情况，达到进一步强化内部控制执行的目的。

（二）建立内控工作问责制

问责制，就是在某项活动中针对相应的权力明确相应的责任，并对相应责任履行进行严格科学考核，及时察觉失责，依据相应的失责对当事人追究和惩罚，靠"问"的"制度化"来保证"权责对等"实现的一种机制。内控制度中建立严格科学的问责制，可以减少内部活动各方逃避义务的风险，增强各方合作的可能，促使内部控制制度有效实施。

在经办机构的内部控制中，有必要引入工作问责制。而健全问责机制，就是要做到权责要明晰、过失必追究。每个管理者、每个职工，都应履行本职岗位的职责，承担本职岗位的责任。把健全问责机制作为加强内控体系建设的一项重要基础工作来抓，清晰界定各级管理者和职工在各自岗位中的权力与责任，进一步明确每个岗位的报告路线和报告人，并建立相应的考核奖惩制度。每个职工都有拒绝、揭露违法违规行为的义务和权利，要建立起畅通的渠道，让广大职工实施有效的监督。将问责机制落实到每个岗位，按照岗位来进行责任认定与追究，一旦发现问题就能及时回溯追究具体责任岗位和具体责任人，从源头上保证经办运行安全，从而对那些不积极，不认真贯彻内控制度，因为自身过错导致内控制度运行不畅，产生一定后果的工作人员进行问责，从而起到惩戒作用。

落实工作问责制，应该坚持"五要问"：一要问执行者之责。强调拒绝违规操作是每位职工义不容辞的义务责任，对上级下达的违规指示应坚决抵制；强调凡是违法违规操作行为都必须问责，不以是否造成损失为问责条件，不能以没有损失为由就不问责。二是要问管理者之责。对内部控制存在严重问题，而又长期未能解决，发生了大案要案的单位，必须追究上级相关负责人的领导责任。三要问前任之责。无论责任人调到何处，都应按追溯程序追究责任。四要问监督检查之责。监督检查人员履责不力，不能发现已经存在的重要问题，也要问责。五要问用人者之责，违反规定用人的必须承担责任。

（三）建立内控特殊激励机制

在内部控制领域，有一些关键点的把握与控制会对整个内控的效果产生重要的影响，社会保险经办领域也是如此，比如大额资金的流动，大批量人员属性的更改，大批量人员特殊工种工作年限的变更等。如果能够及时把握这些关键点，控制风险，将对社会保险内部控制产生非常好的效果。仅靠个别内控专职（或兼职）工作人员，很难全面有效地把握这些关键点，而必须要靠全体经办人员共同的关注和努力。为此，可以考虑建立关键风险激励机制，对那些在日常工作中发现关键点风险的人员进行奖励，以激发职工的积极性，从而达到控制风险的效果。

第三节　经办管理组织机构控制应注意的问题

一、确保做到依法经办

（一）坚持合法经办

合法经办是经办机构依法行政最基本、最重要的要求。合法经办，就是依照法律、法规、规章的规定实施业务经办活动，摒弃人治思维和习惯，树立法律的权威和依法办事的观念。合法经办包括以下几个方面内容：

1. 保证主体合法

经办机构是法律法规授权的经办社会保险事务的主体，在行使办理社会保险登记、审核缴费申报、核准支付社会保险待遇、稽核监督检查、出具社会保险事项证明等职权时，应以经办机构法人的名义进行，并履行完备的签章手续。

2. 保证内容合法

在行使法律授予的职权时，凡法律规定的必须做（不能不做，不能乱做，不作为同样也是违法的），且经办行为的内容必须与法律的原则、目的，以及具体规定的内容相符合，任何经办行为都要有充分的事实根据和法律依据。这就要求经办机构在经办过程中，不仅要对服务相对人提交的材料负有审查其完备性、有效性的义务，还必须对材料的真实性、合法性进行一定程度的实质性审查；对一些能够通过经验辨别的假冒、不合法的证据材料进行甄别和剔除；当对材料存有疑义、证据可能同客观事实不相一致，或证据不足以证明事实，当事人同经办机构的矛盾又比较对立时，要采取主动调查核实的方式，来确保经办审核及核定（裁决、决定）结果的正确。比如，在新单位参保登记的资格认定过程中，不仅要按照国务院和原劳动保障部的有关规定对申报材料的完备性、有效性进行审查，看是否具备了申报所规定的材料要求，还要严格审查这些材料的真实性，以及是否通过合法的程序制作。这就要求经办机构工作人员在审核过程中，要充分运用自己的知识和经验，对材料的真伪以及合法性做出判断。

3. 保证程序合法

经办机构应当提高程序意识，严格按照经办活动必须遵守的步骤、方式、方法、顺序、时限等规则进行操作。经办行为必须遵循统一的规定，依次进行，顺序不能颠倒；实施经办行为必须遵循时限规定，不能超期；行为方式不能随意"变通"。经办行为如果违反了以上程序性规定，则构成程序违法。如某地经办机构发生过这样一起诉讼案件：一个参保人员向经办机构去信，要求申办养老金核定手续。但经办机构收到申请信未通知本人前来填写正式的申报表格和递交材料，而是以处理信访的方式回信告知"不能办理"，并加盖了"信访专用章"。最后法院以"程序违法"为由，判决撤销经办机构的"信访回复"。

4. 保证诚实守信

经办机构应当信行公正，保证政策、法规的严肃性与统一性，做到令行禁止。保持政策的稳定与连续，信守承诺，取信于民。政策与信息要公开透明，建立信息披露制度，公布的信息应当全面、准确、真实。比如经办机构对外作出的经办行为，其依据都应当是公开的文件，而不应当是内部的口径，如果公开的文件与内部的口径不一致，应当坚决以公开文件为准，这是打造"信用政府"所必须做到的。

5. 保证权责一致

经办机构在授予各经办部门、经办岗位权限的同时，必须明确相应的责任，并保证有权必有责、权责一致和用权受监督，以促使各部门、各岗位依法依规办事和不越权限办事，不滥用职权办事。

(二) 坚持合理经办

经办行为应当遵循公平、公正的原则，平等对待经办管理相对人，不偏私、不歧视，尊重相对人的意见，排除各种可能造成不平等、偏见和影响行政行为公正性的因素，所采取的管理措施和手段应当必要、适当。尤其是在处理一些具有较大自由裁量权的事务时，应当在充分考虑当事人利益，充分考虑同类情况下处理同类事务的惯常做法，充分考虑地区平衡的前提下，在法律规定的裁量范围内进行认真处理，作出尽量合理，让各方满意的处理结果。比如某地发生过一起复议案件：在一起工伤事故中，伤者在身体受到严重伤害的时候，被急救车送进了医院。但是医院此时没有普通病房入住。医院经本人同意后，安排病人入住了高级病房，并为此花去了大量的医疗费用。如果按照当地的社会保险规则，入住医院的高级病房，其产生的相关医疗费用不属于工伤保险支付范围。但是复议机构考虑到受伤人员严重受伤害急需抢救，以及医院普通病房满员的客观情况，从合理性角度考虑，最后要求经办机构为其在相当于普通医疗服务费用的额度内，用工伤保险基金予以了报销，这就充分体现了合理性。

另外，合理性还应当体现在经办行为的高效便民上。经办机构应当不断提高办事效率和质量，提供优质服务，最大限度地为参保人提供方便；应尽可能地创造条件，方便当事人，方便群众，包括简化程序，减少环节，节省时间、费用和精力等，以合法准确、简便易行、高效灵活的方式达到经办管理的目的。比如某地经办机构针对单位经办群众排长队、有怨气的情况，适时调整了经办环节，合理借鉴了银行排队叫号系统，在社会保险经办大厅中采取了排队叫号方式，不仅彻底解决了群众排长队的现象，而且还提高了自身工作效率，受到了广大参保单位和群众的好评。

二、着力营造内控文化氛围

内部控制作为一种管理方法体现在整个经办管理过程之中。经办机构组织文化中的内控文化部分（指诚信和道德价值观）深刻影响控制环境的优劣。着力营造内控文化氛围，强化"软约束"力量，是构成内部控制有效运行的内在驱动力。

（一）内控文化的含义

所谓内控文化，是指经办机构在长期的经办管理服务实践中所形成的，并且被组织成员普遍认可和遵循的，具有本组织特色的价值观念、团体意识、行为规范和思维模式的总和。内控文化的核心是诚信和道德价值观。在内部控制执行过程中，诚信和道德价值观起着支持和维护的作用。一个经办机构有良好的内控文化，就能将每个成员的思想观念统一到保证实现经办管理工作目标上来，并形成共同的行为准则和行为规范，树立经办机构良好的团队形象。

（二）内控文化的特征

1. 具有群体性

内部控制涉及组织中的每一个人，经办机构应不断对全体干部职工进行"以人为本"和遵守社会公德等为核心内容的思想教育，使每个人牢固树立全心全意为人民服务的价值理念，规范经办行为方式。

2. 具有独特性

内控文化属于上层建筑范畴，反映社会保险经办管理服务的本质需求，一切控制活动的设计和实施，都应围绕保证社会保险基金完整与安全运行，严格落实社会保险政策和为参保人提供优质高效服务进行。

3. 具有长期性

内控文化需要一个培育的过程。成熟的内控文化状态稳定，对社会保险经办管理的软控制作用和影响会时时显现，并对社会保险事业的长期发展起到保驾护航的作用。

（三）内控文化的层次关系

内控文化主要包括三个层次：一是理念层，指组织精神，包括组织的价值观、管理哲学、道德观等。组织精神是员工自我实现诚信和道德价值观的支柱,对员工自我约束、自我激励具有潜在的、明显的指引作用。二是制度层,指经办机构建立的旨在规范经办行为的制度体系,包括内部控制制度在内。三是物质层,指支持经办管理服务理念、制度的物质保障环境。例如:要实现经办管理业务运行控制的程序化,就离不开具有控制风险功能的信息系统支持。三个层面相辅相成,缺一不可。其中,理念层是内控文化中相对稳定的层次,也是内控文化的决定因素。有什么样的理念层,就有什么样的制度层和物质层。制度层是理念层和物质层的中介,物质层和制度层是理念层的体现和实践。

(四)构建内控文化的具体要求

1. 制订教育计划

经办机构应结合形势任务制订员工思想品德教育工作计划,并按计划组织开展教育。计划内容应包括学习内容、组织形式、有关活动等。学习内容主要是职业道德规范。组织形式要活泼,有利于员工参与和激发员工的学习兴趣。要树立诚实守信道德模范标杆,让员工从身边人和身边事中受到激励。

2. 优化控制环境

经办机构主要领导的政治素质、道德素质和业务素质如何,如是否具有较强的事业心、责任感,是否具有较强的敬业精神和实干精神,是否注重研究经办管理业务和是否熟悉关键性业务的流程、操作规程,以及是否具有较强的风险管理意识和注重运筹组织实施内部控制等,直接影响控制环境的优劣。优化控制环境必须抓主要矛盾的主要方面,重点提高经办机构决策层的素质。领导班子要带头遵守、执行内控制度,为全体员工做表率。主要领导应直接负责部署、检查、督促落实内控制度和实施监督工作,以保证内部控制全面有效贯彻执行。各级经办机构都应有计划地开展旨在提高员工业务素质和经办能力的培训活动,引导员工爱岗敬业、钻研业务,成为经办操作行家里手或技术能手,防止或减少经办业务差错。着眼于社会保险事业发展大局，国家应建立健全经办机构负责人和专业技术人才素质培训制度，如规定新任职经办机构主要负责人当年必须参加省级以上组织的任职素质培训班，系统学习经办管理业务知识和技能等。

3. 健全内控制度

管理靠制度，规范靠规章。经办机构应结合工作环境、队伍素质状况等实际情况，建立健全切实可行的内部控制制度体系，并不断完善操作细则，保证制度规范与时俱进，适应新情况、新要求，能解决新问题。制定各项内部控制制度应发动全体员工参与，引导和鼓励员工关心内控和愿意为内控献计献策，自下而上与自上而下相结合地健全内控制度体系。营造沟通充分、信息传递畅通、人心所向、目标一致的文化氛围。

三、严把人力资源配置关

员工素质的合格程度，直接影响经办机构内部控制的成效。经办机构应严把人力资源配置关，健全完善科学的人事管理制度，保证经办人员具有胜任能力和诚信道德品行。

（一）健全招用人制度

招聘和选拔人员是保证员工应有素质的重要环节。各级经办机构应当建立完善的人员招聘录用制度、选拔制度和流程。其中，应将职业道德修养和专业胜任能力，作为选拔人员或录用的重要标准，严格执行录用、聘用、选拔、提拔工作人员的规定。应严格执行公开招聘和选拔干部的制度规定，并对有关执行情况进行监督，评价招聘政策及其执行的有效性。

（二）健全岗位资格制度

经办机构在明确经办岗位职责的同时，还应对各经办岗位的任职资格、经验要求等作出规定，要求拟任职（包括新录用）人员具有相应的从业资格（证书），并核查其真实性。应定期对各经办岗位进行分析，确保各岗位配备胜任的人员。避免产生因人员业务能力或者道德素养无法满足所任岗位要求，可能导致的业务经办风险。

（三）健全素质培训制度

建立多层次、多形式、多规格，并具有针对性和持续性的素质培训体系，是经办机构强化内部控制的重要内容之一。为保证素质培训体系有效运行，应有必要的组织保障。如省级以上经办机构应设置培训部门，负责组织规划和具体实施各险种经办人员的业务培训工作。应建立国家级、省级的高水平培训师资队伍，编写统一规范的培训教材和建立经办机构专业岗位任职资格制度。组织培训的方式应体现层次性、多样性。如根据培养人才和提升经办人员业务素质的需要，安排不同知识、技能的培训。包括对新录用人员的初任培训，晋升领导职务人员的任职培训，社会保险政策专项业务培训，担任专业技术职务人员的专业技术人员继续教育培训，以及针对全体工作人员的更新知识、提高工作能力的在职培训和严格依法决策、依法经办的法制教育培训等。

（四）健全考核评价制度

有效的评价考核能够正确引导被考评单位、部门或人员的行为，从而有利于实现经办管理的整体目标。要严格执行年度考核制度，对各岗位人员履行职责、完成任务的情况实施考核，客观评价职工的工作表现。考核内容一般应该涵盖工作态度、专业水平、工作能力、工作成果等，其中包括遵守内部控制制度情况。要根据各业务岗位特征，采取适合的考核评价方法。通过年度内部控制综合评定，对先进单位予以表扬；对敢于坚持原则、规范操作的个人，应予以表扬和奖励，以充分调动广大职工遵守内控制度的主观能动性和工作积极性。

（五）健全任职回避制度

任职回避是规范职务行为的一种管理制度。为防止和约束滥用权力，不给个人徇私舞弊的机会和可能，经办机构建立实施任职回避制度十分必要。有关领导干部除了认真执行上级组织规定的任职回避制度外，应带头执行和监督部署执行本单位建立的任职回避制度，自觉置于群众监督之下。《社会保险稽核办法》（劳动保障部令第16号）对社会保险稽核人员执行公务的回避事项作了明确的规定，各级经办机构应严格执行。制定任职回避制度要符合法律、法规和规章的要求。要建立有效的监督检查制度,定期对任职回避制度实施情况进行监督检查,对违反规定的要及时予以纠正。

思考题:

1. 经办管理组织机构控制的意义有哪些?
2. 经办管理组织机构控制的主要内容及措施有哪些?
3. 经办管理内控文化氛围与内部控制成效有什么关系?
4. 确保做到依法经办与防范经办管理风险有什么关系?

第五章 经办管理业务运行控制（上）

社会保险经办管理业务运行控制（以下称经办管理业务运行控制）是指经办机构依据社会保险方针政策、法律法规和内部控制的规定与要求，对经办管理业务运行进行自律规范的方法、程序、措施的总称。在经办机构内部控制体系当中，经办管理业务运行控制具有经常性、实时性和全员性的特点。鉴于经办管理业务运行控制内容庞大，本教材分上下两章进行讨论。

本章主要介绍社会保险登记，社会保险费征缴，基本养老保险个人账户管理，基本养老、基本医疗保险关系转移接续，以及社会保险业务档案管理运行可能存在的风险及控制措施等。

第一节 社会保险登记业务运行控制

一、社会保险登记业务运行控制含义

依据《社会保险法》和《社会保险费征缴暂行条例》（国务院令第259号）、《社会保险登记管理暂行办法》（劳动和社会保障部令第1号）（以下简称《登记办法》）的规定，社会保险登记业务包括：办理参保登记、变更登记、注销登记、《社会保险登记证》年度验证。社会保险登记是开展经办管理服务的首要环节，依法办理社会保险登记，是用人单位、参保人员和经办机构建立社会保险关系的标志，也是用人单位和参保人员履行社会保险缴费义务、享受社会保险权益的前提条件。

社会保险登记具有普遍性、强制性和时限性的特征，在登记范围

内的各类用人单位均应在规定的时限内申报社会保险登记。为保证实现社会保险登记的管理目标，经办机构应认真履行法定职能，自觉规范办理社会保险登记的职责行为，认真落实社会保险登记业务运行控制。

社会保险登记运行控制，就是经办机构为实现社会保险登记管理的工作目标，针对办理该项业务运行可能发生的风险问题，采取相应措施的管理活动。管理主体是经办机构，管理客体是经办社会保险登记、变更登记、注销登记的经办部门、经办岗位及有关资料和办理登记的程序等。鉴于经办管理运行控制的管理主体都是经办机构，为避免重复出现，本章和第六章内容阐述某一项业务运行控制含义时，不再描述管理主体的内容，只描述管理客体的内容。

二、社会保险登记业务运行控制的关键环节

（一）参保登记控制

参保登记是指当用人单位发生新增设立、单位合并、单位分立、统筹范围内转入、跨统筹范围转入等情形，按照法律法规和规章的规定应当承担缴纳社会保险费或管理离退休人员的义务时，经办机构为其办理参加社会保险登记手续，包括核发《社会保险登记证》。有关登记的内容按照《登记办法》的规定执行。参保登记控制，就是依据有关政策法规和机构自身制定的岗位责任制度及经办规程等，对经办参保登记环节业务运行的过程实施内部控制，以防范或最大限度地控制经办风险和实现办理参保登记的工作目标。

1. 办理登记及管理责任

社会保险登记岗位应认真审核用人单位提交的《社会保险参保登记申请表》、营业执照或法人证书、核准执业证照或机构成立的法律文书、组织机构代码证、银行开户许可证、单位法定代表人及单位负责社保工作的人员的身份证等资料。对登记表填报项目不完整或有疑问，提供证件和资料不全的，应一次性告知，提示其应在规定的时间内重新申报。对登记表填报完整，提供证件资料齐全的，审定核实登记事项与内容，确定参保单位的参保时间、参保险种及费率，按规定办理完成登记手续,在信息系统中录入单位基本信息等。最后,在规定的期限内核发《社会保险登记证》。

2. 风险及应对措施

办理参保登记可能发生的风险有:用人单位故意或非故意地回避申报社会保险登记,以拖延履行缴纳社会保险费的义务;用人单位存在欺诈行为。如为了参加招投标等经营活动,用人单位只办理参保登记,但不按规定缴纳社会保险费。对此种欺诈行为经办机构及其经办人员有可能知情,甚至还会给予办理;也可能是经办岗位因疲劳操作等因素,录入参保单位的基本信息出现了差错,造成其他业务发生异常。

针对风险点,经办机构可以采取的控制措施有:(1)多渠道掌握用人单位情况。贯彻执行《社会保险法》,经办机构与工商、民政、机构编制等部门搭建信息交换平台,通过对用人单位的注册登记信息等共享,督促用人单位依法参加社会保险。与有关部门建立联动工作机制,在营业执照、组织机构代码证、社团登记证年度验证时,请他们一并查验《社会保险登记证》,并定期交换登记验证信息。(2)改变"登记即发证"的做法。为用人单位依法办理社会保险登记后,经办机构应督促参保单位在规定的时限内缴纳社会保险费。对不按规定缴费的依法进行催缴,直至移交劳动保障监察机构实施行政处罚,杜绝出现用人单位只办社会保险登记,不按规定缴纳社会保险费的情况。(3)办理登记业务环节设置初审、复审岗位,实行一事双岗双审,以避免录入参保单位基础信息的人为差错。(4)完善信息系统功能。将参保单位的组织机构代码设置为关键检索识别码和不得重号。把参保单位的名称、地址、联系人、银行账号、收缴(或拨付)账户的建立时间等基础信息录入计算机,待复审确认后再进入系统数据库,正式建立该单位的参保档案,同时计算机自动生成《社会保险登记证》编号和单位编号。

(二)变更登记控制

变更登记是指用人单位的社会保险登记事项发生变更时,应当自变更之日起 30 日内，到经办机构办理社会保险变更登记。变更登记是经办机构对用人单位进行有效登记管理必不可少的业务环节。变更的内容按照《登记办法》的规定执行。变更登记控制，就是对经办变更登记环节业务运行的过程实施内部控制，以防范有关风险和实现办理变更登记的工作目标。

1. 办理变更登记及管理责任

在办理变更登记业务时，经办岗位应认真审核用人单位提交的社会保险变更登记申请表，以及相关证明变更事项的资料。如用人单位的单位名称、地址、法定代表人发生变更的，须提交变更后的营业执照（或事业单位法人证书、社会团体法人证书等核准执业证照）、新任法定代表人的身份证和注册登记机关出具的变更证明；用人单位的组织机构统一代码发生变更的，须提交变更后的组织机构代码证；用人单位的银行账号发生变更的，须提交变更后的银行开户许可证；其他事项发生变更的，须提交相关证明资料。对申请表填报项目不完整或有疑问、提供资料不全的，应一次性告知，提示其应在规定的时间内重新申报。对申请表填报完整、提供资料齐全的，审定核实变更事项与内容，在系统中予以确认。单位名称、住所或地址、法定代表人或负责人、单位类型、组织机构统一代码等涉及《社会保险登记证》登记事项变更的，须重新核发《社会保险登记证》，并收回旧证。其他不涉及《社会保险登记证》登记事项发生变更的，不换发《社会保险登记证》，只办理相关事项的变更登记。

2. 风险及应对措施

办理社会保险变更登记可能发生的风险有：用人单位提交的有关变更证明资料不真实；用人单位变更银行账号，录入账号信息不准确。

针对风险点，经办机构可以采取的控制措施有：（1）搭建信息平台，加强与工商、技术监督、民政等部门有关信息共享，对申请人提交材料的真实合法性及时进行确认。（2）办理变更登记业务环节设置即时复审监督岗位，以及时发现和纠正录入变更信息的差错。（3）完善信息系统功能。业务流程中变更登记复审确认后,用人单位的《社会保险登记证》和各类收缴(或拨付)单据上的对应信息项由信息系统自动同步变更;保留用人单位信息修改痕迹,并能按条件进行查询、汇总和打印。

(三) 注销登记控制

社会保险注销登记是指用人单位自工商部门或主管机关批准,办理注销工商登记以及发生解散、破产、撤销、合并等情形时,依据政策规定向原社会保险登记机构申请办理注销社会保险登记手续。注销登记控制,就是对经办注销登记环节业务运行的过程实施内部控制,以防范有关风险,实现办理注销登记的工作目标。

1. 办理注销登记及管理责任

在办理注销登记业务时,经办岗位应认真审核用人单位提交的申请表以及有关部门批准或用人单位自行决定进入解散、破产、撤销、合并、分立、成建制转出等清算程序的相关资料,经经办机构负责人审批同意注销后,经办机构核对系统中用人单位的收缴、拨付台账和人员处理情况,在系统中录入用人单位的注销信息,封存该单位的参保账户。

2. 风险及应对措施

办理社会保险注销登记可能发生的风险有:用人单位办理注销登记时,存在欠缴社会保险费的行为;用人单位提供虚假资料办理注销手续。

针对风险点,经办机构可以采取的控制措施有:(1) 受理注销登记时审核清理用人单位欠费,以及办理在职人员、离退休人员的社保关系转移等业务时,在用人单位完成相关的费用清理和关系转移后,再办理注销手续。(2) 利用信息共性平台,向有关部门核实确认申请人提交的材料真实性、合法性。(3) 完善信息系统功能。信息系统录入"单位进入注销清算程序"的时间后,信息系统即对注销登记单位缴费状态停止测算,不再产生新的应缴、应拨额。在系统中设置搜索程序,注销登记之前对相应的数据库自动进行搜索,提示"在职、离退休人员全部清空"。参保单位注销后,封存该单位的收缴和拨付的历史台账,锁定人员增、减异动权限,停止收缴、拨付测算,单位数据只供查阅。

(四) 社会保险年度验证控制

社会保险年度验证是指经办机构对用人单位在上一年度内缴纳各项社会保险费的情况进行审核、认证的过程。社会保险年度验证控制就是对经办年度验证环节业务运行的过程实施内部控制,以防范有关风险和实现年度验证工作目标。

1. 实施验证及管理责任

在实施验证过程中,经办机构可重点围绕三个方面进行:用人单位是否对应参保险种履行缴费责任,用人单位是否按规定申报缴费基数和申报变更登记信息,用人单位是否存在欠费(主要指3个月以上)情况。对不按规定参加验证或未通过验证的用人单位提出约束条件,对验证不合格的用人单位责令整改,逾期未整改到位的,按规定移交社会保障监察机构执法,并公告验证结果。经办人员可通过系统查询用人单位上年度申报参保、缴费基数和欠费情况等,以及上年度的年检验证资料等。对参保缴费正常和资料齐全完备的用人单位作"通过"处理,在系统中录入年度验证信息;否则作"不通过"处理,并拟制整改通知经经办机构负责人签发后,下达用人单位责令限期整改。对逾期未整改或整改不到位,仍不能通过年度验证的用人单位,依法移交社会保障监察机构查处或进入征缴执法程序。

2. 风险与应对措施

办理社会保险年度验证可能发生的风险有:用人单位办理了工商年检、技术监督部门年检或变更登记、注销登记,没有主动申报社会保险登记验证,也未按规定申报变更或注销社会保险登记,导致经办机构数据库信息失真,以及社会保险费应收未收;用人单位故意欠缴社会保险费或有意瞒报漏报缴费人数、缴费基数,危及社会保险基金运行安全与完整。

针对风险点,经办机构可以采取的控制措施有:(1)认真审验用人单位在上年度办理变更登记和年度验证的情况，审验是否参加了全部的社会保险项目，是否按时足额缴纳社会保险费，以及为职工代扣代缴社会保险费。对登记信息发生变化的，应按变更登记的要求办理相关手续。对发生注销登记情形的，应责令其办理注销登记手续。对发现其少报、漏报缴费人数和缴费工资基数以及有欠费行为的，要求其按期改正。对不按时进行年度验证的、年度验证不合格逾期整改未到位的用人单位，按规定下发有关"停办待遇审批手续"的通知，并通过新闻媒介对外发布用人单位验证公告，督促用人单位完成验证工作。(2)对申请补证的情况，应要求用人单位提供申请报告并提交与申办社会保险参保登记手续相同的资料，参照办理参保登记的要求进行审核和发证。(3)对于仅承担离退休管理义务、不需缴纳社会保险费的用人单位，不需核发《社会保险登记证》，不需办理社会保险年度验证手续。(4)完善信息系统功能。信息系统能够对参保时间、缴费状态等信息项进行筛选、查询、统计。对未办理年度验证或验证不能通过的单位，应锁定该单位的"待遇核定"等操作权限。

三、案例、分析及警示

（一）案例

2010年1月，某市社会保险局接待了该市成功建设有限公司前来办理参保登记手续，该公司提供的《营业执照》《组织机构代码证》《银行开户许可证》等登记资料齐全、真实。经办机构工作人员履行了一系列报批手续后，在录入该单位的基本信息时，发现该单位的组织机构代码与另一家名为该市大成建设公司的组织机构代码匹配一致，因而无法进行后续操作，故对此展开调查。

经调查核实：2005年1月，张三以个人名义出资在该市工商局注册成立了大成建设公司，单位经济类型"私营企业"，并于次月在该市经办机构登记参保。该公司领取了《社会保险登记证》的同时也获得了参加建设项目招投标的资格。从2007年8月起，该公司开始欠缴社会保险费，截至2009年12月，欠费已高达50余万元。该市经办机构多次发出《催缴函》未果。该公司因欠费而未能通过2008、

2009两年的社会保险年度验证，同时也丧失了参加建设项目招投标的资格。该公司既想免缴所欠的各项社会保险费，又想获取参与市场竞争的资格，遂想出了一个金蝉脱壳之计：先到工商局办理注册信息变更。将原公司名称"某市大成建设公司"变更为"某市成功建设有限公司"，将单位经济类型由原"私营企业"变更为"有限责任公司（个人控股）"，公司的法人代表仍为张三，从而获取新的《营业执照》，并申办了新的《组织机构代码证》等证件（虽然该公司的注册号因经济类型发生了变化而变更，但组织机构代码仍一直沿用）。然后该公司又到经办机构申办参保登记手续，想以新参保单位的身份取得新的《社会保险登记证》，再以此参加招投标。

针对该公司的上述情况，该市社会保险局对该公司做出了以下处理：（1）驳回该市成功建设有限公司的社会保险参保登记申请。（2）要求该市成功建设有限公司（即原该市大成建设公司）按规定申办社会保险变更登记手续。（3）责令该公司按规定补缴欠费，并启动劳动保障监察等强制征收程序。（4）在该公司未完成上述整改工作前，不予核发新的《社会保险登记证》。

（二）分析

该公司企图通过重新办理社会保险登记的方式，逃避补缴原欠各项社会保险费，并参与招投标项目，不诚信行为严重损害了该公司职工的社会保险权益，也危及社会保险基金安全。

该市社会保险局认真履行工作职责，及时发现查处了欺诈行为，维护了职工的合法权益和社会保险费应收尽收。

（三）警示

1. 经办机构应加强与相关职能部门的沟通和联系，通过与工商、技术监督、民政、税务、机构编制等部门搭建信息交换平台，接收各类用人单位的注册登记信息，并纳入参保资源数据库，实现对用人单位规范化、科学化的管理，不给弄虚作假骗取社会保险资信参与经济活动的行为以机会。

2. 对系统中用人单位的单位名称、法定代表人、组织机构代码、营业执照等关键信息进行系统监控，发现异常的及时调查处理。

3. 为防止"参保空户"的情况，应规范业务办理程序，要求用人单位办理完参保登记手续，即按规定缴纳社会保险费，否则缓发《社会保险登记证》。

第二节　社会保险费征缴业务运行控制

一、社会保险费征缴业务运行控制含义

社会保险费征缴收入是社会保险基金的重要组成部分，加强社会保险费征缴是维护公民社会保险权益的重要保障，也是完善我国社会保险制度建设的重要基础。依据《社会保险法》和《社会保险费征缴暂行条例》（国务院令第259号）的规定，社会保险费征缴业务包括按规定核定缴费基数、收缴社会保险费、社会保险费补缴和欠费管理等。

社会保险费征缴具有强制性，是国家意志的体现，受法律保护。社会保险费征收机构须认真履行社会保险费征缴管理职责，强化基金征缴管理，确保基金应收尽收。

社会保险费征缴业务运行控制就是经办机构围绕社会保险费应收尽收的目标，针对该项业务运行可能发生的风险问题，采取相应措施的管理活动。管理客体是履行社会保险费征缴职责的各个经办部门、经办岗位和有关资料、征收程序等。

二、社会保险费征缴业务运行控制的关键环节

（一）社会保险缴费基数核定控制

社会保险缴费基数核定是指经办机构根据国家统计局规定的工资总额构成和有关政策法规，对缴费单位和缴费个人申报的社会保险缴费基数进行审核确定。社会保险缴费基数核定控制就是对核定缴费基数环节业务运行的过程实施内部控制，以防范有关风险和实现缴费基

数核定的工作目标。

1. 缴费基数核定及管理责任

在办理社会保险缴费基数核定业务时,经办部门和经办岗位应认真审核参保单位提交的缴费工资申报表、劳动工资统计月(年)报表、职工工资收入统计台账,以及省、自治区、直辖市经办机构规定的其他资料。对申报表填报项目不完整或有疑问、提供的资料不完整的,应一次性告知,提示其在规定的时间内重新申报。对申报表填报完整和提供资料齐全的,审定核实申报事项与内容,按规定程序报批,确定缴费单位和缴费个人的缴费基数,并经缴费单位和缴费个人确认后,在信息系统中录入缴费基数信息。

2. 风险及应对措施

办理缴费基数核定业务可能发生的风险有:缴费单位少报、漏报缴费人数、缴费基数,负责核定参保人数、缴费基数的部门和岗位因业务能力不足没有发现问题,或者是存在职业道德问题,有意"放水";同一缴费职工参保不同险种,出现不同的缴费基数;核定的缴费基数,录入信息系统时操作错误。

针对风险点,经办机构可以采取以下控制措施:(1)不断加强内部控制文化建设,注重营造诚信氛围和强化内部控制监督检查工作,促使经办部门和岗位严守职业道德和认真履行职责,提升经办缴费基数核定业务的操作能力。(2)主动与有关职能部门配合,形成有利于社会保险费征缴的局面。建立扩面征缴政府考核奖励机制和政府各职能部门协调配合的工作机制,充分发挥各职能部门的监管作用,配合经办机构有效地堵塞参保缴费漏洞。(3)推进五险集中统一征收。暂未实行五险统一征收的地区,各险种经办机构之间应建立起参保缴费资源、基金征收、稽核检查等信息共享的工作机制,形成优势互补、合力经办的氛围。(4)对申报缴费基数资料不齐、缴费基数难以确定且存在疑问的缴费单位,稽核部门应进行实地稽核,对少报、漏报社会保险费的行为,一经查实依法促其整改。(5)设置缴费基数录入复审监督环节,确保录入系统的缴费基数符合规定和准确无误。(6)完善信息系统功能。缴费基数初审（录入）和复审（监督）岗位不能为同一人，且复审岗位不能对数据进行修改，复审发现问题的只能作退回处理。根据各地个人缴费基数上限和下限的政策规定，在系统中对个人缴费基数设置保底和拦头的政策参数。

（二）社会保险费征缴结算控制

社会保险费征缴结算是指经办机构办理征收社会保险费的结算方式。社会保险费征缴结算控制就是经办机构对经办征缴结算环节业务运行的过程实施内部控制，以防范有关风险和实现缴费结算工作目标。缴费结算方式不同，设置内部控制环节及措施也不一样。不论是哪一个部门征缴社会保险费，征缴结算可能发生的共性风险有：缴费测算日未停止经办业务办理，导致测算数据出错；参保单位未按时、足额缴纳社会保险费。

针对风险点，经办机构可以采取的控制措施有：（1）征缴环节在规定日测算缴费单位和缴费个人的月度缴费额时，基金财务收缴环节必须完成上月所有到账金额的登账；办理人员增加或减少环节必须完成上月所有人员的增减变动。（2）缴费单位未在规定的时限内及时足额缴费的，社会保险费征缴机构应按照法定程序和要求实施催缴。（3）完善信息系统功能。系统能自动生成社会保险月度收缴计划核定表和社会保险月度收缴计划比对表，分别对在职职工人数、单位和个人缴费基数、单位应缴、个人应缴、单位补（退）额、个人补（退）额、其他应缴进行比对，确保数据准确，业务系统和财务系统应关联控制。财务环节依据缴费单位缴费单据和银行到账票据进行登账处理，系统自动记录单位和个人的缴费信息。缴费单位欠费逾期不缴的，系统自动进行断保处理，不再进行收缴测算。

（三）社会保险缴费基数调整控制

社会保险缴费基数又称社会保险费费基，是指缴费单位、职工缴纳社会保险费的工资总额。一般情况下，缴费基数一经核定后，不得再进行调整。参保职工要求调整个人缴费基数并能出具人民法院、劳动保障监察机构、劳动争议仲裁机构相关法律文书或经办机构稽核部门稽核意见书的,经办机构应按照有关规定予以调整缴费基数。缴费基数调整是一项特殊业务,必须从严管理。社会保险缴费基数调整控制就是经办机构对缴费基数调整环节业务运行的过程实施内部控制,以防范有关风险和实现核定缴费基数的工作目标。

1. 缴费基数调整及管理责任

受理社会保险缴费基数调整,经办部门和经办岗位人员应认真审核缴费单位或缴费个人的缴费基数调整申请,以及稽核检查、劳动保障监察处理意见、劳动争议仲裁或法院裁定文书等有效资料。对提供审核的资料齐全的,确定缴费基数调整的时间与数额,并按规定的审批程序报批;登录信息系统录入缴费基数调整信息,将有关申报资料和审批调整缴费基数的手续存档。

2. 风险及应对措施

办理缴费基数调整业务可能发生的风险有:缴费基数调整情况复杂,受理或不受理都可能引发矛盾;办理缴费基数调整信息录入出现差错,造成其他业务发生异常。

针对风险点,经办机构可以采取的控制措施有:(1)受理缴费基数调整申请,必须严格执行政策法规和认真审核申报资料是否合法有效。(2)对已办理退休手续的,原则上不受理缴费基数调整申请,也不予调整缴费基数。(3)调整缴费基数录入实行一事双岗双审,避免人为录入差错。(4)完善信息系统功能。审核申报资料业务流程上设置初审、复审岗位,两个岗位不能为同一人,且复审岗位不能对信息系统中的数据进行修改,复审中发现问题只能作退回处理。对因缴费基数调增需补缴的社会保险费作补缴处理,由系统自动生成补缴额。

(四)社会保险费补缴控制

社会保险费补缴是指缴费单位或缴费个人依据规定向经办机构申请补缴以前年度的社会保险费。补缴可分为单位欠费补缴和个人断档补缴。单位欠费补缴由征缴部门和经办岗位根据缴费单位或缴费个人的申请,依据历年缴费基数规定标准,确定补缴费起止时间内各年度的应缴纳数额,并打印补缴单。办理个人断档补缴根据政策规定和缴费本人补缴申请,根据中断缴费情况,确定中断缴费期间应参加险种,以及补缴起止时间内各年度的应缴纳数额,并打印补缴单。社会保险费补缴控制就是经办机构对经办社会保险费补缴环节业务运行的过程实施内部控制,以防范有关风险和实现办理缴费补缴的工作目标。近些年,国家连续7次给企业退休人员增加基本养老金,政策影响力、吸引力凸显,许多断保人员,甚至是没有参加过基本养老保险的人员要求补缴、补参。经办机构应严格执行有关补缴社会保险费的政策法规和地方政府的规定,防止不按政策办事,不按经办规程办事和权力寻租的问题发生。在有的经办机构已经发生了这方面的风险,当事人受到法律的制裁。对此,各级经办机构应注意新情况、新问题,适时强化内部控制工作。

办理补缴业务可能发生的风险有:核定的缴费单位或缴费个人补缴时段的缴费基数、费率,可能不符合政策规定;经办岗位录入补缴信息出错,造成其他业务发生异常。

针对风险点,经办机构可以采取的控制措施有:(1)征缴部门和经办岗位认真审核缴费单位或缴费个人补缴申请,以及补缴时段的缴费基数和费率。(2)设置办理补缴业务的初审、复审环节,实行一事双岗双审,以强化监督控制道德风险和操作差错。(3)完善信息系统功能。业务流程设置初审、复审环节,且不能为同一岗位人员,复审岗位不能对初审录入的数据进行修改,复审中发现问题只能作退回处理;审核录入补缴期间的缴费基数后,系统自动计算应补缴额,并能打印征缴单据;个人打单补缴到账后,方可办理缴费个人减少异动或办理退休。

三、案例、分析及警示

(一)案例

2006年10月,甲县一些参加社会保险人员查对自己的缴费情况时,没有查到缴费记录,便向当地社会保险所反映情况。社会保险所接到反映立即调查,结果发现本所业务部门科员小谌有贪污社会保险费的嫌疑。发现问题严重，便向上级报告了情况。随后县检察院介入，于2007年3月20日将小谌刑事拘留，同年3月28日将其逮捕。经查，小谌从2003年11月至2006年9月，先后17次采取收入不入账，以结算单收款和销毁收据记账联等手段，贪污企业缴纳的社会养老保险费416 359.28元，到案发时已将贪污金额全部挥霍一空。小谌已被县人民法院一审判处有期徒刑14年。

（二）分析

从本案例中可知，甲县社会保险所管理社会保险基金存在严重的漏洞。其中，内部控制制度不健全和内部控制监督机制失灵，致使私欲膨胀的小谌有机可乘，走上犯罪道路。如：甲县社会保险所办理个人补缴业务，财务人员开出银行缴款单后，由参保人员到银行缴款，再由财务人员一人负责直接登记业务账，没有第二人复核。该县采用手工登账方式进行财务账的处理，没有使用能够与业务系统相关联的财务软件进行社会保险费的收缴登账，造成财务账与业务账分离，从而不能从根本上实现业务和财务的相互控制、相互制约，随意性太大。该县社会保险所虽然建立了业务和财务对账制度，但将财务子系统与业务子系统装在同一台计算机上，密码也是由一个人掌握。

（三）警示

这个案例说明，内部控制制度只有得到切实执行，才能保证社会保险基金安全。经办机构应建立财务与业务按月对账制度，并严格执行，所有需要审核审批的经办业务，均须建立初审和复审制度，必须由两个以上岗位经手办理，不能由一个人完全办结资格审核、待遇计算与发放的业务。同时，要加强对社会保险经办队伍进行法纪、廉政和基金安全教育，提高社会保险经办风险防范意识。

第三节　基本养老保险个人账户管理业务运行控制

一、基本养老保险个人账户管理业务运行控制含义

基本养老保险个人账户管理是指经办机构为参保人员建立，用于对个人缴纳养老保险费和按规定从单位缴费中划转的养老保险费（从2006年1月1日起，个人账户规模全部由个人缴费形成，单位缴费不再划入个人账户），以及个人账户生成利息进行个人权益记录，账户金转移接续、支付等的过程。依据《社会保险法》和《职工基本养老保险个人账户管理暂行办法》（劳办发〔1997〕116号）、《关于规范企业职工基本养老保险个人账户管理有关问题的通知》（劳社厅发〔2001〕5号）的规定，基本养老保险个人账户管理业务，包括办理个人账户信息修改、参保人员异动管理、个人账户合并和账户金支付等环节。

基本养老保险个人账户是参保人员达到法定退休年龄时计算养老保险待遇的重要依据，经办机构应加强个人账户管理业务运行控制，切实防范经办风险，维护参保人的权益。基本养老保险个人账户管理业务运行控制是经办机构为实现个人账户管理的工作目标，针对该项业务运行可能发生的风险问题，采取相应措施的管理活动。管理客体是负责个人账户管理的经办部门、经办岗位及有关资料和个人账户管理的程序等。

经办机构应充分利用计算机信息技术，规范经办行为，确保个人账户数据质量；要认真整理、审核个人账户数据，切实解决项目不全、重复缴费、多条记录等问题，全面提高个人账户管理水平。

二、基本养老保险个人账户管理业务运行控制的关键环节

（一）个人账户信息修改控制

个人账户信息修改是指经参保单位或个人提出，经办机构审核确认后，对信息系统中与实际情况不符的在职或离退休人员的个人账户基本信息、账户信息等，按规定的程序予以修改的过程。个人账户的基本信息主要包括：公民身份证号码、姓名、性别、出生时间、参加工作时间、用工形式、建账时间等。个人账户的账户信息主要包括：缴费月数、视同缴费月数、缴费工资基数、账户本金、账户利息、累计储存额等。个人账户信息修改控制就是经办机构对经办个人账户信息修改环节业务运行的过程实施内部控制，以防范有关风险和实现个人账户信息修改管理的工作目标。

1. 办理个人账户信息修改及管理责任

在办理个人账户信息修改业务时，经办岗位应认真审核参保单位或个人、提交的信息修改申请表和相关证明资料，对申请表填报项目不完整或有疑问、提供的有关资料不全的，应一次性告知，提示其应在规定的时间内重新申报。对申请表填报完整和提供资料齐全的，审定核实修改信息内容，按规定程序报批，在信息系统中修改个人账户信息。

2. 风险及应对措施

办理个人账户信息修改业务可能发生的风险有：申请人提供的修改账户信息的证明资料不真实；信息系统中修改身份证号码，同步修改了出生时间；信息修改录入出现差错，造成其他业务发生异常。

针对风险点，经办机构可以采取的控制措施有：（1）修改出生年月、参加工作时间、视同缴费年限、实际缴费年限、个人账户记账情况等涉及参保职工养老保险待遇等信息时，要严格审核和对照参保人员的档案及相关证明资料，发现疑点应进行调查核实。（2）修改个人身份证号码的，不能一律同步变更出生年月（因为有些"老人""中人"的身份证号码与档案材料记录不一致。但对"新人"，身份证号码录入信息系统后，基础信息的出生年、月、日一项应自动生成）。（3）审核个人账户信息修改申请和录入修改信息，设置复审监督环节。（4）完善信息系统功能。业务流程上设置的复审岗位不能对初审录入的数据进行修改，复审发现问题只能作退回处理。

(二) 个人账户异动控制

职工劳动关系发生变化，应及时变更参保状态。个人账户异动是指参保单位因与职工建立或解除劳动关系，经办机构为其办理基本养老保险参保状态变更的过程。个人账户异动主要包括：人员新增、人员减少、停保、续保、同一统筹区内转移接续、跨统筹区转移接续等。个人账户异动控制就是经办机构对经办个人账户异动环节业务运行的过程实施内部控制，以防范有关风险和实现个人账户异动管理的工作目标。

1. 办理个人账户异动及管理责任

在办理个人账户异动业务时，经办岗位应认真审核申请人提交的异动申请表及相关资料，对申请表填报项目不完整或有疑问，以及提供的有关资料不齐全的，应退回资料和一次性告知重新申报。对申请表填报完整和提供资料齐全的，审定核实个人账户异动内容，在信息系统中办理异动。

2. 风险及应对措施

办理个人账户异动业务可能发生的风险有：申请人提交的资料不真实、不齐全或无效；办理减少异动时，参保单位或个人有欠费；录入异动信息出现差错，造成其他业务发生异常。

针对风险点，经办机构可以采取的控制措施有：(1) 办理人员增加异动须认真审查劳动合同或人事调令、退役军人证明，有视同缴费年限的须查看职工档案。办理人员减少异动须审查用人单位解除劳动关系的证明。(2) 办理减少异动时，若参保单位或个人有欠费，应督促其缴清欠费后再准予办理异动。(3) 审核异动申请岗位设置复审监督环节。(4) 完善信息系统功能。业务流程设置初审、复审岗位，且不能为同一人，复审岗位不能对初审录入的数据进行修改，复审发现问题只能作退回处理；办理个人账户新增异动业务，能输入参保人员的缴费基数和缴费开始时间，保证从个人账户异动办理完结后的次月开始按月缴费。

(三) 个人账户合并控制

个人账户合并是指参加基本养老保险的职工在同一个经办机构建立了两个以上的个人账户,经参保职工本人申请或经办机构发现后通知本人按规定合并个人账户的过程。个人账户合并控制就是经办机构对经办个人账户合并环节业务运行的过程实施内部控制,以防范有关风险和实现个人账户合并管理的工作目标。

1. 办理个人账户合并及管理责任

在办理个人账户合并业务时,经办岗位应认真审核申请人填写的申报表和合并人的身份证件,对符合合并条件的,按规定的程序报批和在信息系统中完成合并操作。

2. 风险及防范措施

办理个人账户合并业务可能发生的风险有:需合并的个人账户基本信息不一致,不属于同一参保人员,若合并会人为造成操作事故;被合并的账户处于参保缴费状态。

针对风险点,经办机构可以采取的控制措施有:(1) 经办岗位认真审查需合并的个人账户基本信息,确保合并人与被合并人属于同一参保人员;(2) 办理合并时,被合并账户处于参保缴费状态的,应先办理人员停保异动。(3) 完善信息系统功能。业务流程设置初审、复审环节,且不能为同一岗位人员,复审岗位不能对信息系统数据进行修改,发现问题只能作退回处理。

(四) 个人账户记账控制

个人账户记账是指经办机构通过信息系统,对参保单位、参保个人进入个人账户的缴费信息进行记录。个人账户记账控制就是经办机构对经办个人账户记账环节业务运行的过程实施内部控制,以防范有关风险和实现个人账户记账管理的工作目标。

1. 个人账户记账及管理责任

参保单位或参保个人按规定缴纳社会保险费后,基金财务环节根据缴费到账情况确认信息系统记录个人账户缴费信息。

2. 风险及应对措施

一般来说，个人账户记账可能发生的风险有：征缴部门发出的缴费通知单和基金财务部门基金实际到账数值不一致；单位缴费和个人缴费未足额；个人账户年度计息政策参数设置不正确，导致计息数据不准确。

针对风险点，经办机构可以采取的措施有：（1）核对和查找出缴费通知单和基金实际到账数值不一致的原因，保证一致后再确认信息系统记录个人账户缴费信息。（2）单位和个人都必须足额缴费，否则不能确认信息系统记录个人账户缴费信息。（3）每一缴费年度结束后，应对在职和离退休人员个人账户储存额计息。记账利率按国家规定执行，计息结果须经过系统校验。（4）完善信息系统功能。基金财务管理岗位能复核到账信息，系统能自动识别缴费通知单和实际到账数值是否一致，一致方能财务勾账。单位和个人足额缴费后，系统自动对个人账户缴费信息进行记录。系统应设计计息结果校验模块。

（五）社会保险关系终止控制

社会保险关系终止是指经办机构因参保人员出境定居、死亡而终止其社会保险关系，将个人账户储存额一次性支付给参保人员本人或其法定继承人。社会保险关系终止控制就是经办机构对经办社会保险关系终止环节业务运行的过程实施内部控制，以防范有关风险和实现社会保险关系终止管理的工作目标。

1. 办理社会保险关系终止及管理责任

在办理社会保险关系终止业务时，经办机构应认真审核参保单位或参保个人（死亡职工的法定继承人或其委托代办人）提交的终止基本养老保险关系申报表、身份证原件及复印件、申请人存折复印件等有关资料。对申请表填报项目不完整或有疑问、提供的有关资料不全的，应一次性告知，提示其应在规定的时间内重新申报。对申请表填报完整、提供资料齐全的，审定核实社会保险关系终止内容，在系统中录入终止养老保险关系相关信息。基金财务环节根据终止基本养老保险个人账户资金处理单，办理资金拨付手续。

2. 风险及应对措施

办理社会保险关系终止业务可能发生的风险有：申请人提交证明的有效性存在缺陷，办理后出现争议问题；支付个人账户金信息录入出现差错，造成其他业务发生异常。

针对风险点，经办机构可以采取的防范措施有：(1)对于因在职职工死亡终止基本养老保险关系，应认真审查参保职工死亡证明、继承协议书（继承协议书应具有法律效力）或公证书、申请人与死者关系证明。(2)对于因出境定居终止基本养老保险关系，应认真审查申请人提供的出境定居证明及公安部门户口注销证明。(3)对于因申请人无法办理需要委托他人代办的，应认真审查委托代办协议书、代办人身份证原件及复印件、当地街道办事处或派出所出具与代办人关系的证明等材料。(4)设置初审、复审环节，对申请人提供的证明资料，实行一事双岗双审和录入信息系统信息进行复审。(5)完善信息系统功能。业务流程上设置初审、复审环节，且不能为同一岗位，复审岗位不能对数据进行修改，发现问题只能作退回处理。

第四节 社会保险关系转移接续运行控制

一、社会保险关系转移接续业务运行控制含义

社会保险关系是依据社会保险法律法规的规定，经办机构与用人单位、劳动者之间在社会保险中的权利与义务关系。社会保险关系可以划分为养老保险关系、医疗保险关系、失业保险关系、工伤保险关系和生育保险关系。社会保险关系具有唯一性的特征。

社会保险关系转移接续是指经办机构依据有关政策法规的规定，为流动就业的参保人员办理有关参保缴费情况证明提供和接纳手续的过程。此项业务内容包括办理参保人员统筹地区内社会保险关系转移接续和跨统筹地区社会保险关系转移接续。其中，个人跨统筹地区就业的基本养老保险关系、基本医疗保险关系和失业保险关系随本人转

移,缴费年限累计计算。

社会保险关系转移接续业务运行控制就是经办机构针对该项业务运行可能发生的风险问题,采取相应措施的管理活动。管理客体是经办社会保险关系转移接续业务的经办部门、经办岗位及有关资料和办理转移接续的程序等。本章仅讨论基本养老保险和基本医疗保险关系转移接续运行控制。

二、基本养老保险关系转移接续控制

基本养老保险关系转移接续是指经办机构依据养老保险政策法规,为流动就业的参加养老保险的人员,办理参保缴费情况证明提供或接纳手续的过程。这一过程包括按规定转出或接收养老保险基金。

基本养老保险关系运行控制就是经办机构针对业务运行中可能发生的风险问题,采取相应措施的管理活动。管理客体是履行职责的经办部门、经办岗位和有关资料、工作程序等。基本养老保险关系运行控制包括基本养老保险关系转出运行控制和转入运行控制。

(一)基本养老保险关系转出运行控制

基本养老保险关系转出包括参保人员在同一统筹地区内转出和跨统筹地区转出两种情况。第一种情况,目前大多数地区经办机构都可以通过局域网办理,操作简单便捷。办理过程中经办岗位核对转出人员的个人账户基础信息和缴费信息,未发现异常情况即可办理;发现异常情况按规定的程序修改纠正。第二种情况经办较为复杂,又分为办理一般账户转出和办理临时缴费账户转出。本章重点介绍办理第二种情况的业务运行控制。

1. 办理跨统筹地区养老保险关系转出及管理责任

(1)办理基本养老保险一般账户转出业务时,转出地经办机构应认真审核转出人员的有关信息,保证信息系统生成的《基本养老保险关系转移接续信息表》记载信息准确与完整。打印《基本养老保险关系跨省转移基金划转表》,并办理基金划转手续。

(2)办理基本养老保险临时缴费账户转出业务时,转出地经办机构应认真审核参保人员提交的《基本养老保险临时缴费账户转移申请表》和转出人员身份证复印件。符合条件的,向转入地经办机构发出《基本养老保险临时缴费账户转移联系函》,并负责接收转入地社保机构发回的《临时账户联系函》回执后,办理转出手续,打印基本养老保险关系跨省转移基金划转表,并办理基金划转手续。

2. 风险及应对措施

办理跨统筹区域基本养老保险关系转出业务可能发生的风险有:信息系统打印出的职工参保缴费凭证和《接续信息表》上记载的信息不一致,出现了异常数据;基金划转金额不符合《人力资源和社会保障部关于贯彻落实国务院办公厅转发城镇企业职工基本养老保险关系转移接续暂行办法的通知》(人社部发〔2009〕187号)规定,转入地经办机构开户行户名、行号、账号不准确,导致银行退票;转出人员有欠费。

针对风险点,经办机构可以采取的防控措施有:(1)经办岗位应认真审核申请人提供的参保缴费凭证和《接续信息表》上记载的基本信息和账户信息,有关信息必须一致,出现异常数据要查清原因,确保数据准确。(2)基金财务环节应认真核对《基金划转表》《接续信息表》和信息系统中的数据,确保基金转移数额一致。办理基金拨付时,基金应划转至转入地经办机构,且保证转入地经办机构开户行户名、行号、账号准确。(3)转出人员个人有欠费的,业务环节应注意提示其先办理补缴手续并缴费,否则欠费期间将不计算缴费年限。(4)完善信息系统功能。业务流程设置初审、复审环节,两个环节不能为同一岗位人员,复审岗位不能对系统数据进行修改,发现异常问题只能作退回处理;按政策规定设置转移基金参数和公式,办理转移时,信息系统自动生成个人账户基金转移总额,并自动传输到财务系统,个人账户基金转移总额不能修改。

(二)基本养老保险关系转入运行控制

基本养老保险关系转入包括参保人员同一统筹地区内转入和跨统筹地区转入两种情况。对办理第一种情况,办理方式与要求同办理同一统筹区域内转出。第二种情况又包括一般账户转入和临时缴费账户转入。下面重点介绍办理第二种情况的业务运行控制。

1. 办理跨统筹地区基本养老保险关系转入及管理责任

（1）在办理基本养老保险一般账户转入业务时，转入地经办机构应认真审核转入人员《基本养老保险关系转移接续申请书》、身份证复印件及其基本养老保险参保缴费凭证。若属申请转入户籍所在地的还应审核户籍证明；若属经过县以上组织、人力资源和社会保障部门批准调入的应审核调动凭证。经审核对不符合一般账户转入政策要求的，可为其建立基本养老保险临时缴费账户，打印建立基本养老保险临时缴费账户通知书，并向原参保地社保机构发送；符合政策要求的，向原参保地社保机构发送《基本养老保险关系转移接续联系函》。转入地经办机构根据原参保地社保机构提供的《基本养老保险关系转移接续信息表》及其他信息资料，与基金财务部门核对确认转入基金到账后，在系统中录入转入人员个人账户信息。

（2）在办理基本养老保险临时缴费账户转入业务时，转入地经办机构应认真接收、审核临时建账地社保机构发出的《基本养老保险临时缴费账户转移联系函》，将《临时账户联系函》回执发送至临时建账地社保机构。转入地经办机构根据临时建账地社保机构提供的《基本养老保险关系转移接续信息表》及其他信息资料，与基金财务部门核对、确认转入人员的转移基金到账情况后，在系统中录入转入人员账户信息。

2. 风险点及应对措施

办理跨统筹区域基本养老保险关系转入业务可能发生的风险有：信息系统打印出的职工参保缴费凭证和《接续信息表》上记载的信息不一致，出现异常数据；转入的基本养老保险基金没有到账就办完了转入手续；转入条件、基金划转金额不符合人社部发〔2009〕187号文件规定。

针对风险点，经办机构可以采取的控制措施有：（1）经办岗位认真审核申请人提供的参保缴费凭证和《接续信息表》上记载的基本信息和账户信息，有关信息必须一致，出现异常数据，要查清原因，确保数据完整准确。应重点审核历年缴费工资基数、缴费年限、个人账户记账额。（2）基金财务环节应认真核对《基金划转表》《接续信息表》和信息系统中的数据，确保基金转移数额一致。办理个人账户跨省转入，应由基金财务部门确认转移基金到账后，再办理信息录入有关手续。（3）经办机构应认真执行人社部发［2009］187号文件规定的基金转移标准。（4）完善信息系统功能。业务流程设置初审、复审业务环节，两个环节不能为同一岗位人员。复审岗位不能对系统数据进行修改，发现异常问题的只能作退回处理；信息系统根据缴费基数计算统筹基金转移额，自动核实统筹基金转移额是否与《接续信息表》上的数据一致。

（三）案例、分析及警示

1. 案例

2008年10月，甲市社会保险局业务部门收到灵活就业人员王某提交的基金转移单，转移单上显示王某曾在同一统筹范围内乙市社会保险局某单位参保，参保时间为1996年1月1日至2008年6月30日止，个人账户储存额为18 069.23元，个人账户储存额全部记录在个人缴费项目中，单位划转和单位代缴项目均为0元，基金转移总额为0元，转移单上注明了乙市社会保险局经办人员和负责人签章。甲市社会保险局业务部门根据基金转移单上个人账户记录情况，发现单据存在异常数据，因而就王某参保缴费情况与乙市社会保险局联系。经核查，王某在乙市社会保险局从未参保，其养老保险基金转移单系伪造。甲市社会保险局对王某伪造基金转移单行为进行了严厉批评教育，并当场销毁其基金转移单。

2. 分析

（1）甲市社会保险局业务部门收到王某基金转移单后，对其单据进行审核，王某系同一统筹区内转移，只转移养老保险关系和个人账户档案，不转移基金，这是符合政策规定的。但转移单据中1996—2008年参保缴费记账全部记录在个人缴费项目，明显不符合政策规定,单据出现异常情况,需要与原参保地核实。

(2) 王某利用同一统筹区内流动只转移养老保险关系和个人账户档案、不转移养老保险基金的政策,私自伪造基金转移单,属欺骗行为,企图侵占国家和职工的社会保险权益。

3. 警示

(1) 经办机构应严格执行社会保险关系转移内部控制规定,认真审核基金转移单据,查看数据之间的逻辑关系,查看数据是否符合政策要求,是否存在异常数据,发现问题及时沟通,确保社会保险基金安全完整。加强社会保险关系转移接续业务运行控制,规范转移接续操作流程,对于夯实经办机构基础工作,具有十分重要的意义。

(2) 案例中未实现统筹范围内系统联网,两地的业务管理自成系统,业务信息网络不能互联互通,养老保险关系转移的相关信息只能通过人工传递,费时费力,转移过程中容易导致信息失真(参保人员私自伪造基金转移单)。因此,应加快信息系统升级,逐步实现统筹范围内甚至全国联网,提高经办效率,降低工作成本,提升经办服务水平,杜绝社会保险关系转移过程中数据丢失和失真问题,为参保单位和参保人员提供优质服务。

三、基本医疗保险关系转移接续控制

(一) 基本医疗保险关系转移接续业务运行控制的含义

基本医疗保险关系转移接续是指经办机构根据国家医疗保险政策法规或地方政府的规定,为流动就业的参加医疗保险人员办理参保缴费情况证明提供或接纳手续的过程。这一过程包括按规定转出或接收医疗保险基金。

基本医疗保险关系转移接续业务运行控制就是经办机构针对该项业务运行中可能发生的风险问题,采取相应措施的管理活动。管理客体是履行职责的经办部门、经办岗位和有关资料、工作程序等。

(二) 基本医疗保险关系转移接续及管理责任

转出地经办机构应认真执行国家统一规定的医保关系异地转出操作规程,包括严格受理审核异地转出申请材料;打印复核参保人员

《参保凭证》；在信息系统中进行异地转出操作，并处理参保人员个人账户余额；受理审核新就业地经办机构发送的《基本医疗保险关系转移接续联系函》；填写《参保人员医疗保险类型变更信息表》，与参保凭证第一联（业务联）递交给新就业地医疗保险经办机构；将个人账户余额划转给新就业地经办机构。

转入地经办机构应认真执行国家统一规定的医保关系异地转入操作规程，包括严格审核申请转入人员提交的《参保凭证》材料；与转入人员原参保地医疗保险经办机构联系，生成并发出《基本医疗保险关系转移接续联系函》；在信息系统中进行异地转入信息录入操作。

（三）风险及控制措施

办理基本医疗保险关系转移接续业务可能发生的风险有：因办理异地基本医疗保险关系转出转入业务手续复杂，可能出现经办人员录入信息有误的情况；经办人员未在规定的时间内办理转移手续；处理个人账户余额时，计算机系统出错；可能发生不符合转移接续条件的参保人员办理了转移业务的情况。

针对风险点，医疗保险经办机构可以采取的控制措施有：（1）经办机构积极主动与外地医疗保险经办机构做好业务沟通工作，及时、准确地办理相关转移业务。（2）业务流程设置初审、复审环节，对每笔转移金额进行复审，对转入转出材料进行比对，发现异常数据及时查清原因，确保数据精确，避免人为录入信息差错。（3）实行办理异地转移登记制度，减少漏办、少办转移业务。（4）完善提高信息系统的汇总、复核功能。

第五节 社会保险业务档案管理运行控制

一、社会保险业务档案管理运行控制含义

社会保险业务档案管理是指对社会保险业务经办中形成的具有保

存和利用价值的各类专业性文字资料、电子文档、图表、声像等不同载体的历史记录,进行归集、存档、保管、移交、利用的一系列工作过程。社会保险业务档案管理服务于社会保险各项业务经办,是社会保险经办管理工作中最基础的工作之一。

社会保险业务档案是一种专门档案,是全面系统地记录用人单位和个人参加社会保险、缴纳社会保险费,以及计发领取社会保险待遇的重要凭据。

社会保险业务档案管理运行控制就是经办机构针对该项业务运行可能出现的风险问题,采取相应措施的管理活动。管理客体是产生和管理社会保险业务档案的部门和岗位,以及档案资料和管理程序等。

经办机构应严格执行《档案法》《社会保险业务档案管理规定》(人力资源和社会保障部、国家档案局令第3号)(以下简称《管理规定》)的规定,结合实际建立健全和认真落实业务档案管理制度。

二、社会保险业务档案管理责任

《管理规定》对社会保险档案管理组织要求、硬件环境、分类方法、保管期限、销毁程序等做出明确的规定。经办机构应当认真贯彻执行《管理规定》,落实档案保管、保密、利用、移交、鉴定、销毁等管理要求,保证社会保险业务档案妥善保管、有序存放,严防毁损、遗失和泄密。

三、社会保险业务档案管理风险及应对措施

社会保险档案管理可能发生的风险有:产生业务档案资料的业务部门未及时归集整理存档业务资料,导致资料破损或丢失;业务部门向档案管理部门移交的存档资料不齐全或有些资料经办手续不全,档案管理部门未发现问题;档案管理部门工作人员责任心不强,或业务素质差,未按照《管理规定》的要求归集、分类、保管、移交、销毁、使用档案;档案管理硬件设施不符合规定,危及档案保管安全等。

针对风险点,经办机构可以采取的控制措施有:(1)建立兼职档案员制度。各个业务部门须明确兼职档案员负责本部门存档业务资料的归集、整理、移交等管理工作,包括负责检验业务资料的有效性,确保归档资料完整无损。(2)建立归档资料移交登记制度。登记内容包括业务部门向档案管理部门移交归档资料的时间、内容类别和资料数量等。(3)档案管理部门要严格按照保管期限,分类、立卷、存档各类档案。(4)档案管理工作人员应定期检查库房温度、湿度,搬运档案时要避免人为的损坏,发现保存档案破损或归档错误时,应按规定及时修正。

思考题:

1. 社会保险登记业务运行控制的内容范围和关键环节有哪些?
2. 社会保险费征缴业务运行控制的关键环节有哪些?
3. 基本养老保险个人账户业务运行控制的关键环节有哪些?
4. 基本养老保险关系转移接续业务运行控制的关键环节有哪些?

第六章　经办管理业务运行控制（下）

　　社会保险待遇支付（包括各个险种）是经办机构的核心业务，社会关注度高，政策性强、经办操作复杂。经办机构能否按照政策法规和统一规范的程序审核支付各项社会保险待遇，直接关系参保人员享有的合法权益是否得到保障，更关系参保人员的公平感受和政府的服务形象。本章所述的社会保险待遇支付，包括职工基本养老保险待遇支付、基本医疗保险待遇支付、失业保险待遇支付、工伤保险待遇支付和生育保险待遇支付。《社会保险法》规定："社会保险经办机构应当按时足额支付社会保险待遇。"经办机构应认真履行法定职责，保证在规定的时间、规定的地点，把规定的待遇按规定的标准支付给规定的人。

　　本章主要介绍基本养老、基本医疗、失业、工伤和生育保险待遇核定支付业务运行可能存在的风险及控制措施。

第一节　基本养老保险待遇核定支付业务运行控制

一、基本养老保险待遇核定支付业务运行控制含义

　　基本养老保险待遇核定支付是指经办机构依据养老保险政策法规，审核支付符合养老保险基金保障范围的参保人员养老保险待遇的过程。该项业务是养老保险经办管理的核心业务。享受基本养老保险待遇的条件、待遇支付标准等，须按照《社会保险法》《国务院关于完善企业职工基本养老保险制度的决定》（国发［1995］38号）等法

律法规以及统筹范围地方政府的规定执行。

《社会保险法》规定：基本养老金由统筹养老金和个人账户养老金组成。基本养老金根据个人累计缴费年限、缴费工资、当地职工平均工资、个人账户金额、城镇人口平均预期寿命等因素确定。国家建立基本养老金正常调整机制。根据职工平均工资增长、物价上涨情况，适时提高基本养老保险待遇水平。

基本养老保险待遇核定支付业务运行控制就是经办机构针对该项业务运行可能发生的风险，采取相应措施的管理活动。管理客体是经办基本养老保险待遇核定支付业务的部门、岗位及有关资料和核定支付业务的程序等。

依据有关政策规定，基本养老保险待遇核定支付业务包括经办基本养老金待遇核定、基本养老金待遇调整、基本养老金待遇变更、已故退休人员待遇核定、基本养老金待遇领取资格认定、基本养老保险待遇支付等。

二、基本养老保险待遇核定支付业务运行控制的关键环节

（一）基本养老金待遇核定控制

基本养老金待遇核定是指对符合法定退休条件和按月领取养老金资格的参保人员，经办退休审批及待遇核定手续。基本养老保险待遇核定控制就是经办机构对经办养老金待遇核定环节业务运行的过程实施内部控制，以防范或最大限度地控制经办风险和实现养老金待遇核定支付的工作目标。

1. 基本养老金待遇核定及管理责任

经办部门和岗位应认真录入或导入申报经办退休的人员姓名、身份证号码及其他相关信息，从信息系统中搜索和核对相关信息。对于已进行信息审核且由单位申报的人员，将其信息导出，生成参保人员退休审批公示表和参保人员退休审批表，上传至指定的信息平台，供参保单位下载和公示。对于已进行信息审核的个体工商户、灵活就业人员，先打印个人账户信息表，交由申报人核对签字，打印参保人员退休审批表，按照规定的程序进行审批。经办岗位在系统中确认退休

类别、退休时间和养老金发放时间，通过系统计算基本养老金待遇。

2. 风险及应对措施

经办基本养老金待遇核定业务可能发生的风险有：信息系统待遇计算政策参数不正确，导致计算结果有误；参保人员对待遇计算的结果有异议；参保人员基本信息录入出现差错，造成其他业务发生异常。

针对风险点，经办机构可以采取的控制措施有：(1)离退休人员的养老金待遇只能通过系统计算生成。(2)退休审批过程中发现信息错误的，须按信息修改程序进行修改。信息未经审核不能进行退休审批和待遇计算。(3)对信息系统要经常检查。检查设置的参数是否异动，检查待遇计算表格中的勾稽关系是否准确，检查计算的结果是否准确。定期用手工计算待遇与系统计算待遇进行比对，看结果是否一致，同时检查一定时期内同类人员的待遇是否相近，杜绝因系统原因出现的差错。(4)完善信息系统功能。系统设置能对参保缴费最低年限、拟退休年龄进行控制，参保人员养老保险待遇只能由系统生成。

(二)基本养老金待遇调整控制

基本养老金待遇调整是指经办机构根据国家确定的基本养老金待遇调整政策，在规定的时间、按规定的标准、给规定的人调整增加基本养老金。基本养老金待遇调整控制就是经办机构对经办养老金待遇调整环节业务运行的过程实施内部控制，以防范或最大限度地控制经办风险和实现基本养老金待遇调整的管理目标。

1. 经办基本养老金待遇调整及管理责任

经办部门和岗位应根据政策规定的调整范围、条件、标准，对应信息系统记载的退休时间、出生时间、缴费年限、职务职称等信息，生成养老金调整结果，打印出养老金调整名册（如需要应经申报单位或个人核对），审核无误后确认并生成待遇调整支付信息。

2. 风险及应对措施

一般来说，经办基本养老金待遇调整业务可能发生的风险有：待遇调整的政策参数设置不正确，导致调整结果不正确；退休人员对调整有异议,反映的意见可能是正确的,但被忽视了。

针对风险点,经办机构可以采取的控制措施有:(1)保证正确设置待遇调整参数,待遇调整只能通过信息系统计算实现。(2)对待遇调整的结果存在异议的,经办机构应及时进行复查,发现差错应予修正,并留存修改记录。(3)完善信息系统功能。每一次待遇调整,系统必须有相应的功能模块去实现,待遇调整只能通过系统计算实现;对因系统数据错误导致的调整错误,必须首先修改系统数据,再进行重新调待,不能用直接增(减)绝对额来实现更改差错;信息系统管理部门须正确设置待遇调整的各项控制参数。

(三)基本养老金待遇变更控制

基本养老金待遇变更是指经办机构根据参保单位或个人提供的待遇变更申请,对基本养老金待遇计算差错和因离退休人员基本信息修改产生的养老金待遇差错经办变更手续。基本养老金待遇变更控制就是经办机构对经办变更环节业务运行的过程实施内部控制,以防范或最大限度地控制经办风险和实现基本养老金待遇变更的管理目标。

1. 经办基本养老金待遇变更及管理责任

经办部门和岗位必须认真审查参保单位或个人提供的养老金待遇变更申请报告、离退休人员档案以及待遇变更的相关材料,按规定的程序进行核实查证和呈报审批,通过审批需要变更相关信息的,在信息系统中进行相关信息变更,重新计算待遇,打印离退休(职)人员待遇变更表。

2. 风险及应对措施

经办基本养老金待遇变更业务可能发生的风险有:申请待遇变更的理由不成立,甚至存在欺诈的嫌疑;待遇计算不正确。

针对风险点,经办机构可以采取的控制措施有:(1)认真审核待遇变更申请,对有疑问的情况予以查证核实,并严格执行审批程序。(2)因个人基础信息变更出错而产生的待遇差错,须先核对和按规定的程序修改个人基础信息,再按有关规定调整待遇标准。严格控制采用增加绝对额的办法进行变更。(3)严格落实政策,做到每一项待遇变更都有据可查和保证待遇计算准确无误。(4) 完善信息系统功能。支持业务流程设置待遇变更初审、复审业务环节,且复审不能对数据进行修改,复审中发现问题只能作退回初审处理;支持通过相应的系统功能实现待遇变更分配,不能直接按绝对额增加。

(四) 已故退休人员待遇核定控制

已故退休人员待遇核定是指对离退休人员死亡后的相关待遇进行核定,主要包括丧葬补助金、个人账户继承额、抚恤金等。已故退休人员待遇核定控制就是经办机构对经办待遇核定环节业务运行的过程实施内部控制,以防范或最大限度地控制经办风险,实现待遇核定的管理目标。

1. 经办已故退休人员待遇核定及管理责任

经办部门和岗位接到离退休人员死亡或可疑死亡信息后,在系统中经办停发基本养老金手续,并审查单位或死亡人员亲属提交的离退休人员死亡申报表及死亡证、火化证等有关证明。对申领条件、原因和提供证件、资料审核无误的,通过系统自动核定相关待遇,并检查是否发生养老金多拨的情况,对出现多拨的,做多拨扣回处理。

2. 风险及应对措施

经办已故退休人员待遇核定业务可能发生的风险有:停止支付时间晚于应停止支付时间,造成养老金多拨;不符合退休人员死亡待遇申领条件,而办理了待遇核定手续。针对风险点,经办机构可以采取的控制措施:(1) 对已多支付了养老金的及时进行抵扣,不够抵扣的依法进行稽核查处。(2) 核实已故离退休人员死亡时间、殡葬方式(对未实行火葬的,核实其居住地是否为省民政部门划定为非火化区或符合国家宗教和少数民族政策),并核实是否抵扣了未及时申报而多发的养老金,以及终止时个人账户是否有余额。(3) 完善信息系统功能。系统能根据填报的数据自动计算有关待遇;系统能根据录入的申报死亡时间,自动识别是否多领取了养老金。

(五) 基本养老金待遇领取资格认证控制

基本养老金待遇领取资格认证是指通过一定的途径和方式确定

离退休人员的生存状况,以确定是否继续发放养老金。此项工作是堵塞基金支付漏洞的重要手段。基本养老金领取资格认证控制就是经办机构对经办认证环节业务运行的过程实施内部控制,以防范或最大限度地控制经办风险,实现待遇领取资格认证工作的管理目标。

1. 经办基本养老金待遇领取资格认证及管理责任

经办部门和岗位应制订认证工作实施方案,确定认证办法并有计划地实施。应认真核验回收的认证信息,确定离退休人员的生存状况。对符合认证条件的确定继续发放养老金,对有疑问或不符合认证条件的按规定暂停发放养老金,待查证核实情况后确定是否继续发放养老金。

2. 风险点及应对措施

经办基本养老金待遇领取资格认证业务可能发生的风险有:经办部门未按有关规定制订年度认证工作方案,导致认证覆盖范围窄;经办岗位未认真核验回收的认证资料,存在虚假证明而未发现;对有疑问的情况未进行复查。

针对风险点,经办机构可以采取的控制措施有:

(1)将认证方案纳入经办机构年度工作计划监督实施。(2)经办部门应建立审核认证回收资料和走访认证活动的台账,包括记录委托街道社区社会保障工作平台实施认证工作情况。

(六) 基本养老保险待遇支付控制

基本养老保险待遇支付是指经办机构根据政策规定向范围内人员发放基本养老保险待遇。待遇支付项目包括月基本养老金、有关补贴(护理费、交通费、离休人员生活补贴、劳模补贴)、丧葬补助和抚恤金、个人账户继承额等。基本养老保险待遇支付控制就是经办机构对经办待遇支付环节业务运行的过程实施内部控制,以防范或最大限度地控制经办风险,实现待遇支付工作的管理目标。

1. 经办基本养老保险待遇支付及管理责任

经办部门和岗位必须认真履行经办基本养老保险待遇支付和管理

的工作职责,包括:(1)基金财务环节将上月底拨付给参保对象的养老保险待遇全部登账。(2)在核定月内经办的业务按内控的要求进行审核审批,业务项目包括新增退休人员待遇计发,待遇调整,离退休人员待遇停发、续发、终止、恢复,待遇核定的冲销,退休待遇补发、退发等。(3)相关业务环节暂停经办新参保人员变动、个人基本信息修改等业务。待遇发放环节选择核定对象,输入核定月份进行支付核定,生成单位支付核定台账、《养老保险待遇月度支付比对表》,比对无误的,固化当月支付结算数据。在系统中生成《基本养老保险拨付计划表》和《社会保险基金社会化发放汇总表(分银行)》,按规定程序报相关部门负责人审批后,由基金财务环节申请用款计划和经办银行拨款手续。待遇发放环节按发放银行在系统中生成发放数据光盘,分送相关发放银行。基金财务环节接收和导入银行发放结果信息(回盘)登账。

2. 风险及应对措施

经办基本养老保险待遇支付业务可能发生的风险有:养老保险待遇月度发放数据不准确,银行回盘发放不成功等。

针对风险点,经办机构可以采取的控制措施有:(1)每月生成拨付计划后,应按社发银行、领取银行、参保类型、支付项目、支付异动5个类别进行分别比对,发现数据有误及时查明原因,比对完全无误后,才能固化当月拨付数据,形成《基本养老保险拨付计划表》。《基本养老保险拨付计划表》应与单位台账数据一致。(2)每月社发数据形成后,由系统进行自动检测,标出未填写户名、账号、行号,或发放金额过大的数据,进行补填、核实,形成社发数据盘。(3)确保分给银行的数据光盘与《社会保险基金社会化发放汇总表(分银行)》的数据一致。(4)对发放不成功的,由待遇发放部门与基金财务部门查清原因,核实补发数额,经办补发手续。(5)完善信息系统功能。每月拨付计划形成后,系统能自动生成《养老保险待遇月度支付比对表》和《基本养老保险拨付计划表》;社发数据形成后,由系统自动检测校验,对可能存在问题的数据进行标志。

三、案例、分析及警示

（一）案例

某县社会保险局待遇发放部门负责人王某于 2007 年 7 月至 2009 年 11 月期间，利用为退休人员经办养老金领取存折之便，为两名退休人员分别开设了两个存折，然后将一个存折留下，利用发放养老金的职务便利，在每月制作的养老金名册中虚增和更改退休人员姓名，虚增银行存折账号和金额，累计骗取社保基金 18 笔，共计人民币 33 万余元。

（二）分析

该案暴露出该县社保局业务管理存在严重漏洞，主要是：(1) 该局发放养老金没有与发放银行联网，是通过将生成数据转换为电子表格形式传递给发放银行，致使王某有机可乘，篡改和虚增退休人员姓名、银行存折账号和发放金额。(2) 该局先由待遇发放部门为退休人员经办领取养老金存折，再由退休人员到待遇发放部门领取，致使王某有机可乘，多开了一个养老金领取存折。(3) 内部控制缺失。王某制作月养老金发放名册和将名册送发放银行的过程，全部为一人经手，没有相关部门或岗位的复核监督。不仅如此，发放银行反馈的发放结果财务部门也未认真审核，造成基金流失。

（三）警示

1. 规范经办程序

经办人员不能直接经办养老金领取存折，应由退休人员凭身份证到经办机构指定银行领取存折，或退休人员自己经办存折，将存折复印件和身份证复印件交社保经办机构。

2. 提升管理手段

加快信息系统升级换代，遵循"系统外不留数据"的原则，由养老保险信息系统自动生成每月社会发放数据，并进行严格比对，发现异常情况，查找问题，审核无误后方能经办发放手续。

3. 严格落实内控制度

业务经办必须由两个岗位进行初审和复核，特别涉及基金收付的重点经办项目，必须履行报批程序，实现各项业务环节既独立操作，又相互衔接、相互制衡，确保基金安全完整。

第二节　基本医疗保险待遇核定支付业务运行控制

一、基本医疗保险待遇核定支付业务运行控制含义

基本医疗保险待遇核定支付是指经办机构依据医疗保险政策法规，审核支付符合医疗保险基金保障范围的参保人员医疗保险待遇的过程。经办该项业务是医疗保险经办管理的核心业务。享受基本医疗保险待遇的条件、待遇支付标准等，须按照《社会保险法》《国务院关于建立城镇职工基本医疗保险制度的决定》（国发［1998］44号）等法律法规以及统筹范围地方政府的规定执行。

因参保人员就医存在在当地就医（统筹区域内）和异地就医（统筹区域外）的情况，经办基本医疗保险待遇核定支付业务，具有审核结算单据复杂，基金支出监督管理难度大等特点。依据有关政策规定，参保人员在定点医疗机构、定点药店就医或购药，符合国家规定的"三个目录"①范围的费用，由基本医疗保险基金支付。经办机构须认真执行有关政策规定，充分履行经办管理职责。由于医疗保险结算存在"按总额预付""按项目付费""按病种付费""按单元付费""按人头付费""一体化付费"等多种方式，经办基本医疗保险待遇核定支付业务的流程和核定结算的重点也有所不同。

基本医疗保险待遇核定支付业务运行控制就是经办机构针对该项业务运行可能发生的风险问题，采取相应措施的管理活动。管理客体是经办基本医疗保险待遇核定支付业务的各个经办部门、经办岗位及

---

① 《医疗保险药品目录》《诊疗项目目录》《医疗服务设施目录》。

有关资料和核定支付业务的程序等。基本医疗保险待遇核定支付业务运行控制主要包括待遇核定、登记备案、费用结算、稽核检查等业务运行控制。

二、基本医疗保险待遇核定支付业务运行控制主要环节

（一）医疗保险待遇核定业务运行控制

1. 医疗保险待遇核定业务运行控制含义

医疗保险待遇核定是指经办机构依据医疗保险政策规定，审核参保人员享受医疗保险待遇资格和确定待遇水平的过程。此项业务包括在当地就医和异地就医的医疗保险待遇核定。当前，异地就医医疗保险待遇核定管理是难点。医疗保险待遇核定涉及参保人员、医疗服务机构等多方利益关系，是参保人员依法享受医疗保险待遇权利和待遇水平的进入关口，是医疗保险费用结算支付的前提，关系基金的使用安全。

医疗保险待遇核定业务运行控制就是经办机构对经办待遇核定环节业务运行的过程实施内部控制，以防范或最大限度地控制经办风险，实现待遇核定的管理目标。

2. 医疗保险待遇核定及管理责任

经办部门和岗位应依据政策规定，认真审核参保人享受医疗保险待遇的资格和异地就医的条件、程序，确认参保人与受益人为同一人，确认参保人或参保单位缴费情况。

3. 风险及应对措施

经办医疗保险待遇核定业务可能发生的风险有：定点医疗机构报送的参保住院人员医疗费用存在不符合"三个目录"的违规问题，经办部门和有关岗位在审核中未发现，或者徇私舞弊故意放过了一些违规行为，导致待遇核定失真，结果危及基金安全；给部分人员在暂停医保待遇期间发生的医疗费用予以了核定，埋下支付隐患；信息系统故障原因未及时发现，导致待遇核定出现差错。

针对风险点，经办机构可以采取的控制措施有：（1）完善待遇核定业务流程，设置初审、复审岗位，并明确岗位授权。未经复审岗位复核确认,初审岗位核定的待遇项目、计算的待遇金额等不能进入支付环节。(2)健全待遇核定审批制度,对申请异地就医、特殊情况转院、需要特殊医疗服务项目等,由经办机构分管业务负责人或会审会议审批,并规范审批手续。(3)完善信息系统功能,由信息系统自动控制参保人员参保状态及暂停待遇核定期的期限。(4)对已核定医疗待遇的情况进行抽查或回访,发现差错予以纠正。

(二)医疗保险备案登记业务运行控制

1. 医疗保险备案登记业务运行控制含义

医疗保险备案登记业务是指经办机构审核医疗保险参保人员享受就医权利和实施管理的过程。其内容主要包括:转院就医(包括转统筹区域外)备案登记、特殊门诊(包括在统筹区域外)就医备案登记、家庭病房就医(包括在统筹区域外)登记备案。

医疗保险备案登记业务运行控制就是经办机构对经办备案登记环节业务运行的过程实施内部控制,以防范或最大限度地控制经办风险,实现备案登记的管理目标。

2. 经办医疗保险备案登记业务及管理责任

经办转院就医备案登记、特殊门诊就医备案登记、家庭病房就医备案登记,是经办机构一项经常性、程序性、基础性业务工作。经办部门和岗位应健全工作制度,明确岗位责任,保证及时准确地做好各项备案登记。其中,经办岗位须认真核对备案人的基本信息、相关病史资料、转院申请资料和转出及转住医院等,是否符合转院、特殊门诊、家庭病房的政策规定,以及转诊项目是否属于医疗保险支付范围等,并确认参保状态及待遇享受情况。对符合政策规定的备案项目予以备案登记,录入信息系统并分别建档(申请表归档);将已办结备案登记情况及相关政策规定等告知申请人。

3. 风险及控制措施

经办医疗保险备案登记业务可能发生的风险有:有关申请不符合医疗保险基金支付范围,经办岗位审核不严,或不熟悉政策规定,或徇私舞弊等,为申请人经办了备案登记,如不及时纠正导致基金损失；对医疗保险备案登记资料管理不善，导致备案资料遗失，影响核定待遇支付等。

针对风险点，经办机构可采取的控制措施有：(1) 健全完善经办岗位权责制度和经办备案登记业务程序，并在信息系统中设置经办岗位操作权限。(2) 实行复查监督制度，对转院（包括异地就医）、特殊门诊备案实行定期复查，对备案人是否符合享受条件进行复查再确认。

(三) 医疗保险费用结算业务运行控制

1. 医疗保险费用结算业务运行控制含义

医疗保险费用结算是指经办机构就参保人员在定点医疗机构发生的医疗费用，与定点医疗机构进行的基金结算支付。经办医疗保险费用结算是落实基本医疗保险支付政策、医疗服务支付范围和支付标准的最终手段，关系到基本医疗保险基金的收支平衡，也关系到定点医疗机构的正常运转。制定科学、合理的费用结算办法，是规范医（药）、患、保三方面经济关系和行为的根本所在，从而实现用有限的医疗保险基金购买更多有效的医疗服务。

医疗保险费用结算业务运行控制就是经办机构对经办费用结算环节业务运行的过程实施内部控制，以防范或最大限度地控制经办风险，实现费用结算的管理目标。

2. 经办医疗保险费用结算及管理责任

经办部门和岗位应依据规定（指经办机构与定点医疗机构签订的协议）认真采集、健全定点医疗机构的有关基础数据；按照既定的医疗保险费用结算方式，对定点医疗机构报送或通过网络传递的参保人员费用结算信息进行审核、登记和结算支付。结算时应扣除审核发现的不应支付或属于违规的费用，对定点医疗机构医疗费用进行月度和年度汇总和决算，及时整理、存档医疗费用结算资料。

3. 风险及应对措施

经办医疗保险费用结算业务可能发生的风险有：基金财务部门编制年度基金支付预算综合考虑的因素不全面，致使月度经办医疗保险费用结算时,控制的月度支付指标与费用发生额不均衡,不断出现超支的情况,影响年度基金支付预算管理目标的落实;人为干预基金支付,经办部门、岗位难以认真履行审核费用结算职责;业务审核费用数据与信息系统记载的费用数据、财务费用数据三者不一致,出现了费用结算数据差错,正确结算支付受到挑战;结算费用与定点医疗机构统计的费用不一致。

针对风险点,经办机构可以采取的控制措施有:(1)健全基金支付预算管理制度,主要是提高支付预算的科学性。经办机构要加强对预算编制工作的指导,促进预算编制部门提高素质能力。(2)完善信息系统功能,实行费用结算业务由信息系统自动采集数据、自动结算,避免人为干预。(3)设立基金支付一级和二级审核岗位,对结算全过程进行审核,经审核无误后报经办机构负责人核批。(4)经办过程中留存的纸质记录或电子记录均存档备查。坚持每月核对一次基金支付账,并通过银行存款余额调节表实行交叉复核,保证账实相符。(5)实行费用结算审核和结算支付复核分级管理制度,由业务部门负责费用结算审核,财务部门负责费用结算复审,通过网络和银行系统完成费用结算支付。(6)内部控制部门定期抽查费用结算相关资料,核对业务、财务凭证与信息系统数据是否一致。(7)建立与定点医疗机构的月度对账制度,及时反馈、处理相关情况。

(四)医疗保险待遇稽核业务运行控制

1. 医疗保险待遇稽核业务运行控制含义

医疗保险待遇稽核是指经办机构根据医疗保险政策规定和服务协议,对定点医疗机构、定点零售药店及参保人员的有关行为实施的监督检查。经办机构设置稽核部门具体承担监督检查职责。

医疗保险待遇稽核业务运行控制就是经办机构对经办医疗保险待遇稽核环节业务运行的过程实施内部控制,以防范或最大限度地控制经办风险,实现待遇稽核的管理目标。

2. 实施医疗保险待遇稽核及管理责任

稽核部门采取多种方式对定点医疗机构、定点药店和参保人员实施监督检查。根据对参保人住院费用分析，举报信息，对"两个定点"的投诉等情况，实施专项稽核；根据结算方式的特点和监督检查制度，实施日常稽核。稽核监督应认真核验反映医疗服务状况的资料和调查核实违规的行为，并做好取证、询问记录等工作。稽核检查发现违规问题，应按规定报告和处理。

3. 风险及应对措施

实施医疗保险待遇稽核可能发生的风险有：被稽核对象存在违反"定点协议"和欺诈基金的行为，包括不按"三个目录"提供医疗费等，实施稽核未发现违规问题，或稽核人员存在徇私舞弊行为，导致基金流失；被稽核对象主要是定点医疗机构存在违规行为，但取证困难，导致稽核查证无结果；稽核行为不规范，对违反基本医疗保险政策法规的行为没有发挥威慑和遏制作用，致使违规现象屡禁不止。

针对风险点，经办机构可以采取的控制措施有：（1）健全稽核监督检查制度，规定稽核人员执行稽核时出示执法证件，并由两名及两名以上工作人员进行，以接受社会监督；要求稽核部门建立稽核日记账，登记稽核事项、执行人员、执行日期，以备需要时查证。（2）对"两个定点"实施现场稽核检查时，稽核人员应填写稽核监督检查工作记录，并要求被稽核单位在记录上签字。查处纠正违规行为，要求当事人签字。（3）稽核部门每月或每季度对稽核发现的违规情况及处理意见进行汇总，形成书面资料存档备查。

三、案例、分析与警示

（一）案例

某市医疗保险经办机构稽核人员在网上稽核中发现，一定点医院患某种病症的住院病人突然增多，占该院住院病人的一半以上。于是稽核人员调阅了这部分病人的住院病历，结果发现该定点医院将患某病种病症应门诊医治的病人都收住入院，而且治疗中不仅使用大剂量的高档药物，还将功效相同的数种药物同时使用，相关治疗频繁。

为查明案情，经办机构邀请了几位医学专家对可疑的住院病历进行了评审。在专家的协助下，最终认定该定点医院存在过度收住入院和过度检查、治疗的问题。经办机构对该医院的违规行为进行了批评教育,对于收取的不合理医疗费用,按医疗服务协议进行了扣除处理。

(二) 分析

医疗保险稽核责任重大。案例中的稽核人员如果不认真履行职责,就不会对住院病人突然增多的现象产生怀疑,也就没有接下来的调查工作和发现医院存在的过度医疗问题。

(三) 警示

加强医疗保险稽核工作是医疗保险经办管理的重要方面,而提高稽核人员的职业素质是关键。为此,经办机构应注意配齐配强稽核队伍,建立健全稽核工作制度,促进稽核人员忠于职守和提高职业素质。有些地区经办机构忽视稽核部门的人力资源配置和稽核工作制度,势必影响经办管理质量,引发基金流失风险,应从本案例中汲取教训。

第三节 失业保险待遇核定支付业务运行控制

一、失业保险待遇核定支付业务运行控制含义

失业保险待遇核定支付是指经办机构依据失业保险政策法规,审核支付符合失业保险基金保障范围的失业人员失业保险待遇的过程。享受失业保险待遇的条件、待遇支付标准等,须按照《社会保险法》《失业保险条例》(国务院令第258号)等法律法规以及统筹地区地方政府的规定执行。

失业保险待遇核定支付运行控制就是经办机构针对该项业务运行可能发生的风险问题,采取相应措施的管理活动。管理客体是经办失业保险待遇核定支付业务的各个部门、岗位及有关资料和核定支付业

务的程序等。

二、失业保险待遇核定支付业务运行控制主要环节

（一）失业保险待遇申领认定控制

贯彻执行《社会保险法》《失业保险条例》，经办机构须严格按照政策规定审核认定申领人是否符合享受失业保险待遇的条件。对符合条件的，经办部门和岗位应按程序经办在职转失业。

经办此项业务可能面临的风险有：申领失业保险待遇人员是本人要求失业的，不属于非本人意愿失业；申领人所在单位及本人没有参加失业保险；失业人员本人没有求职要求，或不接受安排的培训；申领失业保险金人员提供的资料、证件不齐全，或冒充他人前来申领待遇。

针对风险点，经办机构可以采取的控制措施有：（1）经办岗位认真审核申请资料和证件，发现疑点尤其是情况复杂的应进行调查核实。（2）完善信息系统功能，通过网络或有关信息平台，查证申报单位、申领人缴纳失业保险费等相关信息。

（二）失业保险待遇核定与支付控制

失业保险待遇核定与支付是失业保险经办管理的核心业务，直接关系职工的切身利益。失业保险待遇核定与支付控制就是经办机构对经办待遇核定与支付业务环节运行的过程实施内部控制，以防范或最大限度地控制经办风险，实现待遇与支付工作的管理目标。

按照有关政策规定，失业保险待遇包括按规定标准领取的失业保险金；领取失业保险金期间参加职工基本医疗保险，享受的基本医疗保险待遇；领取失业保险金期间死亡的失业人员的丧葬补助金和遗属抚恤金等。

经办失业保险金核定与支付业务可能发生的风险有：申领人早期的失业保险缴费年限不准，或缴费年限记录不清，经办岗位未认真核对查证有关资料，就按通过处理，可能导致基金流失；经办岗位徇私舞弊，为申领人故意多核待遇；失业人员在领取待遇期间出现了《社会保险法》等法律法规规定的停止领取情况，但本人或代领人仍在领取,如已经领取基本养老保险金,但还在领取失业保险金。

针对风险点,经办机构可以采取的控制措施有:(1)健全失业保险金核定与支付制度,核定待遇设置初审、复审岗位,形成制约机制。监督检查部门应对核定待遇业务环节实施监督检查。待遇支付由审核部门制定发放明细表,经财务部门核定和领导审批后,通过银行发放待遇。(2)针对已领取失业保险金人员可能会发生参军、上学、出国定居、享受基本养老保险待遇或重新就业等需停止领取失业保险待遇的事项,经办机构应定期进行领取资格的核查认证。认证方式包括:与就业部门、教育部门、武装部、外办等部门联动,认证领取失业保险金人员是否重新就业、上学、参军、出国定居等;列出领取失业保险金人员明细表,在失业人员所在社区或原单位等公共场所进行公示;委托社会保险协理员深入社区了解领取失业保险金人员的有关情况;在基本养老保险离退休人员数据库中筛查,认证领取失业保险金人员是否已经在领取基本养老保险待遇。(3)对新增领取失业保险金人员在原单位进行公示,公示期没有举报的即确认失业和按规定发放失业保险金。公示内容包括失业人员姓名,原所在单位岗位、失业原因、失业时间、参保缴费情况、计发待遇标准等。

三、案例、分析与警示

(一)案例

某企业 10 名职工于 2002 年 3 月被原企业解除劳动合同,于 2002 年 5 月开始领取失业保险待遇。2003 年 5 月达到了特殊工种退休年龄,于 2003 年 6 月办理了退休手续,开始领取基本养老金。由于经办机构经办部门和岗位没有对失业人员数据库进行查询,没有掌握这 10 名参保人员领取失业保险金的情况,致使其一边领取基本养老金,一边还在领取失业保险金。

(二)分析

发生上述情况,主要原因是经办机构的经办人员责任心不强,导致低级差错。如果经办人员查询一下失业人员数据库,即可发现双领的问题。

（三）警示

1. 强化职业素质

经办机构应坚持不懈地教育员工增强责任感，自觉执行工作制度，严格按照业务流程办事。

2. 完善信息系统

一是实现参保人员各险种信息共享。二是系统应具有检索和提示功能。通过完善信息系统功能，保证实现业务运行管理目标。

第四节　工伤保险待遇核定支付业务运行控制

一、工伤保险待遇核定支付业务运行控制含义

工伤保险待遇核定支付是指经办机构依据工伤保险政策法规，审核支付符合工伤保险基金保障范围的参保职工因工作原因受到事故伤害或者患职业病，且经工伤认定的工伤保险待遇的过程。工伤保险待遇包括工伤医疗待遇、伤残补助待遇、工亡补偿待遇。经办该项核定支付业务，关系工伤职工的切身利益和维护社会公平正义的大问题，经办过程中涉及把握多项政策和遵守操作规程，是工伤保险经办管理的核心业务。有关享受工伤保险待遇的条件、待遇项目、支付标准等，须严格按照《社会保险法》《工伤保险条例》等法律法规以及统筹地区地方政府的规定执行。

工伤保险待遇核定支付运行控制就是经办机构针对该项业务运行可能发生的风险问题，采取相应措施的管理活动。管理客体是经办工伤保险待遇核定支付业务的经办部门、经办岗位及有关资料和核定支付业务的程序等。

二、工伤保险待遇核定支付业务运行控制主要环节

广义理解，工伤保险待遇核定支付业务除包括工伤保险医疗待

遇、伤残补助待遇、工亡补偿待遇外,还应包括登记备案、费用结算、稽核检查等业务经办。其中,备案登记是经办其他业务项目的基础条件。

鉴于工伤保险待遇的保障范围包括工伤医疗待遇和工亡补偿待遇,并且经办管理的程序和方法与基本医疗保险、基本养老保险经办管理相同,有关待遇核定支付业务运行控制环节也较为一致,为突出重点和避免一些重复讨论,本教材只讨论工伤保险医疗待遇和非医疗保险待遇核定(指伤残补助待遇核定和工亡补偿待遇核定,下同)业务运行控制,有关工伤备案登记、费用结算和稽核检查等业务运行控制的内容,可参考本章第二节基本医疗保险待遇核定支付运行控制的同类内容。

(一) 工伤保险医疗待遇核定业务运行控制

1. 工伤保险医疗待遇核定业务运行控制含义

工伤保险医疗待遇核定是指经办机构依据工伤保险政策规定,审核确认工伤人员救治和后续医疗的各种医疗费用的过程,包括核定协议医疗机构、协议康复机构、协议辅助器具配置机构申报的工伤人员费用。

与基本医疗保险比较,工伤保险医疗待遇保障范围大、保障水平高。经工伤认定的工伤职工在签订服务协议的工伤医疗机构治疗工伤、职业病,符合工伤保险医疗诊疗项目、药品目录、住院服务标准的全部费用,如治疗工伤的医疗费用和康复费用、住院伙食补助费、到统筹地区以外就医的交通食宿费、安装配置伤残辅助器具所需费用,均由工伤保险基金支付。

医疗待遇核定业务运行控制就是经办机构针对该项业务运行可能发生的风险问题,采取相应措施的管理活动。

2. 工伤保险医疗待遇核定及管理责任

经办部门和岗位按规定(包括经办机构与协议定点医疗机构、协议康复机构和协议辅助器具配置机构签订的协议)要求采集、健全定点协议机构的有关基础数据;认真审核申请人提交的《工伤保险待遇申领表》、工伤职工的医疗（康复）票据、费用清单，以及经同意的《工伤职工转诊转院申请表》等；依据政策规定核定医疗（康复）待遇费用，记录有关信息，及时向结算支付环节传递工伤人员医疗待遇核定信息和资料，并按规定将核定的待遇项目、标准、结算方式等结果通知申请人。审核时发现不符合工伤保险"三个目录"等违规的费用，须按规定扣除；按规定的时间段对定点协议机构医疗费用等进行月度和年度汇总和决算。

3. 工伤医疗待遇核定支付风险及应对措施

工伤保险医疗待遇核定支付业务可能发生的风险有：协议医疗机构（包括康复和配置器具协议机构）传递给经办机构的工伤治疗项目、费用等报表数据有差错。例如为工伤职工提供救治或后续医疗服务存在违反工伤保险"三个目录"的行为。经办部门、岗位审核过程中未发现存在的问题，或者是徇私舞弊故意放过了违规行为，为工伤医疗待遇结算支付埋下隐患，结果会导致基金损失；审核相同情况的医疗待遇执行的政策标准不一样，人为引发一些矛盾，有损经办机构公共服务形象；异地医疗费用特别是意外伤害的医疗费用审核难度大，对异地医疗机构多记、多收等不合理医疗的违规费用难以追回；审核结果出现单据数据和汇总数据不一致情况，影响结算支付环节的办事效率。

针对风险点，经办机构可以采取的控制措施有：（1）设置待遇核定初审、复核、审批岗位和明确各岗位职责，形成业务经办三审把关的制约机制。（2）建立会审制度，对大额费用（经办机构根据情况确定数额）和有疑点的救治、检查项目及费用，须通过稽核查证和会审进行核定。（3）审核医疗项目、费用，应认真核对工伤认定、转院等备案登记情况以及病案记录、医生处方、协议机构上传的数据等，发现有关信息不一致的，要按规定稽核查证。（4）健全零星报销审核审批制度（指工伤职工的首诊医疗费、异地治疗产生的医疗费等），对审核审批程序、岗位权限以及办事标准等做出明确规定，并公开透明接受内外部监督。例如，规定数额以下的工伤医疗费由审核部门审理，稽核部门抽审；在规定数额区间的工伤医疗费由审核部门初审，稽核部门复核，分管领导抽审；规定数额以上的工伤医疗费由审核部门初审，稽核部门复核，分管领导审批。对意外伤害医疗保险的报销，要求参保人员提供相应证明材料。(5) 完善信息系统功能，全面实行业务结算通过网络和信息系统自动完成，排除人工干预。将受理票据数量、金额等纳入信息系统管理，相关票据内部交接时，均需与信息系统内数据进行核对。(6) 建立异地工伤保险经办机构间的协查机制；建立与协议医疗机构的月度对账制度，及时反馈、处理相关问题。

(二) 工伤保险非医疗待遇核定支付业务运行控制

1. 工伤保险非医疗待遇核定业务运行控制含义

工伤保险非医疗待遇核定是指经办机构依据工伤保险政策规定，审核确认因工作原因遭受事故伤害或者患职业病给予伤残补助待遇，以及因工死亡给予工亡补偿待遇的过程。

按政策规定，伤残补助待遇包括一次性伤残补助金、1～4级伤残职工按月领取的伤残津贴和应当享受的一次性医疗补助金；工亡补偿待遇包括一次性工亡补助金、丧葬补助金和供养亲属抚恤金。

非医疗待遇核定支付业务运行控制，就是经办机构针对该项业务运行可能发生的风险问题，采取相应措施的管理活动。

2. 工伤保险非医疗待遇核定及管理责任

经办部门和岗位依据工伤保险政策规定，核对工伤职工的基础信息和审核申领工亡待遇补偿人员的资格条件，完备核定手续，录入核定信息，按程序向结算支付环节传递工伤人员伤残待遇补助和工亡待遇补偿核定信息和资料，并按规定将核定的待遇项目、标准、结算方式等结果通知申请人。审核时发现申领待遇条件不符合有关政策规定的，应不予核定待遇并向上级报告情况。

3. 工伤保险非医疗待遇核定风险及应对措施

工伤保险非医疗待遇核定业务可能发生的风险有：经办人员执行政策有误，导致待遇核定标准有差错；经办人员审核申请资料、证明等不仔细，或信息录入有误，导致核定或信息系统生成的待遇标准与实际不符；经办人员未按政策规定办事，存在徇私舞弊的行为，对不符合申领待遇标准、条件的予以待遇核定，结果会导致基金损失；信息系统故障，调取工伤人员基础信息或备案登记信息等出错，导致待遇核定差错。批量调整药品信息时，计算机系统出错；药品库维护人员未在规定时间内完成药品库调整。

针对风险点，经办机构可以采取的控制措施有：（1）健全审核审批制度，与工伤医疗待遇核定一样，实行待遇核定初审、复审和会审制度。其中，初审、复审不能由一个岗位兼任，复审不能修改信息，发现差错退回初审修改，并记录差错及处理方式台账。（2）规范操作规程，明确规定，核定丧葬补助金和一次性工亡补助金时，除核实因工死亡人员的基本信息外，还须核对死亡证明、火化证明、户口注销证明等相关资料。审核申领供养亲属抚恤金供养人员条件：1）配偶。符合供养年龄的，须审核确认工亡人员档案、结婚证、户口簿、被供养人的身份证、街道或乡政府出具的无经济收入来源证明；对不符合供养年龄但完全丧失劳动能力的，须提供劳动能力鉴定委员会出具的鉴定书。2）子女。须审核确认父母的结婚证、出生证明、独生子女证、在学证明、户口簿、身份证及其他相关材料。3）父母。须审核确认工亡人员档案、被供养人的户口簿、身份证、街道或乡政府出具的无经济收入来源证明及相关材料。4）其他亲属。审核确认按文件规定的相关材料；对领取伤残津贴、供养亲属抚恤金的人员，每年须进行申领资格验证。（3）严格按规定进行目录调整。根据规定的时间、项目等，指定专人对药品目录、诊疗项目、服务项目进行调整，并由监督检查人员对调整情况进行复核。及时整理新增、修改的项目，并按规定输入信息系统（数据量大时，按程序请网管中心进行处理），保证协议医疗机构对照使用。每次调整目录，应将调整情况在信息系统中发布，通知各协议医疗机构，并更新网上相关的查询信息。待遇审核过程中，发现协议医疗机构未使用新"目录"，及时通知其进行更正。（4）及时调整信息系统中工伤人员待遇计发标准、执行口径等数据信息,防止出现技术差错。(5)内部审计部门(或稽核监督部门)定期或不定期检查待遇核定经办情况。

三、案例、分析及警示

(一)案例

某县社会保险中心工伤保险部门负责人张某在 2006 年 7 月至 2009 年 9 月期间,利用为工伤 1~4 级享受伤残津贴人员经办到龄批转养老保险换发领取存折之便,未对 16 名工伤保险伤残津贴有差额的人员工伤保险领取存折做变更,然后将该存折存放在自己手中,再利用每月发放伤残津贴补差额的职务便利,通过在其每月制作的工伤转退休人员花名册中虚增银行存折账号和金额的方法,累计骗取工伤保险基金 140 余笔,共计人民币 26 万余元。案发后张某受到法律制裁。

(二)分析

此案暴露了该县经办机构存在严重的经办管理漏洞,致使张某一个人就可以全过程经办由领取工伤津贴转为领取基本养老金业务审核、名册制作等业务,为其谋取私利提供了可乘之机。

(三)警示

1. 规范经办程序。首先,经办支付业务至少由初审、复审两个岗位共同完成。其中,经办跨险种转换支付业务,必须履行报批手续,保证有关业务环节既独立操作,又相互衔接和制衡。所有支付业务,经办人员不能直接经办领取人银行账户存折。

2. 强化监督检查。经办机构对经办待遇核定支付业务定期实施检查和不定期的抽查,促使经办部门、岗位工作人员忠于职守,自觉规范经办行为。

3. 提升管理手段。完善信息系统功能,逐步做到"系统外不留数据",由信息系统自动生成各险种待遇的社会化发放数据并自动比对,审核无误方能经办发放手续。

第五节　生育保险待遇核定支付业务运行控制

一、生育保险待遇核定支付业务运行控制含义

生育保险待遇核定支付，是指经办机构依据生育保险政策规定，对女职工因怀孕、生育、计划生育手术而暂时停止工作期间，由生育保险基金保障的生育医疗费和生育津贴进行审核确认和结算给付的过程。

《社会保险法》规定：生育保险待遇包括生育医疗和生育津贴。其中，生育医疗待遇包括：生育的医疗费用，计划生育的医疗费用，法律、法规规定的其他项目费用。生育津贴待遇包括：女职工生育享受产假，法律、法规规定的其他情形。生育津贴按照职工所在用人单位上年度职工月平均工资计发。

生育医疗保险待遇核定支付业务运行控制，就是经办机构针对该项业务运行可能发生的风险问题，采取相应措施的管理活动。管理客体是经办生育保险待遇核定支付业务的部门、岗位及有关资料和核定支付业务的程序等。

二、生育保险待遇核定支付业务运行控制的关键环节

生育保险待遇核定支付业务与基本医疗保险待遇核定支付业务类同，其业务运行的主要控制环节也包括待遇核定、登记备案、费用结算、稽核检查等。但生育保险待遇保障项目较为单一，业务运行控制重点是核定支付生育医疗待遇，且控制理念和方法也与基本医疗保险的一样，本节只对有关控制环节的概念和要求做出提示，不逐一讨论具体业务风险环节及控制措施。

（一）关于生育保险医疗待遇核定业务运行控制

从部分地区的实践看，生育保险医疗待遇核定业务运行控制的重

点是要求经办部门、岗位把住"三关",即:确认用人单位是否按规定缴纳了生育保险费;确认用人单位是否按规定为女职工办理了生育登记;确认生育女职工是否符合计划生育政策和在定点医疗机构就医、生育,以及医疗费用资料、凭证等是否齐全等。女职工首次就医,属"计划生育手术"的,核定医疗费需要核验结婚证原件和医院登记的结婚证号;如是挂号孕检,要核验登记"准生证号"。属于"妊娠前期产前检查"登记,或"妊娠后期产前检查"登记,或"产前、产后并发症住院"登记,以及定点医院前台收费计算待遇的,要核对女职工的单位当月是否缴纳了生育保险费,以防用人单位转嫁生育费用。在审核"计划生育手术登记""生产住院"以及收费前台计算待遇时,要核对女职工所在单位缴费是否达到规定的期限;有的地区建立了生育保险"三个目录"①,核定医疗费用应对照目录进行;审核定点医院传递的女职工生育或实施计划生育的手术日期、病种等信息,要重点核实这些信息是否与实际相符,以避免影响核发生育津贴;应优化审核医疗待遇的程序,通过网络和信息系统核定医疗机构传递的职工生育医疗费用;应完善信息系统功能,由信息系统自动生成《职工生育保险待遇审批表》,以及打印《职工生育保险金结算(支付)凭证》等。

(二)关于生育备案登记管理业务运行控制

生育备案登记是支付生育保险待遇的前提。为便于了解情况和有利于加强经办管理服务,许多地区规定备案登记包括妊娠登记、住院登记、计划生育手术并发症登记、长期派驻异地工作登记等。经办部门和岗位应重点审核《异地就医备案》手续。在异地医疗机构分娩或实施计划生育手术的,填表要有该院医疗保险办公室或医务处填写医院等级和盖章确认。实际情况中易发生经办岗位录入医疗机构等级的差错,对此应建立录入信息复审确认制度,由复审岗位将备案登记的

---

① 该目录以基本医疗保险"三个目录"为基础,是组织专家根据生育保险的特点制定的。

医疗机构等级与权威部门颁布的数据相比对，确保无误。

（三）关于生育费用结算支付业务运行控制

应完善结算支付业务流程，对结算支付环节设置初审、复审岗位，分别授予不同的权限，形成相互制约机制。要提高结算支付业务流程的程序化水平，实现信息系统自动提示复核确认。对暂停支付待遇人员，如停保、单位欠费等，信息系统严格控制其在暂停待遇期间的待遇享受。对于女职工曾经申领过生育保险待遇的，再次支付时系统进行提示。

（四）关于生育保险待遇核定支付业务运行稽核控制

同其他险种一样，生育保险也需要建立待遇核定支付业务运行的稽核审计制度，适时对核定医疗费用是否合规进行抽查，对待遇支付标准、程序、方式进行核对；检查业务、财务凭证与信息系统数据的一致性；检查审核相关病案、处方等医疗文书的合规性，以及检查核定定点医疗机构传递的结算数据的准确性。有关稽核检查流程见图6—1。

三、案例、分析与警示

（一）案例

女职工张某在某市某三级医院正常分娩，经办机构审核其生育医疗费发现信息系统中某医院上传的分娩方式为剖腹产，但本人提供的出院小结中分娩方式为顺产。因两种分娩方式的待遇标准和生育津贴不同，经办审核岗位按程序报告稽核部门，稽核部门到医院查阅了张某分娩时住院的病案，结果证实其分娩方式是顺产。经办机构按顺产的标准核定了张某生育医疗费和支付了生育津贴，并在信息系统中更正了医院传递的错误信息，避免与医院多结算医疗费用。

（二）分析

该定点医院上传的张某分娩方式为剖腹产，经办机构按此结算医疗费，就会多支出生育保险基金。由此可见，核定医疗费业务环节，是待遇结算支付的前提，关系生育保险基金的运行安全，必须健全医疗待遇审核疑点查证制度。

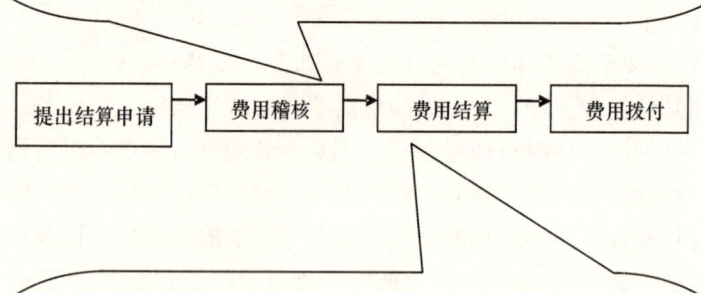

图 6—1 生育保险待遇核定支付业务运行稽核检查流程

(三) 警示

健全生育保险待遇审核支付核定稽核检查制度,定期抽查核对待遇审核业务的经办情况,包括审核的有效资料是否齐全完整,核定的医疗费用数额与有关财务凭证、信息系统记录的数据是否一致,发现疑点一查到底。

思考题：

1. 基本养老保险待遇核定支付业务运行控制的关键环节有哪些？
2. 基本医疗保险待遇核定支付业务运行控制的关键环节有哪些？
3. 失业保险待遇核定支付业务运行控制的含义是什么？
4. 工伤保险非医疗待遇核定支付业务控制的关键环节有哪些？
5. 生育保险待遇核定支付业务运行稽核控制流程步骤有哪些？

第七章 经办机构基金财务控制

社会保险基金(以下简称基金)是国家依法设立,为保障参保人员在年老、疾病、工伤、失业、生育时从社会获得经济帮助和补偿,由用人单位和个人缴费以及政府补贴而形成的专项资金。经办机构基金财务控制(以下简称基金财务控制)是经办机构内部控制制度的重要组成部分,是保障基金活动真实合法和有效预防基金运行风险,确保基金安全完整的重要手段。

本章主要介绍基金财务控制的含义与意义、基金财务控制的关键环节以及基金财务控制应注意的问题。

第一节 基金财务控制的含义与意义

按险种项目划分,基金分为:基本养老保险基金、基本医疗保险基金、失业保险基金、工伤保险基金和生育保险基金。按基金来源和用途划分,基金分为:社会保险统筹基金和个人账户基金。基金财务管理的任务是:认真贯彻执行国家有关法律、法规和方针、政策,依法筹集和使用基金;建立健全财务管理制度,努力做好基金的计划、控制、核算、分析和考核工作,并如实反映基金收支状况;严格遵守财务纪律,加强监督检查,确保基金的安全。基金财务控制的目标与基金财务管理的任务目标相一致。

一、基金财务控制的含义

基金财务控制是指经办机构为确保基金安全与完整,依据政策法规和内部控制规定,对基金筹集、存储、运营、支付过程制定实施一系列财务管理方法、措施和程序的总称。

按照实施对象和控制要素划分,基金财务控制主要包括两个方面:一是为保证基金会计资料真实、合法、完整,有效防范基金资产管理风险,对基金财务会计工作进行自我监督与控制;二是充分利用财务会计的手段,对经办管理工作实施财务监督与控制,以确保经办管理工作符合国家法律政策要求,防范经办管理过程中发生错误与舞弊的行为。

按照经办管理工作特点和基金财务管理要求,基金财务控制主要包括七个关键环节:(1)基金内部会计控制;(2)基金收入环节的财务控制;(3)基金支出环节的财务控制;(4)基金管理环节控制;(5)基金预算控制;(6)基金决算控制;(7)基金财务管理信息系统的控制。

基金财务控制工作的依据有《中华人民共和国会计法》(以下简称《会计法》)、《社会保险基金财务制度》(财社字[1999]60号)(以下简称《财务制度》)、《社会保险基金会计制度》(财会字[1999]20号)(以下简称《会计制度》)、《会计基础工作规范》(财会字[1996]19号)(以下简称《会计规范》)以及国家社会保险制度的相关法规政策。

二、基金财务控制的意义

基金财务控制是经办机构内部控制工作的重要组成部分,对于经办机构依法高效经办社会保险业务、实现社会保险制度可持续发展、维护参保人员社会保险权益具有非常重要的意义。

(一)基金财务控制可以有效提高经办机构财务管理和会计核算水平

通过建立健全基金财务控制制度,将使社会保险财务会计工作处于有效监督、风险可控的运行状态,在减少基金财务会计工作差错、确保基金运行安全、防范财务管理道德风险的同时,也必将强化经办机构基金财务会计工作质量管理和风险防范意识,从而更加完善基金财务会计工作规程和操作规范,促进提高财务管理和会计核算水平。

(二) 基金财务控制可以有效预防基金的管理风险

社会保险筹资模式基于大数法则的风险分担机制,参加人员的大数特征决定了基金收支规模和基金存量将是巨大的。基金财务部门是基金收缴、支付业务的具体承办单位,也是基金存储、管理和运营工作的直接责任者,从这个意义上讲,完善的基金财务控制是预防基金管理风险的最有效方法。

(三) 基金财务控制可以促进社会保险制度科学可持续发展

社会保险制度可持续性的一个重要特征就是基金收支平衡。基金预算制度就是保证基金收支平衡的管理制度,通过严格的基金预算管理,可以促进社会保险制度可持续发展。

(四) 基金财务控制从基金的角度实现了对经办管理过程的风险管理

经办管理风险存在于各个业务环节,业务环节的经办风险可以通过增加监督控制程序得到有效降低,但基于内控机制的本身缺陷,业务环节的控制程序将难以消除其潜在的道德风险。从资金流的角度对业务经办环节实施财务控制,是克服业务环节内控缺陷、提高经办风险防范能力的有效途径。

第二节 基金财务控制的关键环节

一、基金会计核算控制

基金会计核算也称基金会计反映,是以货币为主要计量尺度,对基金的资金运行进行全面反映。基金会计核算主要是对已经发生或已经完成的资金活动进行的事后核算,是会计工作中记账、算账、报账的总称。在实际工作中,会计基础工作中存在的一些不规范问题(这些问题可能导致风险),有很大一部分出现在会计核算这一环节上。合理地组织基金会计核算是做好基金会计工作的重要条件,对于保证基金会计工作质量,提高基金会计工作效率,正确、及时地编制基金会计报表,满足相关会计信息使用者的需求具有重要意义。

基金会计核算控制就是经办机构针对基金会计核算过程中可能发生的风险问题,采取相应措施的管理活动。管理主体是经办机构,管理客体是经办会计核算的业务部门和岗位及有关资料和会计核算业务的程序等。

为防范基金会计核算风险,经办机构应依据国家基金会计制度和内部控制的有关要求,建立健全基金会计工作规则、业务流程,以及完善组织会计核算的方式方法等。会计核算控制是整个基金管理工作的基本环节,是基金财务控制的必要条件和运行环境。

根据经办机构会计工作特点和财政部《会计规范》有关要求,基金会计核算控制的关键环节主要有以下九个方面:

(一)机构设置与人员配备控制

机构设置与人员配备控制是指经办机构为保障基金会计核算真实可靠和有序运行,针对组织结构和人力资源配置所采取的控制措施。经办机构是依法组织用人单位和个人参加社会保险,承担基金筹集、管理、使用等经办职责的机构法人,应按照《会计法》等法律和行政法的要求,设置基金财务部门和配备财务部门负责人,并根据实际工作需要给财务部门配备数量相当的专职会计人员。依据《会计规范》的规定,省、市级经办机构应当在专职会计人员中指定一名会计主管人员,县级经办机构专职会计人员数量至少不少于 2 人。经办机构应贯彻执行《会计规范》,但具体落实应重点考虑两个因素:一是配备会计人员数量与基金财务管理需要包括落实内控制度相适应;二是经办机构的会计工作信息化程度,如推行会计电算化以及实现财务账务处理系统与经办管理业务系统对接等因素。

依据有关规定,经办机构的专职会计人员应当具备会计从业资格,并取得《会计证》,持证上岗。未取得《会计证》的人员,不得从事会计工作。会计人员应当具备必要的专业知识和专业技能,熟悉国家有关财经法律、法规和社会保险相关政策知识,遵守会计职业道德。

基金财务部门负责人和会计主管人员是经办机构负责会计工作的中层领导人员，对包括会计基础工作在内的所有会计工作起组织、管理等作用，配强这两类中层领导对保证落实基金财务控制制度有重要意义。一般来说，经办机构基金财务部门负责人和会计主管人员任职资格应具备六个方面的条件：

1. 政治思想条件方面，能坚持原则，廉洁奉公。
2. 专业技术条件方面，具有会计师以上专业技术职务资格。
3. 工作经历方面，要从事基金会计工作2年以上。
4. 政策水平方面，熟悉国家财经纪律、社会保险法律法规、规章和方针政策，掌握社会保险业务管理的有关知识。
5. 组织能力方面，具有较强的协调和文字综合能力。
6. 身体条件方面，能够适应本职工作的要求。

基金财务部门负责人和会计主管人员任免和轮岗要求，应按照《会计法》《会计规范》以及社会保险行政主管部门的规定执行。

经办机构任用会计人员应当实行回避制度。按照《会计规范》要求，经办机构负责人的直系亲属不得担任本单位的会计部门负责人、会计主管人员；会计部门负责人、会计主管人员的直系亲属不得在本单位会计部门中担任出纳工作。

会计人员的工作岗位应当有计划地进行轮换，以促进会计人员全面熟悉业务，提高业务素质，并起到防范和发现经办风险的作用。

（二）岗位分工与授权批准控制

岗位分工与授权批准控制是指经办机构为保障基金会计核算真实可靠和有序运行，针对基金财务部门岗位设置和权限划分所采取的控制措施。经办机构应根据自身业务的特点和会计工作的需要设置会计岗位，并本着权责匹配和职责分工明确、人员配备科学合理的原则实行岗位分工和授权批准制度。一般来说，基金财务部门应按照部门负责人、会计主管、记账、复核、出纳和财务网管等岗位进行分工和授权批准。其中，财务部门负责人依据经办机构授权，负责对基金财务会计业务的计划、组织、领导、控制，以及指导、监督会计人员履行岗位职责等；会计主管依据经办机构授权，一般要负责审核会计报表、各类财务报告、原始凭证，以及负责单位固定资产核算，往来款项会计核算及催收账款等；出纳人员（包括经办机构财务部门的专职出纳和由财务部门管理的前台基金收款员）依据经办机构授权，一般要负责办理资金和票据收入，填制和审核缴费原始凭证，办理银行结算及有关账务，保管库存现金、有价证券、财务印章及有关票据等工作。经办机构专职出纳和前台基金收款员业务应有区别，但具备一般会计工作的本质属性。从这个意义上讲，经办机构的各类出纳人员，都应立足基金会计工作的实际，严格履行《会计规范》对出纳人员规定的职责。

建立财务部门岗位责任制，定人员、定岗位、定职责，明确分工和权责，有利于会计工作程序化、规范化，有利于落实责任和促进会计人员钻研业务，更有利于提高会计工作效率和质量，进而也有利于落实基金财务控制。依据《会计规范》规定，会计工作岗位可以一人一岗、一人多岗或者一岗多人，但应当符合内部牵制制度的要求，即两个人或两个以上人员无意识地犯同样错误的机会是小的；两个或两个以上的人有意识地合伙舞弊的可能性大大低于单独舞弊的可能性。比如说，出纳人员不得兼管稽核、会计档案保管和收入、费用、债权债务账目的登记工作。

（三）会计操作规程控制

会计操作规程控制是指经办机构为保障基金会计核算真实可靠和有序运行，规范会计岗位行为所采取的管理措施。经办机构要严格按照国家的法律法规和基金会计制度要求，建立明确的会计操作规程，依法对基金进行会计核算，对经办管理全过程实施财务监督。

基金会计操作规程一般应符合以下要求：

1. 依法建账。经办机构应当按照《会计法》和《会计制度》的规定，按不同险种分别建立会计账册，运用合理的会计方法对经办管理业务活动进行账务处理。基金要专款专用，不同险种的基金自求平衡，各险种之间、统筹基金与个人账户基金之间不得混账管理，并不得相互挤占。

2. 会计核算应当以实际发生的经办管理业务为依据，按照规定的会计处理方法进行，保证会计指标的核算口径相一致，前后各期会计处理方法相一致，不同经办机构、不同期间的会计核算结果相互可比。更正会计记录要符合《会计规范》的要求，跨期间更正会计记录或重大会计事项变更，应履行必要的审批手续，并记录于会计凭证。

3. 记账依据的原始凭证要真实、合法、有效。从外单位取得的原始凭证，要有填制单位签章和经手人签字，必要时要有经办机构受理部门签批意见。经办机构自制凭证，要符合《会计规范》和内部控制有关经办流程与授权审批的要求。禁止"白条抵库"或以"白条"充当原始凭证进行会计核算。原始凭证不得涂改、挖补，如果发现原始凭证有错误的，应当由开出单位重开或者更正，更正处应当加盖开出单位的公章。

4. 会计记账凭证、会计账簿、会计报表和其他会计资料的内容和要求，要符合《会计制度》的规定，不得伪造、变造会计凭证、会计账簿，不得设置账外账，不得报送虚假会计报表。经办机构所提供的会计信息要做到合法、真实、准确、完整。

5. 基金会计电算化所使用的会计软件和电子计算机生成的会计凭证、会计账簿、会计报表等会计资料应当符合国家有关规定。

6. 会计档案应当按照《会计档案管理办法》和《社会保险业务档案管理规定（试行）》（人社部令〔2009〕3号）的有关要求妥善保管。会计电算化所生成的有关电子数据及相应软件资料、文字资料等，也应作为会计档案进行管理。

7. 会计年度采用公历制，始于1月1日，止于12月31日。

8. 基金以人民币作为记账本位币。

（四）票据及印章管理控制

票据及印章管理控制是指经办机构为保障基金会计核算真实可靠和有序运行，针对规范票据及印章管理岗位行为所采取的管理措施。

加强财务票据和印章管理,是基金安全管理和基金财务部门内部控制的重要环节。

基金票据和印章包括社会保险费专用收据、银行支票、银行汇票、有价证券托管凭证、银行预留印鉴、基金财务软件专用密钥、电子银行专用密钥,以及与基金结算相关的其他凭证。基金票据和印章要指定专人管理,建立登记、领用、保管、移交、注销制度和程序。银行票据与银行预留印鉴要适当分离,避免由一人保管支付款项所需的全部凭证、印章和密码。

(五) 责任分离制度控制

责任分离制度控制是指经办机构为保证会计核算真实可靠和有序运行,针对规避基金财务部门岗位设置风险所采取的管理措施。基金财务部门应严格执行《会计规范》和社会保险行政主管部门关于不相容岗位分离的内部控制规定,将不能由一人兼任、否则既可弄虚作假、又能掩盖其舞弊行为的职务,分由两个以上的人或部门(指其他业务部门)担任,以利于相互监督。实行责任分离制度是规范基金财务运行最基本的要求,是保证基金资产安全及增强基金会计数据可靠性的重要条件。一般来说,经办机构基金财务部门落实责任分离制度控制,主要包括以下五个方面:

1. 货币、有价证券的保管与账务处理相分离;
2. 重要空白凭证的保管与使用相分离;
3. 基金收入、支付审批与具体业务办理相分离;
4. 基金受理发放或待遇支付与审查批准相分离;
5. 业务信息处理与会计数据处理相分离。

(六) 对账制度控制

对账制度控制是指经办机构为保证会计核算真实可靠和有序运行,针对基金财务部门办理基金往来业务所采取的管理措施。对账制度是基金财务管理的重要内容,对于确保基金安全完整、防范基金管理风险具有重要意义。

经办机构财务部门应建立基金对账制度,定期与基金开户银行、基金有价证券托管单位、社会保险待遇代发机构、财政专户、社会保险费征收部门或代征机构，以及参保缴费单位和个人等核对基金的收付情况，对于核对不符的账项要及时查明原因并妥善处理，做到账证、账账、账表、账实相符。有关各种对账的组织方式、实施周期、问题处理等，经办机构应认真按照《财务制度》规定和国家、省市等社会保险内部控制要求执行。一般来说，与基金征收部门（机构）对账，对账期的财务实收确认金额应等于征收额；与待遇发放部门对账，财务支付确认金额应等于发放部门实际出具的单据金额；与开户银行对账，核对当月每笔基金收款、支出发生额，编制"未达账项调节表"并查找账项未达原因；与财政部门对账，核对当月基金转账、拨付金额，编制对账表；与缴费单位对账，核对基金收入、支出金额与用人单位缴纳额、代发额是否一致。

（七）盘点制度控制

盘点制度控制是指经办机构为保证会计核算真实可靠和有序运行，针对基金财务部门管理的基金资产所采取的管理措施。

基金财务部门应健全基金资产盘点制度，按规定对基金资产进行定期盘点，出现基金资产盘盈或盘亏时，应立即查明原因，进行纠正。现金的收付和管理要严格遵守国务院发布的《现金管理暂行条例》，应及时办理基金存储手续；用基金购买的国债应视同货币资金按规定管理；暂付款项应定期清理，及时收回。

（八）会计工作交接制度控制

会计工作交接制度控制是指经办机构为保证会计核算工作的连续性和有序运行，针对基金财务部门会计人员更换所采取的管理措施。

会计工作交接制度是会计基础工作的一项重要制度，也是内部会计控制的重要内容。做好会计工作交接，有利于保持会计工作的连续性和明确基金财务管理工作的责任。

会计人员工作调动或者因故离职，必须将本人所经管的会计工作全部移交给接替人员，没有办清交接手续，不得调动或者离职。会计人员因故临时离职或暂时不能工作，需要有人接替或者代理工作时，也应当按照有关规定办理交接手续,以保持会计工作的连续性和明确管理责任。

会计工作移交要编制移交清册,交接双方要按照移交清册列明的内容,进行逐项交接。交接工作结束后,交接双方和监交人要在移交清册上签名或者盖章,以明确责任;同时,移交清册由交接双方以及单位各执一份,以供备查。

会计工作移交,要有专人负责监交,以保证交接工作的顺利进行。一般会计人员办理交接手续,由会计部门负责人(会计主管人员)监交;会计部门负责人(会计主管人员)办理交接手续,由单位负责人监交。

(九)会计人员职业道德规范建设控制

会计人员职业道德规范建设控制是指经办机构为保证会计核算工作的真实性和有序运行,针对基金财务部门会计人员所采取的"软控制"措施。

经常对会计人员进行职业道德教育,引导和要求会计人员坚守诚实守信的价值观,是保证会计人员在工作中自觉遵守财经纪律,时刻用《会计规范》《财务制度》《会计制度》规范行为的根本基础。经办机构应建立健全会计人员职业道德教育制度,如针对会计人员的工作性质、特点等,编制会计人员道德规范学习手册,以便于会计人员自学、自我警示和强化道德约束,防止发生道德风险问题。

二、基金收入环节的财务控制

基金收入是保证社会保险待遇支付的物质基础,是社会保险制度健康可持续发展的根本条件。扩大社会保险覆盖面,提高社会保险费收缴率,拓宽基金筹资渠道,提高基金保值增值能力,对保证基金稳定和可持续增加收入具有重要意义。

基金收入环节的财务控制,是指经办机构为有效防范基金收入环节错误与舞弊情况的发生,利用财务会计的手段,对基金收入运行的真实性、合法性、完整性、及时性,进行财务监督和反映的管理过程,内容包括社会保险费征缴收入的财务控制、基金转移收入的财务控制、基金利息收入的财务控制、财政补助收入的财务控制和基金其他收入的财务控制。

(一)社会保险费征缴收入的财务控制

1. 社会保险费征缴收入控制要素

社会保险费征缴收入(以下简称征缴收入),是指经办机构依法对缴费单位和个人征收社会保险费的收入。征缴收入控制应包括以下内容:(1)征缴收入的合法性;(2)征缴收入的完整性;(3)征缴收入确认的及时性;(4)征缴收入的正确分类;(5)基金征缴收入与社会保险缴费记录的一致性;(6)基金财务部门对社会保险业务经办结果的监督与控制。

2. 社会保险费征缴收入的控制方法

实现征缴收入的财务控制,保证社会保险费依法、足额、及时征收,基金财务部门应做好以下几方面工作:(1)按照政策法规和征缴收入管理要求制定财务会计制度,合理设计基金会计核算规程。做到基金收入记账及时、收入分类科学明确、会计核算规范完整、基金债权债务清晰明了。提高基金财务工作内部控制水平,防范基金收入被截留、坐支、挪用和流失。(2)征缴收入要按收付实现制进行核算和确认。没有收入到账的社会保险费,不得确认征缴收入;已经收入到账的社会保险费,不得跨会计期间确认征缴收入。(3)社会保险费要以货币形式征收,不得以物抵费,不得收取远期票据。(4)履行监督缴费单位和个人申报缴费的职能,通过与缴费单位进行对账等方式对缴费征收工作实施财务监督和会计控制。(5)实现财务核算系统与社会保险业务信息系统的有效衔接。业务操作中凡涉及基金的环节,均应受到财务部门的监督。财务部门没有确认征缴收入前,业务部门不得登记单位缴费记录,不得登记参保人员个人账户。

(二)基金转移收入的财务控制

1. 基金转移收入的控制要素

对基金转移收入进行财务控制的内容主要包括:(1)社会保险关系转移活动是否真实,转移条件是否符合国家相关规定;(2)转移基金的计算口径和方法是否符合国家相关政策规定；(3) 基金转移收入是否到账；(4) 转移基金与转移人的个人账户信息表所载内容是否一致等。

2. 基金转移收入的控制方法

基金转移收入控制的目标是确保社会保险关系转移符合国家相关政策规定，基金转移收入真实、准确。社会保险关系接续以基金转移为必要条件，基金财务部门应做好如下工作：(1) 审核社会保险关系转移资料，确认转移活动真实、合法；(2) 核实基金转移金额的计算口径和方法是否符合国家相关政策规定；(3) 及时确认基金转移收入，按不同保险项目、转移资金性质做明细分类核算；(4) 将基金转移收入信息及时通知业务部门，作为社会保险关系接续的依据；(5) 按时序登记转移人员信息（或于会计核算时加入转移人员个人信息），以方便转移人员查询；(6) 建立经办机构财务转移收入与业务部门社会保险接续环节的牵制关系，在没有确认基金转移收入前，业务部门不得接续社会保险关系。

(三) 基金利息收入的财务控制

基金利息收入是基金的有机组成部分。经办机构应依据有关政策法规及时结算利息收入。基金利息收入的财务控制应包括以下内容：(1) 严格按照国家规定对基金进行存储和运营，在确保基金安全的前提下，实现基金保值增值；(2) 督促基金存储或运营机构按时结算和支付利息；(3) 按国家规定核实基金利息收入的真实性和完整性，落实基金优惠利率政策；(4) 按社会保险相关政策、基金会计制度对基金利息收入进行财务核算，做到利息收入确认及时、记账准确；(5) 基金利息收入全部并入基金，纳入财政专户管理。

(四) 财政补助收入的财务控制

财政补助基金收入是指各级政府通过调整财政支出结构，对基金进行的补助。经办机构对财政补助基金收入的控制主要包括：落实补助资金是否按时足额到位，按资金性质准确核算反映；确保补助资金按原性质专款专用，配合财政部门做好基金决算等。

(五)基金其他收入的财务控制

基金其他收入是指依法收取的滞纳金和其他经财政部门批准的收入,以及在经办管理过程中形成的其他收入,具体包括:(1)滞纳金收入;(2)防欺诈、防冒领追缴的社会保险待遇;(3)基金资产盘盈收入;(4)其他基金收入等。

基金其他收入要全部并入基金。基金其他收入财务控制的要点主要为:(1)核实收入的合法性,明确收入性质;(2)核实收入的完整性,确保基金其他收入足额入账;(3)核实滞纳金计算过程是否符合国家政策法规要求,追缴被冒领的社会保险待遇是否真实完整,防范经办过程中的道德风险;(4)按资金性质准确分类,及时核算入账。

三、基金支出环节的财务控制

基金支出是社会保险制度设计目标的实现形式,是参保人员获得社会保险权益的基本渠道。实际工作中,基金支出是经办管理的高风险环节,做好基金财务控制具有非常重要的意义。

基金支出环节的财务控制是指经办机构为有效防范基金支出环节错误与舞弊情况的发生,利用财务会计的手段,对基金支出运行的真实性、合法性、完整性、及时性,进行财务监督和反映的管理过程,内容包括社会保险待遇支出财务控制、基金转移支出财务控制、基金其他支出财务控制。

(一)社会保险待遇支出的财务控制

社会保险待遇支出是指参保人在达到社会保险制度所规定的享受社会保险待遇条件时,或参保人因疾病、工伤、生育等原因依法应获得社会保险制度内经济补偿时,基金对参保人的专项支付行为。社会保险待遇支出按资金性质不同,分为保障性待遇支出和补偿性待遇支出。社会保险待遇支出是社会保险制度设计的主要内容,也是社会保险制度中最复杂、控制难度最大的内容。

1. 社会保险待遇支出财务控制的要素

社会保险待遇支出财务控制的要素主要包括:(1)享受社会保险待遇的条件是否符合社会保险制度的规定;(2)社会保险待遇的核定

是否符合国家规定的程序;(3)核定的社会保险待遇是否符合社会保险制度所规定的标准;(4)社会保险待遇的支付形式是否符合国家相关法规政策的要求;(5)如何防范社会保险待遇的欺诈、冒领行为;(6)如何防范社会保险待遇核定、支付环节经办管理人员的道德风险;(7)确保社会保险待遇按时足额支付等。

2. 社会保险待遇支出财务控制的方法

经办机构财务部门在办理社会保险待遇支付业务时,应从以下几个方面实施财务审查和控制:(1)对享受社会保险待遇的资格条件进行必要的审查。基金财务部门在受理社会保险待遇支付业务时,应对享受社会保险待遇人员的资格条件进行必要的审查,尤其是采取柜台支付、面对面支付、报销支付等社会保险待遇支付方式的,社会保险待遇资格审查应作为必要程序。通过审查可以有效减少冒领、套取社会保险待遇的可能性。(2)审查社会保险待遇的认定和计算过程是否经过了严格的授权批准。基金财务部门支付社会保险待遇的凭证依据是相关业务部门在业务经办过程中生成的、并按内控程序经过授权审批的支付凭证,基金财务部门在办理支付业务前,应对支付凭证的合法性和真实性进行审核。审核的内容包括:支付凭证是否符合《社会保险业务经办规程》的规范要求;支付凭证是否完整,凭证附件与应支付金额是否一致;经办、复核、审批程序是否符合内控要求,相关人员是否签字确认;批准人员是否得到相应授权,批准人是否亲笔签注意见并签名等。(3)核对社会保险待遇计算结果的准确性。基金财务部门在支付社会保险待遇前应对社会保险待遇结果的准确性进行审核,审核无误的,由财务主管人员在支付凭证上签字确认,发现社会保险待遇计算有误的,财务部门应在支付凭证上签注意见后返回业务部门。审核中,财务部门应对纸质支付凭证或批量支付单据与社会保险业务处理系统进行必要的核对。基金要根据社会保险的统筹范围、按照国家规定的项目和标准支出,任何地区、部门、单位和个人不得以任何借口增加支出项目和提高开支标准。(4)积极参与并审核社会保险待遇代发(支付)机构的资质审查。按照离退休人员养老金社会化发放和其他社会保险待遇支付便利化要求,大量的社会保险待遇将通过商业银行、邮政系统、定点医院、定点药店等中间机构进行发放和支付,为了保证社会保险待遇发放安全,保证社会保险服务水平,经办机构应对社会保险待遇发放代理机构的资质条件进行审核和评估。积极参与代理机构资质审查是财务控制的重要内容。(5)定期监督和考核代发机构履行社会保险待遇发放责任的情况。基金财务部门应对代发机构履行社会保险待遇发放责任情况进行监督和考核,对不能按约定要求履行发放责任的机构,要终止其代理资格。财务监督的内容主要包括:养老金发放是否及时,有无故意延期发放,无偿占用基金的情况;有无挪用基金的情况;有无发放不成功的情况;对代发资金长短款的处理情况;定点医疗机构是否存在采取虚记费用、过度医疗、超标准、超数量用药、串换药品或者诊疗项目、伪造证明或者凭据等手段骗取基本医疗保险基金的情况;定点零售药店是否存在超范围使用医疗保险个人账户基金或其他变相套取医保基金的情况等。(6)严格执行"收支两条线"政策。基金财务部门在待遇支付业务中要严格执行"收支两条线"政策,开立并按规定正确使用"基金收入户"和"基金支出户"。(7)及时处理社会保险待遇支付不成功业务。待遇支付失败是指在待遇支付过程中,由于各种原因造成的银行结算不成功、支出款项退回等事项。如发生支付不成功,基金财务部门应尽快查明原因,并将该业务转回原经办部门进行修改和完善。经办机构应积极处理支付不成功的业务,尽快进行二次支付。(8)及时准确核算待遇支付数额。基金财务部门要按《会计制度》要求,对社会保险待遇支付业务及时进行核算,确保支付准确无误。(9)定期报告社会保险待遇支出情况。基金财务部门应在会计核算的基础上,定期编制社会保险待遇支付情况报告(报表),按要求报送相关管理部门和单位领导。

(二)基金转移支出的财务控制

基金转移支出是与基金转移收入相对应的业务,按照国家规定,参保人员发生跨统筹区域流动就业时,应随之转移社会保险关系相应的基金,以保证其社会保险权益的连续性和完整性。在基金结算方面,作为转出地,即应办理基金转移支出。

基金转移支出的财务控制主要体现在如下几个方面:(1)审核社会保险关系转移是否符合国家社会保险法规政策,对于不符合转移条件的,基金财务部门应予退回;(2)审核《社会保险关系转移信息表》所载基金结算信息是否准确,提高基金转移结算成功率;(3)审核转移基金的计算口径和方法是否符合国家相关规定,基金转移额计算结果是否正确;(4)社会保险关系和基金的转移凭证是否经过授权审批,经办人、复核人、审批人签注意见是否完备;(5)对于符合规定的基金转移业务,要在规定的时限内办结基金转移手续;(6)基金财务部门应对基金转出业务编制序时登记簿,或在会计核算时加入转移人员名称、单位名称等摘要信息,以方便转移人员查询;(7)及时确认基金转移支出,按不同保险项目、转移资金性质做明细分类核算;(8)建立经办机构财务核算系统与业务经办系统的信息交流,基金转出信息应及时通知业务经办部门;(9)对退保申领社会保险资金的业务,要严格审核退保资料,不符合国家规定的,一律不予办理退保、退资金手续。

(三)基金其他支出的财务控制

基金其他支出是指经财政部门核准开支的其他非社会保险待遇性质的支出。自基金实行"收支两条线"管理以来,基金支出的范围得到了明确的界定,非社会保险待遇性质的支出几乎不再存在,从这个意义上讲,如果发生基金其他支出,财务部门更应进行严格的审查,要查明基金支出的具体用途和基金支出的性质,以确定基金支出的合法性和会计核算的恰当性。

四、部分基金管理环节的财务控制

部分基金管理环节的财务控制是指经办机构为有效防范一些基金管理环节发生错误与舞弊的情况,利用财务会计的手段,对这些基金管理环节运行的真实性、合法性、完整性、及时性,进行财务监督和反映的管理过程,内容包括基金资产管理的财务控制、基金欠费管理的财务控制、基金保值增值工作的财务控制、基金往来管理的财务控制。

（一）基金资产管理的财务控制

基金资产是指基金在筹集、管理、使用过程中形成的现金、银行存款（含收入户存款、财政专户存款、支出户存款）、有价证券、实物和基金债权、暂付款项等。基金资产的管理目标为：规范基金资产管理行为，保证基金资产安全完整，保持基金资产流动性特征，防范基金流失、挪用、贬值风险等。

1. 加强基金现金和有价证券管理

现金和有价证券是流动性最强的基金资产，也是管理风险最大的基金资产，做好现金和有价证券管理对于基金安全非常重要。现金的收付和管理要严格遵守国务院发布的《现金管理暂行条例》，做好基金现金的保管、押运、管理工作，建立健全现金的内部控制制度。同时，要创新工作机制，给参保人员提供更多的结算平台和途径，尽量避免现金结算，降低结算风险。用基金购买的有价证券和尚未兑付的远期结算票据应视同货币资金管理，采取安全可靠的方式进行存储和保管。做好资产盘点和对账工作，确保账账相符、账实相符。

2. 加强基金银行账户管理

为了确保基金安全，防范基金管理风险，国家对基金的开户银行进行了严格限制，基金收入户、基金支出户、财政专户只能开设在国有商业银行，同一个经办机构的基金收入户和支出户在同一商业银行只能各开一个结算账户。禁止多头开户和在非国有商业银行开户。

3. 严格执行"收支两条线"规定

基金实行收支两条线管理，专款专用。经办机构开设基金收入户和基金支出户，财政部门开设基金财政专户。财政专户、收入户和支出户在同一国有商业银行只能各开设一个账户。收入户只收不支，支出户只支不收，财政专户实施监督控制。

4. 基金调拨与调剂的控制

基金调拨与调剂是指在基金管理活动中，基金收入户、财政专户、基金支出户，以及社会保险待遇发放（支付）代理账户间的资金流动行为，以及经办机构间基金的调剂行为。基金调拨与调剂的控制重点为：基金调拨与调剂必须符合政策规定的要求；基金调拨与调剂要符合授权批准和规定的办理程序；基金调拨与调剂会计核算要及时准确、定期对账，并建立基金存量的动态报告制度，随时掌握基金运行状态和安全情况。防止利用工作之便动用基金进行投资、抵押、担保等活动，避免因失职、渎职等造成基金损失。

（二）基金欠费管理的财务控制

社会保险欠费客观存在，一个地区如果欠费问题突出，直接影响基金支付社会保险待遇的保障能力。欠费管理与清收是基金财务管理的重要内容。

经办机构应从以下几个方面做好对基金欠费的财务管理控制：（1）协同业务部门做好缴费单位和个人欠缴社会保险费的确认和记录工作。对基金欠费做到有账可查、权属明晰、统计准确。（2）建立欠费企业数据库，对欠费企业实行动态跟踪、分类管理，全面掌握欠费企业经营情况以及欠费金额、欠费原因和缴费能力等信息。（3）建立社会保险费征缴清欠工作责任制，完善考核机制。（4）寻求并建立部门联动机制，利用多方力量加大依法清欠力度。

（三）基金保值增值工作的财务控制

基金存量大、管理周期长，做好基金保值增值工作是经办机构的责任。基金财务控制应重点体现在以下几个方面：（1）在现行政策范围内，认真履行基金管理职责，严格按照法律法规政策进行基金存储和投资运营活动；（2）办理基金转存或购买国家债券等，严格执行授权审批程序，避免暗箱操作；（3）严格会计核算，确保基金安全完整。

（四）基金往来管理的财务控制

基金往来是指在基金收支活动中形成的基金债权和负债。加强基金往来管理直接关系到基金安全与完整。基金财务部门要从以下几方面加强基金往来的管理与控制：（1）正确识别与核算基金往来款项，做到债权债务确认准确、核算清楚、入账及时。(2) 定期核对往来账项。基金财务部门应根据基金往来业务的数量和重要程度定期与往来单位对账，对账内容包括往来款项的发生时间、内容、笔数、余额等。往来对账要编制详细对账表，对账表经往来双方逐笔核对后，由双方财务负责人签字并加盖财务章分别归档留存。往来账项核对不一致的，要及时查找原因并更正。(3) 及时清理并督促收回基金债权，定期清理并偿付基金负债。(4) 加强基金债权监控与管理，发现债务方偿付困难或发生其他影响债权收回的情况，要及时报告并采取措施防止基金损失。

五、基金预算控制

基金预算是指经办机构根据社会保险制度实施计划和任务编制、经规定程序审批的年度基金收支计划。基金预算控制就是经办机构对编制基金筹集和使用计划进行监督管理的过程。实行基金预算控制，有利于增强政府对社会保险制度运行的宏观调控能力，有利于保证基金安全完整、提高基金运行效益、促进社会保险制度可持续发展。基金预算按险种分别编制，每一险种又分为收入预算和支出预算。基金预算编制的基本原则[①]是：依法建立，规范统一；统筹编制，明确责任；专项基金，专款专用；相对独立，有机衔接；收支平衡，留有结余。

基金收入预算的编制应综合考虑统筹地区上年度基金预算执行情况、本年度经济社会发展状况，以及社会保险工作远期和当期规划等因素。通过科学预测社会保险参保人数、缴费人数、单位和个人缴费基数等基础数据，按照不同险种的缴费比例，并参考基金平均收缴率测算预算期的基金征缴收入、基金转移收入、基金利息收入、基金调剂收入和基金其他收入等。

基金支出预算的编制应综合考虑统筹地区本年度享受社会保险待遇人数变动、经济社会发展状况、社会保险政策调整，以及社会保险

---

① 《关于试行社会保险基金预算的意见》(国发〔2010〕2号)

待遇标准变动等因素。在上年度享受社会保险待遇对象存量、人均享受社会保险待遇水平等因素基础上，充分考虑本年度相关因素变动情况进行编制。社会保险非待遇性支出预算要严格执行社会保险政策和管理制度规定。

经办机构应严格执行基金收支预算，并定期向本级行政主管部门和财政部门报告执行情况。社会保险费由税务机关征收的，基金收入预算批复税务机关和经办机构，税务机关应严格按照批准的预算和规定的程序执行，并定期向本级财政和社会保险行政主管部门报告执行情况。

基金预算不得随意调整。在执行中因特殊情况需要增加支出或减少收入的，应当编制基金预算调整方案，并按规定的程序报批，经批准后方可进行调整。

六、基金决算控制

基金决算是指经办机构依法和按照财政部门规定的表式、时间和要求编制的年度基金财务报告。财务报告包括资产负债表、收支表、有关附表以及情况说明书。基金财务报告按规定的程序上报并经同级政府批准后即为基金决算。基金决算控制就是经办机构对编制基金财务报告进行监督管理的过程。为了做好基金决算编制工作，财务部门应按照规定做好基金年终对账、基金资产盘点、基金往来的清理和结账工作。编制基金财务报告要保证数字真实、计算准确、内容完整、手续齐备、报送及时，不得对会计数据随意遗漏或自行取舍。要按规定对基金财务情况进行分析与评价，包括对基金预算执行情况分析、基金收支运行情况分析、社会保险待遇水平分析、基金保障能力分析、基金保值增值分析、基金运行效率分析及基金财务管理综合评价等。通过分析与评价总结经验，寻找差距，提出解决问题和改进工作的政策建议。

七、基金财务管理信息系统的控制

经办机构要加强基金财务管理信息系统建设，提高会计核算水平和基金管理能力。一般来说，基金财务管理系统建设应当符合以下要求:(1) 按规定选择国家财政部、人力资源和社会保障部认证的财务管理系统;(2) 尽量选择市场保有量大、售后服务好的软件产品;(3) 如需进行财务软件本地化改造,不得违反《财务制度》和《会计制度》的要求;(4) 积极创造条件,实现社会保险财务管理系统与业务管理系统的一体化;(5) 按照内控的要求进行财务管理岗位设置和系统授权,明确各岗位、人员的权限和职责;(6) 制定并严格执行财务系统操作管理制度,防范基金管理风险;(7) 制定并严格执行硬件和软件管理制度,维护财务管理系统安全等。

第三节 基金财务控制应注意的问题

基金财务控制涉及业务范围广,控制对象多,专业技术性强,要实现保证基金安全完整运行的工作目标,经办机构除了要求全体员工增强基金管理运行安全意识,忠于职守,认真履行岗位职责外,应注意解决好以下几个问题。

一、配足基金财务会计岗位

经办机构必须按照法律、法规和规章要求,以及经办管理业务发展的实际需要,健全基金财务管理部门,设置、配齐财务主管、会计、出纳等专业岗位及人员。从现实情况看,县一级的经办机构财务部门普遍存在财务人员配备不足的问题。一些单位存在安排非财务专业人员兼职会计、出纳或财务管理岗位的情况;未执行不相容职务分离制度的现象更是多见,甚至有的经办机构由领导补缺会计岗位,直接办理一些会计业务。这种状况影响有效实施基金财务控制工作,严重的已影响了基金财务会计业务的正常经办。随着社会保险覆盖面的不断扩大和基金收支规模的不断增加,保证基金安全与完整的责任越来越大,工作标准和要求也越来越高,加强基金财务控制必须认真解决好组织保障问题。

二、纵向开展基金财务检查

实践看,上级经办机构对下级经办机构进行内部控制监督检查,有利于促进各级经办机构重视和优化内部控制环境,提升内部控制水平。从发展的眼光看,逐步提高各项社会保险统筹层次后,统筹区域将统一基金收支流程和管理使用办法等,基金财务控制的方式方法也将发生变化。鉴于以上情况和分析,强化基金财务控制应纵横开展,即在抓各级经办机构横向自我落实基金财务控制的同时,上级经办机构适时组织实施对下级经办机构落实基金财务控制制度情况的纵向监督检查。

三、客观分析基金运行状况

编制基金财务报告是经办机构基金财务管理部门的一项重要任务。但实际执行中许多经办机构做得不好,主要是编制的报告未能客观反映各项基金收支、管理和投资运营的真实状况,没有对导致状况出现的原因作出全面正确的分析,也没有就存在的问题提出有效的对策等。财务报告影响政府对社会保险运行的决策,如果失去了应有的作用就失去了价值,甚至起负作用。经办机构应重视编制财务报告,一方面,加强对编制工作的领导,包括为编制工作提供有利的工作条件等;另一方面,安排内控监督检查人员直接参与编制财务报告的过程,对基金财务部门使用数据等资料的真实性、完整性予以审核确认,把基金财务控制落实到具体的工作环节之中。

四、注意吸取基金安全教训

我国基金管理运行状况总体是安全的,经办机构基金财务控制是有效的,但面临不断变化的政策环境和基金管理分散点多面广的现实状况,以及基金财务和会计业务专业性、技术性强,管理监督难度大,要实施有效的内部控制面临诸多的挑战。由此,经办机构必须深化基金运行安全意识,认真总结基金管理安全教训,适时健全完善财务、会计内控规范和不断提高对基金财务控制的监督检查能力,防止在别的单位发生过的风险问题,在本单位又重复发生。以下列举三个案例,都是现实发生过的。三个案例虽然发生的背景情况不同,当事人的身份也不同,但有几个共同的特点:(1)当事人都有直接调度基金或直接操作的便利条件。(2)三个经办机构的控制环境都很差。(3)都给基金造成了较大的损失,并造成恶劣的社会影响。通过分析以下案例,要进一步提高防范基金管理风险重要性的认识。

(一)案例一:基金专户管理制度形同虚设,导致挪用基金

2003—2006年的三年时间里,某市社会保险基金结算中心副主任王某和综合科副科长张某,屡次违反基金专户管理的规定,动用收入户和支出户的失业保险基金,为多家商业银行揽储。他们私开银行账户挪用转存失业保险基金20笔,累计金额达2 000余万元。

分析该案,有如下几个特点:(1)作案目标明确,案情关系简单。王某、张某利用工作之便挪用失业保险金,不属于高智商犯罪,案件过程也不复杂。(2)挪用基金时间跨度长,发生次数多。如此长时间、高频率的违规行为,竟没有被及时发现和纠正。(3)当事人具有支配、调度基金的权力。

通过分析,可以得到如下警示:(1)应加强法制教育,让经办机构具有调度基金职权的领导和财务管理人员明确,故意违反基金收、管、支管理制度,尤其是造成基金损失的,要受到党纪国法的处罚。本案中王某、张某之所以敢动收入户、支出户基金,与其法律意识缺失有关,这应是深刻教训。(2)经办机构应严格基金会计核算手续。会计人员要敢于坚持制度,发现有悖会计制度的行为要及时制止或向上级反映。本案涉及金额巨大,挪用基金时间长,正常情况下会计核算岗位是可以发现的,可惜未起到应有的监督作用。(3)经办机构应健全基金财务控制制度,定期对"收入户""财政专户""支出户"的运行状况进行检查评估,发现违反规定的行为及时进行纠正。

(二)案例二:基金财务控制失效,导致利用职权侵占基金

某市职工医疗保险结算中心成立于2000年,成立伊始就建立了一整套的基金财务管理工作制度,并装裱在办公场所的墙上。

但在实际工作中,该经办机构的财务部门没有认真执行所制定的各项财务工作制度,岗位设置权责不清、会计账目记载不全、原始凭

证资料丢失、基金征收支付结算不规范。2006年，该中心主任和财务科长合谋，采用截留银行承兑汇票的手法，将企业缴纳的2 000余万元医疗保险费转移到亲戚、朋友名下进行个人投资，结果造成基金损失，两人也因此受到法律制裁。

分析该案，有如下特点：(1) 制度形同虚设。从案情看，该经办机构建立了基金财务工作制度，不过实际工作中没有执行这些制度。类似"制度挂在墙上、执行另当别样"的现象，在有些经办机构也存在。(2) 内部监督失效。该案中两个人物一个是单位的一把手，一个是财务部门的一把手，两个人的职位和权力对基金管理而言至关重要。他们私欲膨胀、沆瀣一气侵占基金，严重恶化了内部控制环境，致使该经办机构的内控监督彻底失效。(3) 外部监督不力。从本案看，如果外部监督有力，也会制约犯罪分子的违法行为。

通过分析，可以得到如下警示：(1) 执行制度是关键。制定基金财务管理工作制度是工作需要，装裱上墙或印制成册也无可挑剔，但更重要的是要贯彻执行到位，否则就成了表面文章，导致的结果可能就如同本案。经办机构应把工作重心（包括建立健全基金财务管理制度）放在狠抓落实上，有布置、有检查、有评价，及时发现和纠正存在的风险问题。(2) 经办机构应严格执行财务操作规范。政策法规对基金调度使用等规定了一整套的流程和操作规范，严格执行能够有效保障基金运行安全与完整。本案虽然具有隐蔽性强的特点，如果基金财务部门各个岗位都能严格执行工作制度，形成正常有序的基金财务、会计工作氛围，如会计核算规范，形成对账、复核、授权审批工作机制，严格落实不相容岗位分离制度，以及财务预留印章，银行结算凭证不得由一人保管等内控规定，本案就可能不会轻易发生，甚至不发生。(3) 提高人员素质是根本。本案是经办机构和财务部门的两个"一把手"共同违法，在如此糟糕的控制环境下，该经办机构即使制定出十分健全的内部控制制度，结果也是无效的。事实说明，经办机构没有内控制度不行，因为制度是行为规范，但完全依靠制度控制也不是万能的，最根本的还是要提高人的素质。为此，经办机构应重视和坚持不懈的强化组织文化建设,用诚实守信等思想品德教育影响和强化员工的价值观。(4)外部监督必不可少。因为内部控制不可避免存在局限性,甚至还会失效(如本案)。由此,适当引入外部监督,有利于促进内部控制健康发展。

(三)案例三:逃避财政监管,导致违法理财和受贿

某市社会保险局将政府拨给、用于弥补破产企业职工医疗保险基金的1 700余万元存入本单位开设的银行账户,未按规定纳入财政专户管理。其间该局局长先后多次将上述医疗保险基金中的1 000多万元违规委托某证券公司理财,并将理财收益以个人名义账外存放,同时与他人一起收受该证券公司现金10多万元。后因该证券公司破产清算,造成600多万元难以收回,该局长受到法律制裁。

分析本案,有以下几个特点:(1)故意逃避财政监管。该局长身为经办机构一把手,不可能不知道基金财务制度的规定,应该将1 700万元全部存入财政专户管理。但是明知故犯,本意是为私自动用资金创造方便条件。他十分清楚,如果该笔资金存入财政专户,就不能轻易挪用了。(2)是典型的职务犯罪。该案局长多次将资金违规委托某证券公司理财,这是经办机构一般干部无法办到的。由于局长负全责,在权力不受有效约束的情况下,往往会产生这样的职务犯罪。(3)收受贿赂越陷越深。从案情看该局长的初衷是为单位理财,但当他收受证券公司给予的好处后,私欲膨胀越陷越深,到了无法自拔的地步,直到证券公司破产才东窗事发,走上了一条不归路。

通过分析,可以得到如下警示:(1)严肃基金财务纪律。按照基金财务制度规定,各项基金必须纳入财政专户管理。这是国家建立社会保险基金监管体系,保证各险种社会保险基金专款专用,防止被挪作他用的重要措施。为此,严肃基金财务纪律非常必要,对有违财政专户管理制度的行为,主要是职务行为,一律视为危及基金安全的风险因素,依法依规要予以规范。(2)强化基金财务部门监督。调动基金离不开基金财务管理部门执行,财务管理人员特别是财务部门负责人,应认真执行基金财务制度和基金会计制度,对违法违规调动基金

的行为有权报告并加以制止,切实履行法律赋予的监管责任。经办机构应选拔勇于坚持原则的同志担任财务部门负责人。

五、注重学习其他经办业务

要做到严格依法依规地实施基金财务管理,包括认真落实《财务制度》《会计制度》以及强化基金收支、管理、投资运行监管等,经办机构基金财务部门工作人员除了要熟悉基金管理、会计管理法律法规以及具备财务会计专业知识和技能外,还应熟悉掌握经办管理的收支业务的流程和操作规程,以保证能适应和胜任对基金收支、管理和投资运营进行财务控制的需要。为此,应注重组织基金财务部门人员学习熟悉基金征收、待遇核定等业务的流程和操作规程,掌握各项业务与基金安全与完整的相关关系,以便有针对地嵌入基金财务控制。特别是应要求基金财务部门人员要熟练掌握社会保险的政策法规,保证在实际工作中能正确行使基金财务控制职责。例如,实施基金收支预算控制,要实现控制目标,保证预算的科学性至关重要。这就要求承担编制预算任务的财务人员既熟悉社会保险有关政策,又了解经办管理运行情况,以及掌握预算编制的基本方法等。

思考题:

1. 基金财务控制的意义有哪些?
2. 基金财务控制的关键环节有哪些?
3. 基金支出财务控制的内容有哪些?
4. 纵向开展基金财务检查有何意义?

第八章 经办管理信息系统控制

经办管理信息系统（以下简称信息系统）是为收集、加工、存储、提供社会保险信息服务而建立的。它运用计算机、通信、网络等信息技术手段，实现了社会保险经办数据的高度集中，为不同险种业务经办提供了操作和管理应用程序。各种信息技术的应用，在增加业务自动化处理过程、提高社会保险经办工作效率和质量的同时，也增加了信息系统本身的操作风险，使早先的人工操作错误转化为信息系统失灵问题。因此，必须制定有效的措施加强对信息系统的内部控制，通过加强信息系统的预防、监测、校正功能，提高信息系统的可靠性、稳定性、安全性及数据的完整性和准确性，降低人为因素导致内部控制失效的可能，形成良好的信息传递渠道，为社会保险经办管理服务提供可靠的技术支撑。

本章主要介绍信息系统控制的内容、方法和应注意的问题。

第一节 信息系统控制概述

一、信息系统面临的风险

信息系统是指由计算机硬件、网络和通信设备、计算机软件、信息资源、信息用户和规章制度组成的以处理信息流为目的的人机一体化系统。信息系统在使经办管理工作简约、高效的同时，也蕴涵了很大的风险，信息系统规模越大，功能越复杂，风险也就越大。

（一）存在应用系统开发风险

社会保险经办服务不仅涉及用人单位，而且涉及参保人员从生到死的全过程,既要对参保人员缴纳或领取社会保险费用的时间、金额、变更情况作跟踪记录,建立档案库,又要计算核发各种待遇,还与劳动人事、医药卫生、金融、财会、计算机等许多相关领域有着广泛而紧密的联系。特别是社会保险政策规定繁多、关联度高、连续性强,经办执行操作复杂,对应用信息系统(业务管理系统)的支撑能力要求高,设计不好就影响实际运行,严重的还会导致由于设计失败要对信息系统再重复开发的风险(如图8—1所示)。

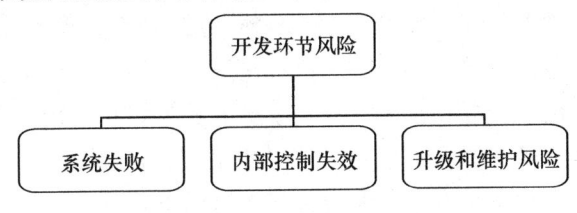

图8—1 系统开发环节风险

　　一个健全完善的应用信息系统对社会保险经办操作有着积极的规范作用。通过将内部控制植入业务管理信息系统,可以实现对风险因素的刚性控制,避免手工处理业务的随意性、变通性等弊端,使办事程序、业务环节、管理权限等得到规范和优化,成为实施社会保险经办内部控制的技术保障。

　　需要指出的是在应用信息系统开发建设过程中,一旦出现设计缺陷,造成某个内控环节出现疏漏,利用信息系统发生舞弊的现象将无法控制。另外,抛去硬件老化因素,最多三五年的时间,旧的信息系统就已无法满足业务需要。这一方面是由于社会保险覆盖面的不断扩大,使得参保对象规模和经办数据量急剧扩张,原有的信息系统不进行扩充,就不能支持数据量激增后的经办工作开展。另一方面,经办工作的发展和人民群众日益增长的社会保险需求,使社会保险政策处于不断调整和发展之中,与之相应,社保经办业务也要不断调整,信息系统需要经常进行升级和维护,需要开发人员长期现场服务,因而,开发过程中的操作风险也随之不断增加。

（二）存在经办业务操作风险

在信息化条件下，所有的经办业务操作都要由人通过信息系统来执行，因此存在由人员因素引发的风险（如图8—2所示）。主要是两个方面：一是因经办人员专业素质不胜任本岗位工作，或是业务培训不到位造成经办人员不能熟练掌握信息系统操作流程，导致业务经办差错。二是因经办人员徇私舞弊，违反工作制度造成的业务经办差错。因工作关系，经办人员特别是任职于退休资格审核、各险种社会保险待遇核定与计发、缴费基数核定与办理补缴、参保缴费信息维护、基金财务出纳等具有审核、审批权限岗位的人员，容易与参保单位或协作单位的领导和社会保险专管员等成为朋友，如果不能建立起相邻业务环节牵制机制，就很可能发生故意违规操作的道德风险行为。特别是有信息技术人员参与舞弊的情况下，可以不经过前台直接在后台修改数据，使道德问题导致的风险更加隐蔽。

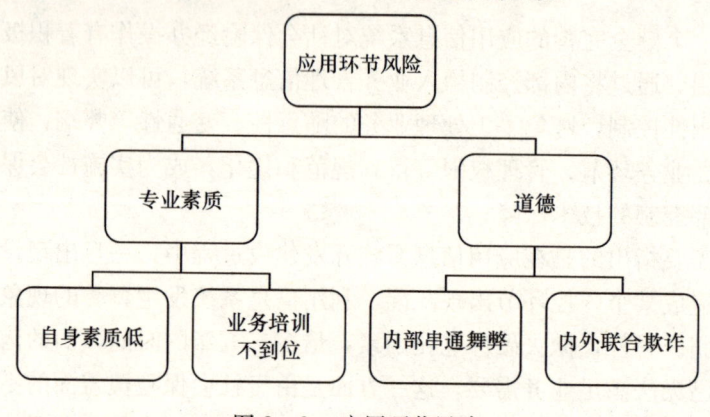

图8—2　应用环节风险

国际上类似典型案例，如巴林银行破产。其职员里森的欺诈之所以能够得逞，就是因为巴林银行允许他同时控制前台和后台，使得业务的独立监控职能作废。我国社会保险经办机构系统也曾经发生过令人痛心的类似案例。如某地区社会保险管理局经办人员与该局计算机中心主任通过空记个人账户的手段为他人违规办理退休和新参保手续。另一地区发生了经办人员违规激活死亡人员医保卡，与药店联手骗取医疗保险基金的案件。

（三）存在数据安全和准确性差的风险

社会保险经办管理业务涉及面广，横向涉及多个业务部门和所有用人单位，联结千家万户，纵向涉及所有劳动者从生到死的全过程。由此，各地区信息系统都管理着海量的数据。经初步估算，一个有参保职工 10 万人的中小城市，一年产生的需要保存的社会保险信息量为 350M，约 1.8 亿个汉字，如果把这些信息保存在纸介质上，相当于书写 600 本每本 500 页（32 开本）的书籍。如此庞大的信息，放置空间都成问题。如不加以控制，怎能保证其安全性。

在信息化条件下，全部责任高度集中于同一网络系统和同一软件系统，如果信息系统对个体性数据在提供查询时缺少有关的口令控制，对个人信息的保护就会出现问题（如图 8—3 所示）。例如，如果后台没有在字段级作安全控制，对有关个人姓名、公民身份证号码以及缴费记载等信息直接访问，系统数据和信息处理资料就不会留有痕迹，若非法修改、拷贝乃至毁损有关数据，就会带来系统管理风险。还有，由于所有的参保信息均以电子形式存储，一旦信息系统出现软硬件故障、通信故障或配套设施故障，以及由于保管不善而使各类存

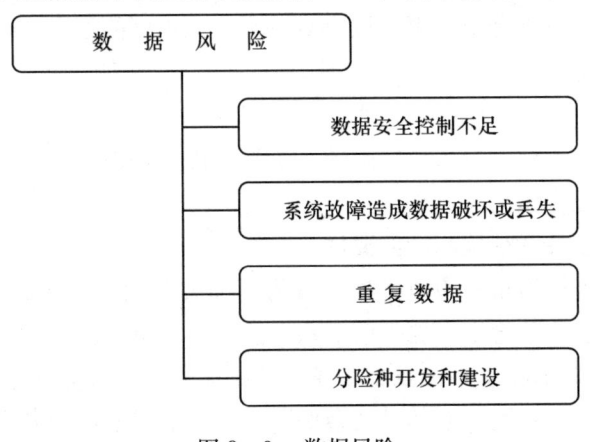

图 8—3　数据风险

储数据遭到破坏或丢失，都会给经办工作带来风险。个别地区就曾经由于缺乏配套的管理系统和制度，发行的社会保障卡在制作期间，出现卡内信息与数据库数据错位的问题。

社保信息需要记录一生、服务一生，因此对信息准确度要求较高。在 2010 年全国数据质量控制检查中发现，一些地区信息系统中存在大量重复性数据，一人有多条记录的情况比较普遍。又由于全国多数地区五险分办，信息系统分散建设和分散管理，一些信息出现矛盾和漏洞。如各险种业务经办以本险种采集的信息为准进行核算和支付，无形中带来一些操作风险隐患。出现了对死亡人员停止支付医疗保险金、基本养老金时间不同步的情况，个别地区信息系统出现已经重新就业的人员还在继续领取失业保险金的情况等。

（四）信息系统本身存在风险

信息化条件下，经办资料存储介质由磁性存储介质代替了手工条件下的纸介质。但磁性存储介质具有阅读分析直观性差、数据涂改不留痕迹、忌受潮、忌磁化、忌受热和忌弯曲等特点，使信息系统的资料保存也面临了新的风险问题。

另外，由于信息系统对业务是实时支撑，需要达到不可中断的安全级别，如保障 24 小时正常运行以及达到双机应用级热备的要求。但不少地方由于资金所限，以及对风险认识程度的不足，仍采用单机运行磁带备份或双机冷备的模式，这种状态会产生较高的系统故障率。

以上只是对信息系统风险的一个简要描述，在信息系统风险控制方法部分还将作具体分析。

二、信息系统控制的必要性

经办机构的每一项业务操作行为，都关系到参保人的切身利益，关系到社会和谐稳定，加强信息系统控制至关重要。

（一）加强信息系统控制是强化经办机构内部控制的需要

经过多年发展，尤其是"金保"工程建设以来，经办机构业务从手工化逐步实现计算机自动化处理，对信息系统的依赖性日益增强，经办机构的内部控制工作也越来越依托于信息系统。随着数据大集中的推进,内部控制也逐步从计算机控制作为手工补充的软控制转变为计算机自动控制的硬约束,信息系统在经办机构风险控制工作中的作用越发重要。与此同时,信息技术潜藏的风险也更加不容忽视。这就迫切需要对正在使用或即将投产的信息系统的安全性、精确性、完整性、有效性进行控制,积极运用信息技术手段强化业务管理,确保信息真实完整,操作严密有效。充分利用计算机系统,建立工作人员与计算机系统的相互制约机制,完善风险控制措施,强化经办机构内部控制。

(二)加强信息系统控制是保障信息系统稳健运行的需要

为参保单位和参保职工提供及时有效的服务,是社会保险经办工作的宗旨。从信息系统的作用以及国外的经验不难看出,社会保险经办服务的质量、效率,服务的范围和统筹的层次,与信息系统延伸的范围密切相连。一个内部控制严密的信息系统是一个可靠、高效的载体,可以超越地域的分割、时空的限制、人工的局限,在更高的层次、更广泛的范围上完成更细致的业务经办。相反,如果信息系统本身是残缺不全的,或相互隔离、互不联系的,那就使社会保险经办工作失去了有效的技术保障。因此,经办机构必须加强信息系统控制建设,保证信息系统安全,确保经办业务数据准确,经办依法合规,为经办工作提供有力的技术支撑。

(三)加强信息系统控制是进一步完善信息系统功能的需要

为了适应社会保险经办发展的需要,信息系统的操作功能需要适时扩展,不断进行升级和系统改造。这些新扩展或增加的操作功能是否符合内部控制的要求,是否达到了简化经办流程和提高办事质量、效率的需要,并实施有效的信息系统控制,这就要求信息系统本身不能存在缺陷。由此,促进社会保险经办机构从合规性、效率性、控制操作风险等多方面对完善信息系统功能提出一些有价值的需求或建议。例如,利用信息化技术手段实施业务经办的非现场监管;运用信息化技术实现监管电子化,实现更高效地监管。包括直接从业务系统获取信息并经网络传输给监管部门；通过计算机完成监管信息的处理，并实现监控、预警等深层分析，将监管过程变为实时监控等。

三、信息系统控制的含义

（一）什么是信息系统的内部控制

信息系统内部控制是指对信息技术风险进行评估和管理，保障信息技术活动规范有序开展，进而为社会保险业务经办提供有效支持的过程，包括一系列的制度、组织方法、程序和措施。

社会保险信息系统控制可以分为一般控制和应用控制两部分。一般控制是指为了建立信息系统活动的整体控制框架，对内部控制的整体目标提供合理的依赖程序。应用控制则是对信息系统应用建立具体控制过程，从而确保全部经办工作都经过授权和记录，并进行完整、准确和及时的处理。为了便于读者理解和操作，本章第二节将依据一般控制和应用控制的原则，围绕信息系统的规划、设计、开发、测试、运行、维护、安全以及相应的风险控制展开信息系统控制活动的描述。

（二）信息系统控制与手工操作控制比较

与传统手工操作经办业务内部控制比较，信息系统控制范围较大，程序复杂。

手工操作风险发生往往与当事人隐匿、伪造、变造、毁弃凭证资料相关，其内部控制工作主要以审查核对纸介质的原始凭证为重要手段，围绕人的因素展开。随着信息系统在经办工作中的普及和运用，一切经办业务操作要通过由人将信息输入信息系统进行处理后实现，经办操作的执行主体演变为人与信息系统两个因素。因此，内部控制的实施主体也随之转变为人与信息系统两个因素，且由于各种参保信息的记录均以电子形式存在，系统风险成为内部控制的主要风险。针对信息化的特点，实施信息系统控制，应包括为保证系统的安全可靠而对系统构成要素和环境实施的控制，以及具体数据处理过程所进行的控制。因此，信息系统控制的任务不是仅针对某一种软件或硬件来实施控制，而是应该围绕信息系统的规划、设计、开发、测试、运行、维护、安全以及相应的风险控制展开。在信息系统中留有有效的审计线路则成为重要的控制手段。

第二节 信息系统控制的关键环节

信息系统是用于采集、处理、存储、传输、分发和部署信息的整个基础设施、组织结构、人员和组件的总和。信息系统建设是提高经办管理水平、降低成本、提升服务质量的重要技术支撑，其整体性能的优劣直接影响到经办机构内部控制的效率和效果。如果经办机构未建立信息系统建设短期、长期规划，或者信息系统建设未经过可行性研究就加以实施，可能导致信息系统与业务需求不一致。

一、信息系统组织与管理控制

即使信息化程度再高的系统，也是由人来管理、掌握的。信息系统的建设和管理是一个系统工程，组织和管理贯穿于信息系统建设的始终，是用户和开发者联系、协调的纽带，也是系统建设顺利进行的组织保证。组织和管理对任何系统建设都是必要的，尤其是经办机构信息系统建设，随着社会保险事业的不断发展，给信息系统建设不断提出新的要求，加强和提高信息系统建设的组织与管理控制水平更加必要和迫切。

（一）主要风险

如果对信息系统认识不足，人为压缩开发周期，对系统维护不力，对新业务、参保数据的迅速增加估计不足，以及建设和维护资金匮乏、人员力量不足和水平有限，都会影响系统运行的可靠性。

信息系统建立在各项业务流程设计基础上，其组织与管理控制是指按照业务流程的操作环节、经办岗位设置、规定的岗位职责、权限划分等开发设计信息系统，以满足经办机构内部控制的需要，符合相互牵制、相互制约、防止或减少错误和舞弊行为发生的要求。如果组织结构设计不当，组织的分工不明确，管理不严格，会给信息系统的运行带来很大风险。

如果经办机构未建立信息系统管理机构（包括设置信息维护岗位），对系统开发过程缺乏参与，就无法独立维护系统和管理，导致对开发商的过度依赖，影响经办工作的顺畅运行；如果未健全保证信息系统安全的管理制度，对员工行为缺乏有效的约束，会导致各种违规行为发生；如果岗位职责划分不明晰，未实行岗位轮换制度等，会削弱相互制约机制，影响内控执行的有效性。例如，若信息技术部门和业务部门的职责相混，使信息技术人员和业务人员同时具有系统维护、业务记录修改和业务经办的权限，信息技术部门内部的编程人员、操作人员与数据保管人员未实行岗位分离，则极有可能造成一名工作人员在不需要他人协助的情况下，完成与违规相关的业务经办和数据修改，发生舞弊行为，出现内部控制疏漏。因此，合理安排岗位设置与人员分工，使之相互牵制、互相制约，是确保对信息系统所涉及的业务活动的全过程进行严密控制的重要前提条件。

在审计监督方面，如果缺乏健全完善的信息系统审计监督机制，不对信息系统的开发、维护、应用及管理情况进行审计监督，将失去对信息系统开发、管理及应用人员行为的制约，尤其是在经办工作越发依赖于信息系统的情况下，对信息系统审计监督的欠缺，将造成经办机构内部控制工作形同虚设。

（二）控制措施

1. 建立专门的信息系统管理机构

维护经办管理完整的组织架构，需要配置健全的信息技术管理部门，负责对信息系统建设和维护管理工作，以保障经办管理工作高效运转，与不断发展的社会保险事业需求相适应。该部门需要既懂信息管理，又懂技术管理的人才。该部门还负责有关信息系统建设的综合协调工作，对其他部门在信息系统控制中的角色和责任作出规定并充分沟通，与其他相关职能部门、业务部门等形成合力，共同保证信息系统的安全，并形成不同部门之间的相互支持、相互牵制的内部控制机制。

2. 对信息系统的不相容职务进行分离

首先，信息技术部门和业务部门的职责要分离，即所有业务记录与财务记录的改变均需要业务、财务部门授权，信息技术部门无权私自改动业务记录和财务记录，所有业务过程中产生的错误数据均应当由业务、财务部门负责或授权改正，信息技术部门只允许改正的数据是在输入、处理和输出过程中由于操作疏忽而引起的错误。其次，信息技术部门的编程岗位、操作岗位和数据库管理岗位的职责应相分离，编程岗位不能随意更改已交付使用的程序和已交付的文档资料，以避免舞弊行为的发生。

3. 进行合理的岗位分工

明确规定职务权限，不同职务权限人员的配备与交替要考虑到安全性及工作效率，针对不同的系统管理岗位，配备不同的管理人员。建立重要岗位的双人负责制或关键岗位人员备份制，并重点加强对单人单岗的监控。

4. 对人员录用、培养和辞退建立必要的控制

在录用从事信息技术工作人员的环节，应挑选具有良好业务素质和职业道德的人，进行相应的保密教育，对信息系统工作人员的使用、培养和辞退也必须严格管理和控制，特别是在员工提出辞职时，要及时通知上层管理者，检查其所具有的权限，以确保辞职人员身份识别码与口令全部废除，其所拥有的报告、文档都应退回。同时要求辞职员工对经办管理工作的有关信息做出保密承诺。

5. 设置满足控制要求的组织流程

建立信息系统开发、变更、维护和操作流程，要把明确的业务记录、岗位之间的牵制、上下级之间的审核签字等作为流程的一部分，对数据的一致性、操作权限给出明确规定，特别是针对业务操作人员给出操作手册，实现组织流程控制的目的。

6. 建立完善的安全管理制度

建立并完善包括系统操作制度、安全防范制度、网络管理规定、

物理和环境安全管理制度、数据安全管理制度（重要业务及敏感数据保护、共享、备份制度等）、信息系统项目开发规范等安全管理制度，形成合理的信息安全策略，以指导经办管理信息安全工作。

7. 加强信息安全审计

加强信息安全审计包括对正在建立的系统或新的应用开发项目进行预先审计或检查，检验系统或开发项目是否符合安全要求，对建成后的系统或开发完成后的项目进行事后审计。

8. 建立信息技术内部人员监督体系

建立信息技术内部人员监督体系包括上下级之间的监督关系和存在相互制约关系的同级之间的相互监督，以及采用必要的技术监控手段，实现对信息技术人员重要操作行为的监控，并定期对监控日志进行检查。

二、信息系统开发、测试、上线与转换控制

信息系统应具有较高的性价比、较长的生命周期，并能确保经办工作的平稳、合规运行。因此，在系统开发建设上，应充分考虑社会保险的业务需求，重视全国和省一级的总体规划，使系统建设尽可能的先进、科学、完整，避免分散和重复开发导致的资源浪费和工作损失，出现投资大、维护成本高、功能不理想、淘汰快的现象。因此，在信息系统软件开发、测试、上线与转换过程中必须采取相应的管控措施，在确保信息系统性能和安全的前提下，遵循高效益、低成本、易操作的原则，保证系统符合经办业务的要求，并具有适当的可扩展性，满足经办业务发展需要。

（一）主要风险

不论是自主开发还是委托开发，信息系统建设过程中都要经历需求调研分析、系统规划分析、系统开发测试、系统实施等几个过程，这些过程都存在导致日后系统出现错误、造成损失的风险。

在需求调研阶段，如果技术人员对社会保险经办管理业务不熟悉，也没有做充分的调研分析，那么其对经办业务需求认识就有局限性，编写出的程序编码就有可能存在错误，给日后的使用带来问题。

特别是，由于各险种经办管理开展的时间和程度不一样，不少地方的信息系统是分散建设和管理的，各险种业务以本业务采集的信息为准进行核算和支付，如果开发人员不进行充分的调研分析，未能在各险种之间建立紧密的衔接，会给信息系统的应用带来风险。

在系统开发测试阶段，由于每一项功能都是由技术人员编写程序代码实现，此项工作烦琐且复杂，如果各阶段缺乏必要的授权、监督和质量管理，可能出现应用系统不能保证业务需要，以及应用系统漏洞较多等问题。

系统测试是发现系统缺陷和漏洞，保证系统开发质量的必要步骤。如果系统测试用的外购软件未通过防病毒等安全测试，测试时未能发现系统本身存在缺陷或安全漏洞，可能导致系统上线后出现系统软件、应用程序错误或功能模块故障，留下安全隐患；系统上线前未备份应用程序和数据库，或者在新旧系统转换的过程中，当前系统无法对原有系统的资料进行转换，会导致原有资料不可用。

（二）控制措施

1. 系统开发环境控制

系统的开发必须遵循"GB8566—88 计算机软件开发规范"等国家有关部门制定的标准和规范；系统开发人员只能在开发系统上工作，业务用机不得用于系统开发，不得含有源程序、编译工具、连接工具等。

2. 需求调查与分析控制

在系统开发工作实施前，要进行充分的业务需求调查，技术部门要广泛征求业务管理部门和具体操作人员的意见。设计时，不能仅从计算机处理角度或业务操作角度片面考虑流程或安全，而要确保系统整体的有效性。信息系统介入业务，在对原有业务进行电子化的同时，还要对业务流程进行再造，使业务流程得到进一步优化，达到有效内控的效果。对于用户提出的需求要进行详细的分析，用明确的文档格式正确地表达出来，编织成"需求说明书"。

3. 授权控制

在信息系统开发过程中，对项目建议、系统分析、系统设计到系统实施的每一个阶段，都必须经有关人员审批授权。一是高层管理人员从经办工作整体角度考虑开发新系统的必要性，并在系统开发的各个阶段做出进入下一阶段的批示。二是要得到业务部门的参与与批准。每一阶段工作完成后，用户方代表要参加阶段性的评审工作。

4. 质量控制

软件质量是靠开发过程中严格的质量管理和控制来保证的，在系统开发过程中，软件需求方应指派至少一名质量监督人员专职负责软件项目，其职责是监督供方质量体系运行情况，资源使用情况以及各功能模块设置的合理性和程序设计的可靠性。软件开发方也必须对软件质量实施严格的管理与控制，主要包括对各种规定、开发计划、控制制度进行审查，保证其合理、可行，与合同或总体要求相一致；对阶段性产品和文档进行审查和评审，保证其满足阶段产品质量或阶段文档规范的规定；对配置内容的配置和修改过程进行审查，以便控制配置内容的质量及配置内容修改的合理、完整和一致；对各阶段和整个管理过程进行评审和评价，及时改正管理过程中的不适当方法和行为。此外，还应按照质量控制规划和要求，对测试计划、测试说明、测试结果记录和测试分析报告等内容进行评审，保证测试工作满足规定要求。

5. 文档管理控制

信息系统的文档是系统开发过程中留下来的"痕迹"，是系统维护人员的指南，也是开发人员与用户交流的工具。因此，在系统开发过程中，应对阶段性的文档进行审查和评价。规范的文档意味着系统是按照规范化开发的，意味着信息系统的质量有了形式上的保障。系统开发的各个阶段都应形成相应的文档，这些文档包括：可行性研究报告、项目开发计划、系统分析说明书、系统设计说明书、程序设计报告、测试计划、系统测试报告、用户手册、操作手册等。社保信息系统在日常运行中，经常需要适应业务变化而调整和再开发，必须由专人对各期文档进行审核、保管和更新，以更有效地对文档实施管理。

6. 系统测试控制

信息系统在投入使用前要完成整体测试和用户验收测试，并按照测试计划进行测试数据的确定以及实施测试。测试方案由应用系统的使用人员和系统专业人员共同制订，应用系统的使用人员要亲自参与测试，并参与测试结果的分析，测试结束后要出具测试报告，如发现问题应分析其原因并加以解决。

经办机构应对测试应用系统实施访问控制，测试要求程序编写者以外的人员进行，并要有使用人员参与；测试结果要得到开发部门以及经办机构的相关负责人认可；测试结果的记录以及测试数据要妥善保存。当系统测试出现重大技术或逻辑偏差时，应对系统设计进行重新评估，在进行系统修改后必须重新利用以前的测试用例进行严格的再测试工作，只有对系统进行充分的测试，及时发现问题并加以解决，才能确保所开发的系统符合系统设计说明书和满足用户的要求。

7. 系统上线及转换控制

应选择不影响系统运行的时段实施上线，上线前必须经过内部评审，确认系统功能、测试及试运行结果均满足设计要求，技术文档齐全，并确保已备份当前应用程序和数据；系统上线时应做好人员和设备等资源的整合配置以及初始数据的安全导入，并做好日志记录，保证新旧系统的转换有序进行；系统上线后应对旧版本的源程序进行归档，并清晰标明投入使用的日期与时间。

系统转换是将旧系统的数据文件转换到新系统，为防止未经授权而更改文件，确保转换结果完整准确，必须对系统转换工作实施控制，旧系统的数据文件转换到新系统后，新系统文件的记录要追踪到旧系统文件的相应记录，进行审查核对，以确保无误。新系统还要与旧系统同步运行一段时间，以保证系统的可行性和合理性。

三、信息系统维护控制

信息系统维护是指信息系统投入运行后，由经办机构自身对系统故障进行预防，在发生故障后尽快排除，根据新的业务需要对系统进行调整,以确保系统正常运行并适应经办工作发展的需要。

(一)主要风险

在进行系统维护时,如果维护人员没有足够的专业水平和经验,可能对系统引入新的错误,导致经办业务的中断或带来其他问题。如果维护人员道德素质低,在系统中植入"后门"程序,会给系统的运行带来安全隐患。如果维护人员未按规定对系统的软、硬件进行安装、补丁、升级和备份,或者未定期测量、记录监控系统的运行情况,可能导致系统故障的频繁发生。在信息系统环境下,经办业务数据是通过计算机应用程序处理的,这些程序的准确性和完整性将直接影响经办业务数据的准确性。因此,系统维护必须采取相应的控制措施来保证信息系统的稳定、持续、安全运行,必须确保信息系统数据的正确性、完整性。

(二)控制措施

1. 授权与批准控制

系统维护应该有严密的标准规程,规定谁能提出维护或修改请求,谁能授权,并建立有关文档。系统操作人员和使用者只能提出维护要求,不能对系统进行维护修改,程序的改动情况应通知信息系统管理部门和用户部门。不论是操作人员还是使用者,对系统功能有任何修改要求和业务需求时,都必须有正式的维护或修改请求、授权形式和程序。系统维护人员(包括系统分析员和程序修改员)需经过授权,非系统维护人员不得接触到程序的技术资料、源程序和加密文件,以降低系统被修改的可能性。系统维护人员改变生产代码和数据的特权受到一定的限制,并定期进行评审,操作人员不能参与软件的修改;决定授权的程序和被授权维护人员的名单都须有文件加以证明,所有维护人员须遵守相关保密规定,维护人员的活动应记录在维护日志中,日志信息健全并长期保存,以备日后检查。

2. 系统维护过程控制

系统维护必须经过周密计划和严格记录,应评估维护请求对现有系统的影响,对维护过程的每一个环节都必须设置必要的控制。执行维护工作时，不应直接修改该程序，而应取得该程序和程序文档的一个备份进行修改。系统的维护应提供事后检查线索，验证经授权并批准的维护均已实现。修改过的程序在投入使用前，系统主管人员应组织技术人员对系统的修改部分进行测试和验收，验收通过后，将修改的部分嵌入系统，取代旧的部分，系统主管人员要向操作人员和所有使用者发出通报，明确从何时系统换了新的版本，指明新的功能和修改过的地方。

维护人员应登记所作的修改，更新相关文档资料，并保留所有与测试程序相关的文档，按照程序修改的规范建立有关文档，全部维护工作完成后应更新有关文档，保存系统维护前后的文档资料。

3. 数字证书的维护控制

统一身份认证服务系统是以相关设施为基础，为进行系统和业务操作的每个人分配个人数字证书，采用电子签名和关键信息加密传输，使其个人身份难以被攻破和获取的技术手段。统一身份认证系统的应用，可以将系统的用户管理、身份验证与业务应用系统分开，大大加强了用户身份和用户信息的保密性、不可否认性和不可修改性，因此目前被越来越多地应用在社会保险系统中。

数字证书也称为"电子密钥"，是为身份确实的个人、单位和服务器等在网上开展社会保险业务提供的一种身份验证的电子信息文件，数字证书是由状似 U 盘的电子密钥和密码卡组成。申请的数字证书类型分为：个人数字证书、单位数字证书和设备数字证书。使用数字证书要有申请、审核、批复、有效期等环节的相关管理规定，并有专门机构根据管理规定对数字证书进行有效管理。

各级业务主管单位及个人申请数字证书需填写相关申请表，并在申请表中注明所申请的业务类型，经领导审批并加盖部门公章后报主管单位进行数字证书的审核及发放工作。在数字证书有效期内，单位和个人应妥善保管私人电子密钥及电子密钥的密码，做到随用随插，不用时将其拔下随身携带。

证书的更新需由证书使用者向上一级业务单位提出申请，审核无误后,由证书主管部门给予更新。在证书上都有明确的证书有效期,表明该证书的起始日期与截止日期,用户应当在证书有效期到期前一个月办理更新业务。当数字证书中的信息发生重大变更,以及数字证书有丢失、损坏或被盗用、伪造及篡改的情况发生时,应及时到证书主管部门办理证书吊销手续,并重新申请或补发证书。数字证书的使用者调离业务系统工作岗位时,应立即吊销其数字证书。

四、信息系统应用控制

在前面提到过,目前社会保险的日常经办操作主要依赖于信息系统进行,系统输入、产出数据的正确性和真伪,对社会保险业务影响极大,所以对系统应用控制也就变得十分重要了。

(一)主要风险

经办工作实行信息化管理后,经办业务因其内置在信息系统之内,而使得舞弊的发生更具有隐蔽性。

首先,由于经办工作的繁重,一些经办机构存在新招录人员未经充分培训即上岗的情况,因为新招录人员对信息系统不熟悉,在经办工作中往往出现误操作现象。

其次,如果对信息系统访问及操作权限缺乏控制,就会给个别道德低下的经办人员造成舞弊的机会,如经办人员可随意访问社会保险征缴和支付信息系统,并同时具有减少参保人员、个人账户支付操作权限时,便可通过伪造假退保单的舞弊方法,达到骗取基金的目的。某地区曾发生社保经办人员伙同家人伪造假退保单骗取社保基金400余万元事件。

最后,管理不够严密的信息系统也容易引发风险。信息系统未设置业务时序控制,或控制不严密,一些关键业务环节就会因缺乏制约而出现疏漏,使个别道德素质低的经办人员利用操作便利骗取基金有可乘之机。如对参保人员状态和养老待遇领取未建立业务时序控制,则有可能出现在职人员未减少即支取养老待遇的违规经办,对输入输出数据进行准确性检测时若缺乏相关的控制程序,则可能出现错误数据和错误信息,如对参保人员年龄信息输入不加限制,有可能出现低于法定用工年龄人员参保情况。对信息系统数据提取与更改如不做控制，将会出现数据信息修改的随意性，甚至舞弊行为。而在信息系统缺乏完善的操作日志的情况下，对业务经办人员的操作行为将缺乏制约，违规经办人员将不必担心对舞弊行为的事后监督，从而增加了违规操作的可能性。

因此，加强信息系统应用控制，减少系统缺陷，是保证经办业务规范、确保经办工作顺畅进行的重要方面。

（二）控制措施

1. 操作规程及原始单证审核控制

建立信息系统操作规程，作出对业务处理过程中具体操作步骤的描述，对数据一致性、操作权限作出明确规定，特别要针对业务操作人员制定操作手册，并在进行培训后方允许上岗操作。

为保证输入数据的可靠性，必须对原始单证进行审核，对入库数据的合格性进行检查。业务处理人员应根据审核无误的单证输入有关业务数据，既不能重复，也不能遗漏，更不能擅自修改，保证生产库数据与纸质数据一致。

2. 系统访问及操作权限控制

建立严格的数据访问控制措施，防止未经授权非法进入系统并访问数据，通过数字证书和密码进行身份鉴别可以对数据资源的访问人员进行限制，对用户的创建、变更、删除、口令长度和时效均要有严格的控制；确保个人密码和认证工具的保密性；严禁不同岗位人员交叉用户权限，操作人员要定期更改密码，离开工作现场前锁定或退出已运行程序，更换操作人员必须及时修改密码、撤销或变更权限。

应用程序中要设置操作权限授权功能，通过权限设置可以对数据库中数据的访问范围进行限制，对业务操作人员要根据岗位、工作性质、涉及的内容，按照不相容岗位相制约的原则，设置一定的权限，为不同用户确定其可以访问的范围，控制只有经过授权批准的人员才能执行业务处理操作。限定应用系统中功能的使用，确定哪些用户可以更新修改数据，哪些用户只能读取数据，保证业务经办的依法合规和信息系统安全。

3. 输入、输出数据的正确性与完整性控制

对输入的数据要采用人工核对和计算机自动校验两种方式进行正确性控制，即除了通过人工核对录入的正确性外，还要在应用系统中嵌入控制程序，为需要处理的数据确定一个合理范围，以校验输入数据是否合乎逻辑等。如输入身份证信息时，计算机要校验数字必须为15位或18位，同时和个人出生日期、性别联合校验。对一些必须输入的数据进行提示和检测，对输入数据的完整性进行控制。对数据处理结果溢出规定范围，不符合逻辑的数值，系统应自动报警提示，通知有关人员注意，以便查明原因。如输入的参保人员出生日期信息迟于建立个人账户日期，参加工作时间减去出生时间小于16岁时，系统应有提示，并使错误信息不能通过。

对于输入到系统中的错误数据，应用系统应提供改正和重新输入的机会，并且要对改错和重新输入实施控制。一方面，制定错误更正程序，发现错误后，应及时查明原因，按规定的程序改正错误后重新向系统提交。另一方面，对于已经进入系统中的错误数据，要保留修改痕迹，编制错误报告及错误修改记录报告，以便于事后检查。

对于信息系统的输出数据（包括单笔业务生成信息和批量生成信息），可利用某些数据的处理结果与另一组数据的处理结果相同、相关或存在着某种对应关系，对数据处理的正确性实施检查。如批量生成的养老待遇增加额，要校验待遇调整人员与调整待遇条件相关的信息。

4. 操作日志与业务时序控制

建立数据库日志，保留完整的操作痕迹，识别不同人员对数据库增、删、改的不同操作，使业务处理具有可复核性和可追溯性，防范内部人员利用职务之便擅自修改数据。对于敏感数据，还可以增加审计系统，对其进行主动性的监控。

在应用系统处理业务的过程中，许多经办业务处理都是有顺序关系的，违反顺序的处理可通过预先设置的检查来发现。

5. 数据提取、更改与交换控制

社会保险数据涉及面广，关系到国计民生和个人隐私，在对外提供服务时，对提取数据的单位和个人的身份也要建立相应的控制措施，提取的数据要限定在提取部门使用，防止个人信息外泄。数据的提取与更改应经过本部门主管领导与信息管理部门的审批，并要注明提取和更正数据的原因、数据项目的详细说明。

在与工商、税务、医疗等外单位进行信息交换时，为防止电子数据在传输过程中发生数据篡改、遗失、泄密等情况，必须通过一系列安全保密的规范给以保证，如电子签名、电文认证、密钥管理等。

五、系统安全控制

系统安全控制所涉及的方面很多，包括计算机设备和机房的安全、网络系统的安全、应用程序的安全、数据库系统及数据的安全等，还包括各种规程、规章的建立与执行以及涉密信息和设备的操作规范等。这里只讨论系统安全的主要方面。

（一）主要风险

社会保险信息记录终生，退休计发养老金时需查看历史缴费记录，由于所有的参保信息均以电子形式存储，一旦系统发生故障导致数据丢失，将对社会造成极恶劣的影响，因此要求信息安全达到较高级别，避免因网络安全问题给数据信息带来的风险。而网络作为一种构建在开放性技术协议基础上的信息流通渠道，它的防卫能力和抗攻击性较弱。在网络环境下，信息系统的风险不仅来自于经办机构内部威胁，还来自经办机构外部因素对系统安全性的危害。由于社会保险数据是由信息系统存储，如缺少对风险的防范措施将无形加大风险程度。如果网络建设滞后或者未安装必要的网管文件，未设置专人负责网络问题的受理和处理，可能造成网络堵塞、服务器瘫痪等问题。如果与互联网相连的数据库无相应的安全机制，会使数据库受到黑客攻击或数据被盗取。

（二）控制措施

1. 信息安全等级保护

信息安全等级保护制度是国家在国民经济和社会信息化的发展过程中,为提高信息安全保障能力和水平,维护国家安全、社会稳定和公共利益,保障和促进信息化建设健康发展的一项基本制度。信息安全等级保护是指对国家秘密信息、法人和其他组织及公民的专有信息、公开信息,以及存储、传输、处理这些信息的信息系统分等级实行安全保护,对信息系统中使用的信息安全产品实行按等级管理,对信息系统中发生的信息安全事件分等级响应和处置。

安全保护等级划分是根据信息系统在国家安全、经济建设、社会生活中的重要程度,信息系统遭到破坏后对国家安全、社会秩序、公共利益以及公民、法人和其他组织的合法权益的危害程度等因素进行的。当前国家有关部门将信息系统的安全保护等级划分为5个级别,从第一级到第五级逐级增高。根据等级保护的定级原则,社会保险信息系统因为涉及公民的个人利益,涉及个人隐私权益以及数据受到破坏后严重影响社会秩序等特点,属于三级安全范畴。2006年1月,公安部、国家保密局、国家密码管理局、国信办联合制定的《信息安全等级保护管理办法》中规定,三级及以上信息系统要开展等级测评服务工作,以进行专门管理。因此,社会保险信息系统从系统的规划、设计开始,到实际应用和维护阶段,都要注意贯彻和实施安全等级保护控制。

2. 实体安全控制

实体安全控制指为保障信息系统安全可靠的运行,保护计算机及相关的配套设备、设施及信息载体免遭人为或自然因素的危害而实施的控制。其措施包括:合理选择计算机房的场地,机房建设应符合国家有关标准,出入机房应有严格的审批程序和出入记录,设立适当的温度、湿度控制、防火、防雷、防水系统,设立监控系统,保证各种硬件和存储介质的安全;建立适当的网管系统,有效地管理网络的安全、故障、性能、配置等,并加强与合作单位联网、互联网的安全控制,即业务处理机与外网隔离,并制定详细的应急预案。

3. 软件安全控制

严格按照操作规程运行软件，信息系统中的所有软件都应规定安全属性，并且进行登记注册，系统软件和应用软件都应妥善保管，建立安全备份，并将备份软件存入防火、防水、防霉及防磁的安全环境。

4. 数据安全控制

为防止非法访问，要实行存取控制，对用户存取数据权限进行确认，仅让授权用户访问系统，保证信息系统中数据的完整性、安全性、正确性，防止合法用户有意或无意地越权访问，防止非法用户入侵。

建立数据安全规程，对于系统中数据应规定各种人员的使用权限，确定哪些人员可以查阅哪些数据，哪些人员可以修改哪些数据，只有经过授权的人员，才能访问数据。当员工辞职、终止工作或调离工作岗位，任何允许接近计算机系统的用户识别和口令应全部废除。使用系统的工作人员的口令要经常更换，口令应有足够的长度，尽量减少其可猜测性，对于不加限制接近系统的人员所进行的活动，必须由适当的人员对其经常进行审核监督。对于个体性数据和金额性数据等关键、敏感的数据，要着重加以保护。

5. 系统入侵防范控制

在建立内联网时，要对网络的服务功能和结构布局进行详细分析，通过专用软件、硬件和管理措施，实现应用系统与外部访问区域之间的严密数据隔离，建立内外两层防火墙，限制外界对主机操作系统的访问，及穿过访问区域对内联网，尤其是对应用系统的访问。还要加强安全运行监测，及时发现网络系统安全漏洞和受到攻击情况，主要通过网络安全扫描和入侵监测来实现。网络安全扫描主要基于端口扫描措施发现系统可能存在的缺陷，入侵监测主要通过检测入侵与正常访问的不同特征来决定是否受到攻击。

6. 病毒防范控制

建立多层次的病毒防卫体系，具体包括：建立基于集中控制的防病毒系统；在系统的每个台式机上安装防病毒软件；对病毒库进行定时自动升级；对拷贝的文件进行实时扫描；定期进行全盘扫描和杀毒；加强员工教育，提高员工的计算机安全意识，不要将与工作无关的软件随意安装在生产区网络内的计算机上，争取做到个人使用的台式机不受病毒感染，同时也减少了整个网络受病毒感染的可能性。必要时还可以设置终端管理系统，以监控网络关键计算机的软件及配置情况。

六、灾难恢复控制

2005年4月，国务院信息化工作办公室下发了《重要信息系统灾难恢复规划指南》（以下简称《指南》），这份技术性文件涵盖了银行等八大重点行业，以及电信网、广播电视网、计算机互联网三大基础网络完整的灾难备份指导标准。《指南》将灾难恢复分为六个等级，从一级至六级逐级提高，系统采用哪个等级的灾难恢复方案，由系统的重要性所决定。

（一）主要风险

信息技术控制活动中，一些技术的、管理的或操作的方法不可能完全消除信息系统存在的脆弱性，仅仅依靠数据备份无法满足经办业务对系统的可用性、实时性、安全性的需要。诸如地震、火灾等自然灾害可能会毁坏已备份的数据，对信息系统运行造成影响，从而产生风险。2001年9月11日，美国世贸中心双子大厦遭受了谁也无法预料的恐怖打击。灾难发生前，约有350家企业在世贸大厦中工作。事故发生一年后，重返世贸大厦的企业变成了150家，有200家企业就是由于重要信息系统被破坏，关键数据丢失而永远关闭、消失。

如果说对于大多数企业而言，灾难意味着财产和企业名誉的损失，那么对于社会保险经办这样重要的系统，更要考虑到重大的社会影响和政治影响。一旦集中处理体系的任何一个环节因为火灾、地震等自然灾害导致异常情况，都会使正常业务无法正常进行，造成重要数据的丢失、破坏，使相关的经办业务系统中断，给经办工作带来不可估量的损失。2008年的汶川地震就给四川多个地市州的信息系统造成了一定的损失，所幸的是经办机构系统数据基本未受到影响。其中,绵阳市和阿坝州是金保工程示范城市,按规定要求集中建设了数据中心,所以这两个地区虽然是地震受灾严重地区,但数据安全性反而最好,恢复应用速度也最快。这些事例都说明,为可能发生的灾难做好充分的准备,必须成为存储实施过程中最首要考虑的环节。当"天灾人祸"降临时,只有好的灾难备份与恢复机制,才可以使经办信息数据得以最大限度地保全。

(二) 控制措施

1. 备份与恢复控制

备份与恢复是最低等级的灾难恢复控制,也是对系统数据及程序安全最基本的保障。因此,一个信息系统必须建立备份与恢复制度,对系统软件和数据文件实施有效的备份,如果系统发生故障和有关数据文件被毁损时,可以利用备份文件恢复系统和数据。对系统的数据要定期备份,并至少拷贝两份,存放在不同地点,并妥善保管。

建立完备的测试系统,将备份数据定期恢复到测试系统中,并对所恢复数据的正确性进行检验,以确定备份数据的真实性和有效性。

对备份后的数据要实施全面的安全管理,所有的数据备份都应进行登记,妥善保存管理,防止被盗、破坏和误用,重要的数据备份还应进行定期检查和复制,保证备份数据的完整性、实用性和有效性。

2. 建立灾备中心

建立后备的第二工作场所,即灾备中心。灾备中心安装有与第一工作场所相当的处理能力的计算机系统,当某一中心灾难发生时,可以在另外的计算中心进行有关的业务处理,以确保数据安全,并将灾难所引发停机时间缩短。

用于恢复的后备物品,包括备份的数据文件、程序和系统的文档资料应远离机房,保证备份文件存放在灾害影响不到的地方,才能确保灾难发生时可以依靠所做的备份恢复系统。

3. 灾难恢复队伍和灾难恢复演练

在灾难发生时，要尽快恢复系统，为此必须建立一支高效的灾难恢复队伍，灾难恢复队伍中各成员应明确角色与责任，一旦发生灾难，可以有条不紊地指挥并进行灾难恢复工作。

灾难恢复计划的测试与演练是确保灾难恢复计划有效实施的关键因素，测试不仅能够确认和解决灾难恢复计划的缺陷，而且有助于提高恢复人员快速有效实施计划的能力，以确保恢复流程的正确性和恢复计划的有效性。

对于灾难恢复系统和灾难恢复队伍，应制订完备的灾难恢复演练计划，并进行定期演练，保存每一次的演练记录。在灾难恢复计划中，应针对各种恢复方式，写明其每个恢复流程的步骤，以便指导灾难恢复工作。

第三节　信息系统控制应注意的问题

总结信息系统控制的实践，有许多的经验和教训。面对不断新增的社保经办需求，组织建设可靠、高效的信息系统控制体系，成为各级社会保险行政部门和经办机构的一项重要工作。

一、统筹布局信息系统控制点

经办机构信息系统建设是一个体系，在对某一特定系统进行内控功能布点时，要确定哪些是必备的，哪些是可以暂缓的，根据实际情况进行。例如，对系统权限的设置、密码保护、相关权限的互斥和制约、网络安全措施、基本的硬件设施保护、数据的备份和恢复等，这些控制点是信息系统必备的，不能缺失遗漏。但对因经费支持不够等原因，有些内控点暂时难以实现的，可以放一放，用辅助方式实现内控目标。如建设灾难恢复系统，需要较大投资，目前许多地区没有甚至尚未规划建设。

二、适时完善信息系统控制

随着我国社会保险事业的不断发展，特别是伴随着科学进步，会有越来越多的信息技术新产品应用到信息系统建设中,前面提示的一些内控点也会不断被新的技术所取代。因此,要与时俱进地适时完善信息系统控制。

适时完善信息系统控制,主要从机制上、方法上和技术上三方面入手进行。第一,健全与信息系统发展联动的内控监督机制。经办机构的内控部门时刻注意信息系统的变化情况,在信息系统硬件平台和应用软件有大规模更新的情况发生前,就要制订或修改相应的内控检查计划。第二,在方法上要特别关注信息系统监控及安全方面的更新方案,在预算允许范围内,适时提出并要求在信息系统中加入或完善实施机控的相关措施,以最大限度地发挥信息系统自身控制作用。第三,要跟上新技术发展,注意听取计算机专业人员提出的完善更新信息系统建设的建议,以及对某些规章制度的修订与创立,根据他们的意见增加或修改原有的控制点,并将新内容融入控制范围之中,进而保证适时完善信息系统控制。

三、处理好"人控"与"机控"的关系

目前各地区经办机构的基础数据普遍集中在信息系统中,经办操作也主要依赖于应用程序。针对上述特点,应注意对信息系统是否合理运用了相关的安全保障措施,包括是否运用了技术手段保障数据安全,应该采用的约束机制是否体现在程序之中,是否有完善的日志控制及保存等措施,以对关键操作进行全面的检验和测试等。总之,要让计算机系统本身尽可能地体现和发挥出应有的控制作用。

因为信息系统离不开人的管理控制,在对信息系统维护控制的检验和测试中,要重点检查诸如制度的建立和监督执行、系统操作日志的审核处理、操作权限的逐级审批签字和存档等诸多需要人为管理控制的因素。

特别是要重视应急计划控制。所谓应急计划控制是指针对信息技术控制活动中的一些脆弱性,所采取的人工补救措施。一个完整的应急计划应包括数据备份、灾备中心和系统恢复等部分。经办机构应高度重视管理参保缴费记录这一核心资产的安全与完整,与有关机构合

作制订切实可行的优先级应急计划方案,包括建立风险事故响应小组,对突发事件或异常情况进行及时应对、迅速识别、准确报告和响应,并能将信息系统恢复到操作状态。

四、建立信息系统内控专项检查制度

为促进省级以下经办机构高度重视健全完善信息系统控制功能,提高内部控制程序化、自动化的能力和水平,应建立社会保险经办机构系统的信息系统内控功能监督检查制度,自上而下地定期进行信息系统功能测试检查评估,或组织针对信息系统的某一方面进行内控功能专项检查。

例如,可以组织进行以网络安全为主要内容的内控检查,以系统使用授权为主要内容的专项检查,针对软件开发、应用、维护的专项检查等。对机房设施、系统硬件和软件平台等,不是处于建设时期,其变动相对不大,且对不同级别的单位要求也不同,可以组织频度不高,但规模较大、时间较长的内控检查。而对于授权、网络使用、密码设置、重要文档保存等相关内控点,因其对各级经办机构的要求都基本相同,日常应用广泛,且涉及使用人员多,则可制定规模小但频度高的内控检查。

实施专项检查之前,组织单位应认真制订检查计划,并充分做好组建检查队伍、明确任务责任和有关技术准备等工作,包括根据所选内控项目准备好问题和表格。检查中要与被检查单位进行充分的交流,以了解和掌握更多的情况,便于检查发现问题。还可以选择部分经办人员填写事先准备好的调查表,通过反馈信息了解经办人员对内控点的认知情况。检查后,要根据记录以及复印被检单位的特定文档等资料,将实际情况与相关规范以及系统设计要求进行对照和评估,并正确区分哪些是肯定性的,哪些是否定性的,哪些是建议性的结论,综合分析后得出最终评定性的结论。

思考题:

1. 信息系统控制的必要性有哪些?

2. 信息系统控制的关键环节有哪些?
3. 信息系统安全控制的主要措施有哪些?
4. 为什么说要处理好人控与机控的关系?

第九章　内部控制监督检查

监督检查,通常是指由适当的人员评估管理活动的设计和执行,以便采取措施及时进行缺陷改进或调整。经办机构内部控制监督检查(以下统称内控监督检查),是经办机构内部控制体系的有机组成部分,是促进各业务职能部门和经办岗位落实内部控制制度的重要措施。经办机构应结合实际建立健全内控监督检查制度,并有计划地实施监督检查活动。

本章主要介绍内控监督检查的含义、遵循原则、内容范围、检查方法、检查程序,以及应注意的问题。

第一节　内控监督检查概述

经办机构的内控监督检查活动,离不开全体经办人员的共同参与。广义上讲,经办机构内控监督检查包括三个方面。

(一) 自我监督检查

自我监督检查是指经办机构的各职能部门、岗位人员根据自身职责和权限,对本部门、本岗位履行职责的状况进行自我评估和改进问题的过程。自我监督体现在日常业务处理上,形式因办理的业务不同而多种多样。如有的经办机构规定业务部门负责人每天必须要检查一定数量的本部门产生的业务资料,发现手续不完整的及时查找原因。

(二) 民主监督检查

民主监督是指经办机构建立了内部沟通渠道。如定期召开员工大会或员工代表会议,听取员工对单位内控工作的评议和建议,让员工参与经办管理决策等。

(三) 专门监督检查

专门监督检查是指经办机构设置监督检查部门,对所属各个业务部门、各个岗位履行经办管理职责状况实施相对独立的监督检查活动。依据《社会保险经办机构内部控制暂行办法》(劳社部发〔2007〕2号)规定,监督检查活动应在经办机构主要负责人领导下进行。专门监督检查包括内部审计活动在内,属于内控体系中的一种再监督活动,如果说自我监督检查是经办机构内部控制的第一道防线,民主监督检查是第二道防线,专门监督检查则是第三道防线。风险问题越过三道防线,很大程度就转化成了损失。自我监督、民主监督属于自我约束和责任意识的范畴,程度高低与经办机构内控文化建设的氛围有直接关系。一般认为,经办机构的内控文化氛围浓厚,特别是主要负责人和领导班子诚实守信以及内部控制意识强,并健全了内部控制制度和领导带头贯彻执行,这个单位的自我监督、民主监督的程度就会高。

本章内控监督检查,指专门监督检查。

一、内控监督检查的含义

经办机构内控监督检查是指由经办机构稽核(查)部门(有的地区建立了专门机构负责内控监督检查)具体实施,对经办机构中各项内控制度措施的合法性、科学性及执行的有效性,进行风险评估和监控等一系列检查活动的总称。为更好地理解内控监督检查的含义,可从不同的角度对内控监督检查进行分析。

从监督检查的范围看,内控监督检查有广义、狭义之分。狭义的监督检查是指经办机构的监督检查部门依据相关规定对各个经办部门、经办岗位的履行职责实施具体的监督检查。广义的监督检查既包括狭义的监督检查活动,又包括为实现经办机构管理目标,参与拟定与社会保险经办相关的政策规定,以及为业务流程再造等出具内控运行评价意见等工作。

从维护基金安全的角度看,内控监督检查是一种控制行为,它是经办机构为了实现经办管理目标,保障基金安全与完整,对经办运行加以规范和控制的行为。

内控监督检查也是一种指标管理行为,即内控监督检查部门运用各种技术手段,建立一个能规范业务运作行为,并能迅速准确反映业务运行状况、分析评价运行风险的监控系统,从而对经办机构业务运行和基金财务管理进行监督和评估。

综上所述,内控监督检查的性质是对经办业务运行和基金安全管理的综合性监督,通过评价内部控制的有效性,发现内部控制缺陷,并及时纠正和促进改进。它是比日常管理更高层次、对各项管理制度执行情况的再监督,是社会保险经办监督管理的重中之重。

二、内控监督检查的意义

经办机构内控监督检查,是保障经办机构内控目标全面落实的重要措施,对于提高经办能力,保障公民社会保险权益,维护社会保险基金安全完整,促进社会保险事业健康发展具有重要意义。

(一)加强内控监督检查是社会保险制度顺利实施的重要保障

社会保险制度是国家为保障公民基本生活、促进经济发展、维护社会和谐稳定而设置的一项重要的社会公共政策,事关广大社会成员的切身利益,被称为社会的"稳定器"、经济运行的"减振器"和实现社会公平的"调节器"。建立健全与经济发展水平相适应的社会保险体系,是经济社会协调发展的必然要求,是社会稳定和国家长治久安的重要保证。实施内控监督检查,通过对经办运行的全过程实施监督检查,包括对经办机构的组织结构、业务运行、财务管理,以及信息管理等各个环节的监控,可以促进各项业务经办规范运行,防范和化解经办管理风险。因此,建立健全内部控制监督机制,做好内控制度的日常监督检查工作,保证社会保险基金依法征缴、及时发放和安全完整,是社会保险制度得以顺利实施的重要保障。

(二)加强内控监督检查是强化基金监督管理的具体体现

社会保险基金的安全与完整,直接关系到参保人员的切身利益和社会稳定,党中央、国务院高度重视社会保险基金的管理监督工作,多次提出明确的要求。温家宝总理曾多次强调:"社会保险基金是'高压线',任何人都不得侵占挪用。""社会保险基金必须切实管好用好、确保安全完整、保值增值,这是政府的重要责任。""要认真做好社会保险基金的征收、支付、管理和监督工作,做到应收尽收、支付合理、管理严格、监督有力。"《劳动法》《社会保险法》等法律法规都对社会保险基金监督管理作出明确规定。《劳动法》第七十四条规定:"社会保险基金监督机构依照法律规定,对社会保险基金的收支、管理和运营实施监督。任何组织和个人不得挪用社会保险基金。"《社会保险法》更是设立了专章对社会保险监督工作作出规定。"徒法不足以自行",贯彻落实党中央、国务院的指示要求和各项法律法规的规定,经办机构就必须加强社会保险内部控制的监督检查工作,对社会保险基金的收支、管理及投资运行情况进行全过程的监控,促进基金管理的各个环节依法依规办事,发现危及基金安全与完整的风险问题,应及时揭示和查处。

(三)加强内控监督检查是促进经办机构提高经办能力的必然要求

提高经办能力是经办机构自身发展的前提和基础,而内控监督检查所具有的查错防弊、堵塞漏洞和消除隐患的功能,是提高经办能力的必然选择。第一,通过对经办业务和基金管理活动各环节的监督检查,可以及时制止和纠正经办人员的违法违纪行为,以严格执行各项工作制度,提高遵规守纪意识。第二,利用内控监督检查接触面广、综合性强的特点,可以及时发现经办工作中的薄弱环节,及时堵塞经办漏洞,促进规范业务操作,提高经办业务水平。第三,充分发挥内控监督检查上下之间信息沟通的作用,及时传递和反馈经办业务工作信息,保障信息流转的传递准确、反馈及时,促进整体提升经办管理水平。第四,发挥内控监督检查独立性的作用,对经办工作各项制度的健全性、合理性和有效性进行评估,为领导决策提供依据,以提高经办决策水平。

三、内控监督检查遵循的原则

内控监督检查除了应当遵循内部控制的合法性、完整性、制衡性、有效性等一般性原则外,还要注重以下原则:

(一)独立性原则

独立性是指经办机构的监督检查部门开展监督检查活动时,包括制订监督检查实施计划、确定监督检查对象和检查方式,以及作出监督检查评价、提出整改建议等,完全都是依法依规进行,不应受任何部门、任何人的无端干预或牵制。独立性是保证内控监督检查结果客观公正的前提。为了保障监督检查部门能够独立行使检查权,经办机构应建立健全内控监督检查制度,并公开制度内容,明确授予监督检查部门具有独立开展调查问询、独立核查业务资料和独立报告检查情况的权力等,以确保监督检查部门独立行使监督检查权。

(二)系统性原则

内控监督检查关注对整个内控体系的检查与评估。虽然检查有时是针对落实某一项制度或某一项经办业务开展的,但检查的方法、检查的环节、检查后的分析评估及对查出的违规行为的处理,都不能仅仅局限于被检查的事项,而是要从全局出发,以点带面,举一反三,进行全面综合地考量。因此,内控监督检查时应注重运用系统、全面的观点,注重理清各项业务间的交叉互动关系,并将制度评估、监督检查、结果利用等融为一体,构建全方位、严密有效、有机统一的内控监督检查体系。

(三)风险导向原则

内部控制的本质是控制风险。实施监督检查应以风险为导向,坚持全面风险管理的原则,将风险管理的理念贯穿于内控监督检查的全过程。在检查中应对经办业务的各个环节的风险点进行全面分析和评估量化,根据每项经办风险危害的大小及其相关性,确定监督检查的重点部位、重点业务和重点环节,并根据检查中发现的具体问题制定相应的解决对策。

(四)以人为本原则

任何制度都是由人来执行的,任何制度设计都要考虑人的因素,忽视人的因素,单纯依靠行政命令是行不通的。执行内控监督检查任务的毕竟是少数专业人员,实际作用有限,特别是在监督检查人员配置不足、不强等情况下,更应注重发挥每个经办人员的主观能动性,使每一个人都能落实自我监督检查和主动参与民主监督检查。形成人人接受监督检查和每个人既是内控监督检查的对象,更是内控工作的监督者、检查人的工作氛围,并能认真按照内控制度的要求去开展工作。因此,经办机构开展内控监督检查工作,应当充分考虑"人"的因素,坚持科学发展和以人为本的原则,主动营造有利的控制环境,引导和激励所有工作人员能正确履行职责,提高监督检查效能。

四、内控监督检查部门的职责权限

(一)内控监督检查部门的职责

1. 贯彻落实社会保险各项法律法规政策以及本地区、本部门有关内控工作的规定和部署。

2. 拟定本地区、本部门内控监督检查工作办法、规程和年度工作规划。

3. 参与经办管理运行业务流程、操作规程和基金管理的各项规则制定,并提出风险预警和内控管理的意见和建议。

4. 负责实施对本地区、本部门内控运行情况的检查评估工作,包括对组织机构控制、业务运行控制、基金财务控制、信息系统控制等方面的检查评估工作。

5. 收集整理本地区、本部门内控监督检查的相关数据和结果,分析评估内控运行中的问题,并提出具体改进意见,形成综合报告呈报有关领导和部门。

6. 指导下级经办机构内控监督检查部门开展监督检查工作,并对下级内控监督检查工作开展情况和效果进行检查。

(二)内控监督检查部门的权限

《社会保险经办机构内部控制暂行办法》(劳社部发〔2007〕2号

文件）第十二条规定："稽核部门在对内控制度运行情况的检查过程中可以查阅、复制有关文件资料，检查有关凭证、账簿以及其他相关资料和资产等，对检查事项有关问题进行调查，对违反内部控制制度的行为做出临时处理决定。"根据以上规定，内控监督检查人员在实施内控监督检查时，可行使下列职权：

1. 要求被检查的部门提供检查所需资料

内控监督检查无论是事前检查，还是事中和事后检查，都需要对经办工作中所形成的业务档案和资料数据等进行汇总和分析，被检查部门和岗位应按规定予以提供并配合检查。这些资料主要包括：基金财务账簿、会计报表、记账凭证、统计报表、银行对账单，用人单位缴费基数申报表和职工花名册、工资发放表、财务报表，待遇享受资格证明材料、待遇享受标准的计算依据，需要审批、复核业务的手续，计算机系统的数据等。

2. 检查、查阅、复制有关资料

核对、查阅有关票据、资产、报表等资料的真实性、合规性是内控监督检查的基本手段。根据内控监督检查的需要，检查人员可以对对涉及检查项目的所有业务资料进行查阅或复制。

3. 对检查事项有关问题进行调查询问

调查询问是内控监督检查经常使用的工作方式。检查人员对一些不明确的问题可以进行调查询问，向所有知悉情况的人员了解问题，以便全面正确的分析风险问题，出具客观公正的检查意见和整改建议。

4. 对违反内控制度的行为做出临时处理决定

基金收支业务涉及基金安全问题，一旦发生违规经办行为没有及时制止，拖延处理可能造成更大的风险。对此，特殊情况下，内控监督检查人员有权做出临时性处理决定（如责成业务人员暂停或延缓基金支付），以便及时堵塞漏洞。在紧急"堵漏"的同时，内控监督检查人员应及时向主要领导报告有关情况。

第二节　内控监督检查的内容范围

内部控制的有效性来自于对经办风险的认识和管理，控制风险是内部控制的本质所在。经办风险渗透在经办管理的各个环节，因此内控监督检查的内容和范围也涵盖了经办管理的各个环节。

一、检查评估组织机构控制情况

组织机构的构建直接影响到经办机构运行的效率，它涉及机构设置、职责职权、决策执行、人员管理等一系列事关经办机构平稳运行的基本架构。建立一个结构合理、运转灵活的组织机构，是保证经办管理目标任务有效完成的最基本的前提条件。

（一）组织机构控制检查评估的目标

通过检查评估，促进经办机构按照经办工作运行和发展的需要，优化机构设置，明确人员分工，理顺管理机制，实现决策、执行、监督相互分离、相互联系和相互制约，并保障信息沟通顺畅的组织机构控制目标。(1)经办机构要制定明确成文的决策程序，并且决策过程要按照规定的程序做好记录。防止个人独断专行，超越或违反决策程序。(2)经办机构各部门的职责要明确，人员分工要合理，岗位权责要一致，有利于经办执行。(3)经办机构要建立有效的内部监督系统，建立各项业务风险评价、内部控制的检查评价机制和对内部违规违章行为的处罚机制，及时发现问题，堵塞漏洞。

（二）检查评估的关键点

1. 是否建立完善的组织决策控制制度

具体内容包括：是否按照经办业务的程序、方法、操作规程和原则，建立各种规则制度和组织机构；各组织及岗位的职能是否有明确的岗位说明书等书面文件予以明确；不相容岗位是否相互分离，并体现相互制约和监督；决策程序设置是否科学、公开，决策、执行及结果反馈的流程是否顺畅、完善等。

2. 是否建立完善的人事管理制度

具体内容包括：各岗位人员的配备是否符合岗位说明书所规定的资格和条件；是否建立了人员轮岗、任职回避、学习培训、考核奖惩等制度，并按照各项制度的要求严格执行等。

3. 是否建立领导授权制度

具体内容包括：是否按照经办业务的范围和功能，建立以局部风险控制为内涵的内部授权审批制度；授权是否按照与工作性质、岗位职责相对应的原则进行；授权是否以书面形式予以确认，并逐级下达；日常经办工作是否严格按照授权规定执行；对超越权限的行为是否有责任追究措施并付诸实施等。

4. 各内设部门间的信息传递是否流畅

具体内容包括：经办机构内各层级是否有明晰的汇报与信息传递程序；机构设置及职能分配是否有利于信息的传递，上级的指令能否得到准确有力的执行，经办机构的每个人员是否能积极参与内控管理，并将自己的意见通畅地向上级部门表达等。

（三）检查评估中的常见问题

1. 有些经办机构人员配置不足，无法做到因岗设人，特别是在不相容岗位上存在一人兼多岗的情况。如会计兼出纳，财务专用印鉴和支票、单证、有价证券不能做到分人管理；信息维护人员兼办数据录入等业务操作；一些岗位设置不能做到初审与复审相分离，难以形成相邻部门、岗位之间相互牵制的控制机制。

2. 岗位职责不明确，存在串岗经办的现象，未建立明确的岗位内部牵制关系。

3. 授权内容不明确，对重大事项的界定不明晰，使一些本应集体研究的重大事项，变成了主管领导一人决策审批，未进行民主决策。

（四）整改措施

1. 经办机构针对人员不足，难以按内控要求落实组织控制的问题，积极向行政主管部门反映工作需求，争取增加必要的人员编制。健全岗位监督机制，对兼岗人员要合理授予权限，规定权责一致。

2. 制定明确的岗位授权责任书，清楚界定各个岗位的职责，对必要的重叠职责要细化权限范围和责任。要明确相邻部门、相邻岗位之间的工作关系，建立健全互相牵制的制衡机制。

3. 建立健全民主决策制度和违规决策追究责任制度，将两个制度向全体员工公开，并向行政主管部门备案，纳入对干部作风民主评议测评的内容。

二、检查评估经办业务运行控制情况

对经办业务运行内控情况进行监督检查，是实现经办管理目标的重要保障。内控监督检查人员应认真履行职责。

（一）业务运行控制检查评估的目标

通过对业务运行控制检查评估，及时发现有碍经办管理目标实现的风险点，促使业务部门、岗位正确执行各项社会保险政策，严格按照业务流程和操作规程办理每一项业务，自觉规范不符合内部控制要求的行为，保证经办业务优质高效，经得起监督检查。

（二）检查评估的关键点

1. 业务规程和业务流程是否完备和有利于执行。如：对参保登记管理、缴费基数核定、个人账户管理、定点服务机构管理、待遇领取资格确认、待遇审核和待遇支付管理、费用结算管理、基金财务、会计管理、稽核监督等关键业务环节，是否制定了符合内部控制规范要求的操作规程和工作制度；每一项业务流程的各个环节，是否体现了相对独立、相互衔接、相互牵制的内控管理要求，以及对业务流程中的风险点是否有明确的应对措施，经办人员是否都能熟练掌握等。

2. 办理参保登记、变更、转移手续是否完备。具体内容包括：社会保险参保登记、社会保险关系变更、转移和接续的审批手续是否完备；相关证明材料是否齐全，各类资料的管理是否符合规定；对终止参保人员的个人账户和待遇支付是否及时做出处理，避免基金流失等。

3. 社会保险基金征缴是否符合规定。具体内容包括：缴费基数核定是否符合法律法规规定和业务操作规程；制作月征缴计划是否及时、准确；是否按规定对参保单位进行年审，年审中发现的问题是否能及时整改；征缴部门是否与财务部门按规定定期对账，记账凭证与缴费收据是否一致，时间是否统一，征缴部门是否建立了征缴管理台账，及时掌握欠费情况；经办人员对征收款项是否及时记账，及时进行业务处理，账款是否相符等。

4. 个人账户管理是否合规。具体内容包括：是否按规定计算个人账户利息，并及时准确记录个人账户，账款是否相符；是否定期与参保单位或个人核对个人账户；终止缴费的是否建立标志并及时处理；在办理记录和变更、转移、封存、停保个人账户等重大数据修改时，是否由不同部门进行初审、复审，经分管领导签字后进行处理等。

5. 待遇审核是否准确。具体内容包括：待遇或费用结算的审核、复核的资料是否齐全，有关审批手续是否完备；待遇核定的标准是否准确等。

6. 待遇支付是否准确及时。具体内容包括：是否严格执行社会保险待遇领取资格确认制度，特别是对异地居住人员待遇领取资格的确认；是否对定点医疗服务机构等进行协议管理，各项管理措施是否落实；是否对待遇支付信息进行复核后发放；待遇支付审批程序是否健全完善等。

7. 业务档案管理是否符合规定。具体内容包括：是否建立业务档案资料管理制度，是否严格执行业务经办资料留存、归档、立卷和保管的规定；是否配备专人负责档案管理，档案室的设施是否能够保障档案的安全等。

（三）检查评估中的常见问题

1. 业务操作规程不系统、不全面，内容不完善；过于原则，过于简单，可操作性不强；执行的政策发生变化时没有及时修订。

2. 经办业务审批手续不齐备，留存的业务表格、报表等资料的签名或签章不完整。

3. 一些业务流程制约关系缺位，缺少审核（批）环节，或审核（批）过程不严密或缺失。

4. 未按规定年检社会保险登记证。

5. 缴费基数核定手续不完备、留存资料不齐全、缴费基数核定不准确。

6. 征收业务与财务记账凭证与缴费收据时间不统一，数额不一致，未建立对账机制，缺乏相互监督。

7. 个人账户记录不准确，用人单位和职工缴纳的社会保险费未及时记入个人账户。

8. 未建立一次性待遇发放台账。

9. 对异地居住人员的生存调查不够，生存状况证明资料可信度不高。

10. 对失业保险基金中的培训费、基本生活保障补助支出管理不完善，缺乏相应的监控制度。

11. 对医患双方合谋套取医疗、工伤、生育保险基金行为的监管措施不力等。

（四）整改措施

1. 各业务部门要完善相关工作制度，使制度尽可能内容全面、具体、细化，便于操作。

2. 各业务部门主管要强化业务监督，严格用业务规程规范经办岗位操作行为，做到及时发现、及时纠正办理差错或手续不完备等问题。

3. 规范收缴、核待业务与财务会计经办环节的信息传递程序，健全责任清晰、相互制衡的工作机制。

4. 建立一次性待遇发放管理台账，保证参保单位和个人缴费、欠费等信息完整准确。

5. 定期开展社会保险待遇支付领取和社会化发放的资格认证和稽核检查工作，及时发现和纠正基金流失的问题。

6. 细化失业培训经费、基本生活保障支出制度，加强审查调查，避免失业保险基金流失。

7. 加强对医疗机构的检查和监控，不断改进监管方法，增强高科技的监控措施等，保障基金安全。

三、检查评估基金财务控制情况

基金是社会保险制度的命脉，基金的安全完整关系到整个社会保险制度的延续和发展。因此对基金的财务控制是内控监督检查中的重中之重。

（一）基金财务控制检查评估的目标

通过对基金财务控制检查评估，达到促进健全基金管理制度、人员分工科学、业务操作规范有序、基金收支管理明晰合规、确保基金安全完整的目标。

（二）检查评估的关键点

1. 基金管理制度

具体内容包括：是否认真执行国家规定的会计制度及操作规程；是否落实了会计负责人（主管）、记账、复核、出纳等岗位责任制；是否落实了会计人员的回避制度等。

2. 预（决）算管理

具体内容包括：预算调整是否有完备的审批手续，是否有事实依据；决算编制调整账目是否附有说明和审批手续等。

3. 收支管理

具体内容包括：基金收支是否按规定实行"收支两条线"和财政专户管理；基金收支银行账户的开立是否符合国家的规定，征收的社会保险费是否按规定存入财政专户；基金收支账户是否按险种分设；基金收支是否按险种分别建账、分别核算；原始凭证、记账凭证是否合法有效；更正会计记录是否有依据，并详细记录在案（通过电子数据处理系统录入会计数据时，必须保证只有在识别特殊密码状态下才能进入系统；修改会计记录，处理系统应能够自动识别授权密码并自动记录在案）；对收支情况是否实行分级授权，是否有审核、复核和审批手续；是否存在会计人员越权处理账务等。

4. 对账情况

具体内容包括：是否建立与财政、银行的对账机制；是否指定专人核对银行账户，编制银行存款余额调节表；银行存款余额与会计账表等是否一致，能否做到账账、账表、账单相符；是否指定专人按月核对财政专户银行账户，编制财政专户银行存款余额调节表；财政专户银行存款余额与会计账表等是否一致，能否做到账账、账表、账单相符等。

5. 收据管理

具体内容包括：基金专用收据、空白凭证是否由专人负责保管；收据领用和填开用途及范围是否按规定办理；收据是否按规定缴销、销毁并办理审批手续等。

6. 银行票据管理

具体内容包括：银行票据购买和保管是否由专人负责；银行票据领用、填开是否按规定登记办理等。

7. 岗位分离制度

具体内容包括：是否建立不相容岗位相互分离制度；是否严格执行货币、有价证券的保管与账务处理分离；空白凭证的保管与使用是否分离；资金收支的审批与具体业务办理是否分离；会计处理与业务经办、信息数据处理是否分离；出纳员是否兼任稽核、会计档案保管和收入、支出、费用、债权债务账目的工作等。

8. 印鉴管理

具体内容包括：银行预留财务专用章、人名章、票据是否由专人分别保管；印章使用是否符合规定的用途、范围；审批手续是否完备等。

（三）检查评估中的常见问题

1. 不按月对账，不按规定编制银行余额调节表。

2. 未按规定使用专用票据，票据的管理未指定专人负责，票据的购买、领用、交回未建立严格的登记验收制度，没有定期检查。

3. 由一人管理财务专用章、个人名章等所有的财务预留印鉴。

4. 分人管理财务印章,但管理使用不严格,形同虚设。

(四)整改措施

1. 财务部门要按月与各账户银行对账,确保账款相符,并留存各账户银行对账单,编制银行存款余额调节表,对数据差异进行分析,查找不符账项的原因并及时调整,处理遗留账目。

2. 严格执行票据购买、领用、交回等登记管理工作。登记要明确专人负责,登记内容项目要齐全准确。

3. 严格执行分人保管财务预留印章的规定,对会计、出纳外出期间印章移交、代管等,实现严格的登记和监管。

四、检查评估信息系统控制情况

信息系统的安全准确与否,直接影响经办管理服务效率和质量,经办机构应高度重视对信息系统控制情况的检查评估。

(一)信息系统控制检查评估的目标

通过对信息系统控制情况进行检查评估,达到促使信息系统建设适应经办管理服务发展需要,即系统运行平稳、安全、高效,系统功能全面、操作方便、数据运算准确的目标。

(二)内控监督检查的关键点

1. 软件开发

具体内容包括:应用程序需求是否由使用的业务部门提出,并符合有关管理制度规范,如经经办机构专门会议审议通过和内部控制监督部门确认等;系统开发是否按需求设置了保密系统和相应的控制机制,并保证系统的可复核性;系统投入运行前是否经过业务、监督检查等相关部门的试验运行和测试,并出具验收报告;系统投入运行后是否进行经常性和定期的检查,并制定有数据恢复措施等。

2. 信息管理

具体内容包括:是否按照国家有关社会保险信息系统建设的标准、规范业务系统和数据库,并结合本地实际制定与业务流程相匹配的信息系统操作流程等管理制度;是否明确了业务操作人员、系统维护人员的职责和权限；是否按信息系统操作流程的规定录入、修改、访问、使用、维护数据，并建立应急处理预案；是否严格执行社会保障卡管理、发放、加密认证制度等。

3. 安全管理

具体内容包括：是否按规定建立了计算机场地设施安全管理制度；是否将有关数据及相关资料及时备份，建立数据远程备份机制；是否将业务系统与外部互联网完全隔离，互联网计算机是否保存涉密信息；是否建立信息系统和网络安全防护系统，并对计算机病毒实时进行检测等。

4. 计算机处理业务的操作痕迹

具体内容包括：是否建立了计算机处理业务的操作留痕功能；信息系统处理事项是否具有可复核性、追溯性、责任认定性和责任追究制度等。

（三）检查评估中的常见问题

1. 信息系统管理人员和操作人员兼任、混岗，控制关系缺失。

2. 缺乏对数据的安全等级划分和对不同数据操作类型的权限控制。

3. 缺乏防范信息系统管理人员擅自修改数据的手段和措施。

4. 操作人员没有设置自己的密码，或是密码通用。

5. 信息系统没有与外部互联网隔离。

6. 相关资料没能做到异地备份。

（四）整改措施

1. 经办机构应提出明确的信息系统管理权限配置需求，严禁管理人员和操作人员兼任、混岗，严禁越权使用和擅自修改数据。

2. 信息系统要具备业务经办所必需的内部控制功能，包括留存数据处理痕迹和有关信息记录，与外部互联网实现物理隔离，对生产数据及时备份管理等。

3. 完善信息变更审批程序，实行对数据信息变动的实时监控等。

第三节 内控监督检查的形式、方法和程序

客观公正的内控监督检查结果,离不开规范的检查程序和有效的检查方法。规范的检查程序可有效地防止检查人员在检查中徇私舞弊、滥用职权,确保检查结果客观公正。有效的检查方法能使检查人员迅速抓住要害,提高检查效率,增强检查的准确性。由此可见,规范的检查程序和有效的检查方法是有效开展内控监督检查工作,确保内控监督检查工作客观公正的基础。

一、实施监督检查的形式

内控监督检查的形式多种多样,内控机构在开展内控监督检查时,可根据不同情况选择使用不同的检查形式,对经办机构的业务运行和基金管理进行监控,防范和化解经办风险。

(一)根据内控监督检查的场所不同,内控监督检查可分为现场检查与非现场检查

1. 现场检查侧重于对经办业务资料和基金管理凭证的审查,对其真实性、合规性、有效性等方面给予评价。

2. 非现场检查侧重于对报表和计算机数据的分析,以随时掌握经办业务整体运行情况和风险因素,对发现异常情况及时预警并采取有效防范和纠正措施。

(二)根据内控监督检查的内容不同,内控监督检查可分为日常性检查、专项检查和举报检查

1. 日常性检查

日常性检查是内控监督检查部门依据目标计划,对内控体系运行情况进行的检查,它具有经常性、全面性和计划性的特点。检查计划的制订可分为月、季、年度计划,有的可细化到周。日常性检查计划应涵盖经办运行的各个环节,并将对这些环节的检查分解到周、月、

季、年度检查计划中去。

2. 专项检查

专项检查是根据工作中发现的高发性、倾向性问题，集中人力、集中时间对特定的内容进行的专门检查。它具有特定性、选择性和突出性等特点，即检查的内容是从经办业务中有意识选取的特定事项，检查重点突出，便于发现和解决问题。

3. 举报检查

举报检查是根据群众举报及其他渠道获悉的线索，对特定事项进行的检查。它包括对群众的直接举报和上级或其他部门转来的间接举报进行的检查。它具有独立性、隐蔽性和及时性的特点。

（三）根据检查时序的选择不同，监督检查可分为事前检查、事中检查和事后检查

1. 事前检查时通过各种报表、数据等信息对内控运行情况进行评估预警。

2. 事中检查是在业务经办或基金运营过程中对经办的合规性和准确性等进行的检查。这种方式特别适用于那些事后检查将失去检查意义的事项，如破产企业办理社会保险注销登记时对于其欠费情况的清理，一旦企业资产清算完毕，破产程序终结再进行事后的监督检查，即使发现问题也无从追缴，将会造成基金的永久流失。

3. 事后检查是在经办业务完成后，对其经办质量进行的复核性检查。

二、实施监督检查的方法

开展内控监督检查主要采用以下方法：

（一）询问法

询问法指检查人员以口头发问方式直接向被检查部门的管理人员和其他有关人员询问有关问题。这种方法主要用于检查人员对被检查部门整体情况进行了解，或在检查中对某些情况有疑问需要进一步了解和查证等情况。询问过程中检查人员应制作调查笔录，记录完成后应交被调查人核对后签字等。

（二）查阅法

查阅法指检查人员按检查评估的范围、内容、标准查看被检查部门的有关文件和资料，以判断其文件规定的合法性、业务资料的准确性、全面性、有效性。

（三）观察法

观察法指监督检查人员通过实地察看被检查对象的业务活动和内部控制运行情况，以判断经办人员业务操作的规范性和准确性。

（四）比对法

比对法指监督检查人员通过调查，将提取的相关资料按规定的要求分析整理后，与经办数据库中该项业务的原始数据进行比对，以确定该项业务操作准确性。

（五）信息系统监控法

信息系统监控法指通过在信息系统中设定异常指标报警功能，对经办业务操作中的不正常操作进行监控。信息技术的不断完善，已使得通过业务操作软件对操作人员的操作监控成为可能。检查人员只需通过信息系统统计出操作中的异常行为，通过对这些异常行为的筛选，有针对性地到实地进行检查，或通过系统调取该项操作所留存的信息直接进行核对检查。

三、实施监督检查的程序

内控监督检查分为上级经办机构检查部门对下级经办机构内控执行情况进行的检查，以及内控监督检查部门对同级业务经办部门内控执行情况所进行的检查两种形式。由于两种检查的重点不同，检查适用的程序也有所不同。

（一）上级检查机构对下级内控执行情况的检查

上级检查机构对下级内控执行情况进行的检查，往往是针对重点内容进行的专项检查，其工作重点是发现问题督促整改，因此，其检查大致分为准备、检查和督促整改三个阶段。

1. 准备阶段

准备阶段是按年初工作计划或一段时间内经办工作中出现的热点

焦点问题，以及受理举报针对某一专项问题的检查而进行必要准备的阶段。这一阶段的工作内容主要有：制订检查方案、成立检查组、收集相关资料、印发检查通知等。

（1）制订检查方案。检查开始前，内控监督检查部门应当对检查工作的具体实施做出总体部署，制订出详细的检查方案，保证检查工作的顺利推进，具体包括检查的内容、检查的层级范围、检查时间、检查人员组成、检查的方式、特殊情况的处理、对检查结果的奖惩、后勤保障等内容。除事先通知将会对内控监督检查造成不良影响的情形外（如受理举报并由上级机构直接进行的监督检查等），检查方案确定后，内控监督检查部门应当及时将该方案印发给相关被检查单位，要求被检查单位准备好检查所需的资料并做好自查工作。

（2）成立检查组。按照检查方案的要求，内控监督检查部门要抽调专业人员组成检查组，并指定检查组组长，确定每个检查组的被检查单位名单。

（3）收集整理相关资料。检查组应当根据检查的内容，收集检查所适用的政策规定、被检查单位以往被检查情况的报告、近段时期被检查单位报送的相关业务报表或计算机分析数据等。根据收集的资料，检查组初步确定对每个被检查单位的检查思路和重点。

2. 检查阶段

检查阶段是检查组具体开展检查的阶段，是整个检查工作程序中最重要的阶段。

（1）听取情况汇报。检查组人员通过听取被检查单位的情况汇报，以及对社会保险内控管理工作情况的调查询问，初步对被检查单位社会保险的内控措施、经办人员素质、应对风险的能力等作出一个概括的评价。

（2）提取数据资料。检查人员根据确定的检查重点，通过查阅与检查事项相关的资料，询问被检查单位相关的人员，调取社会保险数据库中的数据信息，以多种方式复制相关证据资料，并对检查的每一个环节逐一记录，包括检查的资料名称、资料中所涉及人员的基本情况、检查中所涉及的每一项数据等，从而全面提取并记录与检查事项相关的数据资料。必要时，检查组还可对经办机构的服务对象以及定点零售药店和定点医疗机构延伸检查。

（3）审核比对数据。根据提取的资料数据，检查人员应按照规定的要求，对检查事项逐项审核比对，既包括对业务资料准确性的审核比对，也包括对业务结果数据的审核比对。

（4）听取陈述申辩。审核完成后，检查人员应将初步审核结果告知被检查单位，听取被检查单位对有关问题的陈述和申辩，并根据被检查单位陈述申辩的情况和被检查单位补充提供的相关资料，对初步审核结果进行复核。

（5）当面反馈意见。复核完成后，检查组应制作检查意见书，将检查中发现的问题和整改要求向被检查单位当面进行反馈。如在检查中发现较为严重的违法违规行为的，检查组应及时将检查情况上报，经研究后再予以反馈。

3. 督促整改阶段

督促整改阶段是指检查人员要求被检查单位完成整改问题的时间期限。检查人员应与被检查单位及时沟通，了解整改的进度和整改中存在的问题，督促被检查单位及时整改。被检查单位整改完毕后，应及时将整改后的资料报送检查组。

检查完成后，检查的组织者应针对检查情况实施奖惩。《社会保险经办机构内部控制暂行办法》（劳社部发［2007］2号）和《社会保险经办机构内部控制检查评估办法》（社保中心函［2009］32号）对内控工作的奖惩都给予了明确的规定。对在内控监督检查评估中被评为优秀的经办机构，一般三年内上级经办机构不再对其进行全面检查评估，同时可以给予表彰奖励。人力资源和社会保障部社会保险事业管理中心将在各省推荐的基础上对内部控制管理工作成绩显著的经办机构给予表彰奖励。

上级经办机构对检查评估中发现的问题，要建立动态管理机制，跟踪整改落实，对涉嫌发生违法案件的经办机构，省级经办机构要在案件发现一个月内对其内部控制进行检查评估，且当年内控监督检查定为不合格等级。

对经办人员不遵守内控制度而造成不良后果的，应视情节轻重追究相应行政责任，并予以相应处罚；情节严重构成犯罪的，依法追究刑事责任。

（二）内控监督检查部门对本级内控执行情况的检查

内控监督检查部门对本级业务部门的内控监督检查，不仅包括对内控制度执行情况的监督检查，而且还包括对制度运行情况的风险评估，是对内控执行情况的全环节、全过程的检查。其检查程序主要包括检查准备、实施检查、评估报告、完善整改四个阶段。

1. 准备阶段

内控监督检查部门的工作内容主要有：确定检查范围、收集相关资料、分析确定风险点、拟订具体检查方案、送达检查通知等。

（1）确定检查范围。按照年初制订的内控监督检查计划或者上级安排的专项检查任务，以及群众举报的线索，内控监督检查部门要确定检查的范围，包括检查所涉及的险种、检查的项目、检查所涉及的业务环节等。

（2）确定检查人员。内控监督检查部门在开始检查前要确定检查负责人和成员，由负责人主导整个检查活动。

（3）收集整理相关资料。检查人员应当及时查阅涉及检查范围的内控制度，收集近段时期涉及该检查范围的业务报表或计算机分析数据等。

（4）分析确定风险点。根据收集到的资料和所需检查项目的业务运行流程图，分析查找检查项目存在的风险点，并对查找出的风险点按对经办业务的影响程度进行排序，以确定检查重点。

（5）拟订具体工作方案。根据收集整理的资料和风险点分析，检查人员应拟订具体工作方案，包括检查范围、检查时间、检查重点、检查的方式、特殊情况的处理等内容。

（6）送达检查通知。正式开始检查前，检查人员一般应按相关规定提前将检查的有关内容、要求、方法和需要准备的资料等事项通知被检查部门。但有特殊情况或其他不适宜事前通知的事项时,可不事先通知被检查部门。

2. 实施检查阶段

实施检查阶段的主要内容有:

(1) 调取相关数据资料。检查人员通过询问、调阅、复制、照相等方式调取被检查单位相关的数据资料,并认真记录检查的每一个环节,包括检查了哪些资料,资料中所涉及人员的基本情况,检查中所涉及的每一项数据,以及通过业务重做方式得出的数据结果等。检查人员将这些情况整理成检查记录,最后让被检查岗位经办人员核对签字确认。

(2) 核对相关数据,判断内控制度设计和运行的有效性。检查人员根据事前列出的风险图表,将所调取的数据资料通过与数据库信息比照核对、业务重做等方式,对风险点逐项进行复核。从而判断被检查单位相关业务数据的准确性,以及相关内控制度执行的有效性。

(3) 与具体业务经办人员进行信息沟通与交流,听取被检查单位的意见。检查人员应如实记录检查中所发现的问题,并对发现的问题及时与被检查单位相关人员进行沟通与交流,了解和分析问题产生的原因以及相应的解决或预防措施。

交流沟通是内控监督检查的重要方法,充分体现"以人为本"的管理理念。检查人员与被检查部门、岗位之间应当以平等的身份进行交流,沟通应力求准确、客观、清晰、简洁、完整、及时、富有建设性。不仅要做到知己知彼,有的放矢,更要减少因沟通产生的风险。避免由于信息的不准确、不及时、不完整所造成的决策失误和决策缓慢,以及由于沟通不力,或不能很好地了解信息,致使出现对信息的错误理解,并导致抵触检查等不适当的行动。

3. 评估报告阶段

(1) 分析评估。检查人员经与被检查部门进行沟通,并对检查中发现的问题经双方确认后,应在撰写检查报告前,对检查中涉及的各项制度和流程进行风险评估。既包括对已出现问题的环节中涉及的制度和程序漏洞的分析,也包括对虽然尚未出现问题,但已对经办操作和政策的正确执行造成隐患的潜在风险的评估。分析评估一般应从制度和执行两个层面进行。制度层面包括:被检查对象现在执行的政策是否与政策法规冲突,冲突后所进行的调整措施是否可行,调整措施是否得到执行等。执行层面包括:经办岗位设置、流程制定、人员管理、信息传递等业务运行是否存在问题,以及对经办管理服务运行的影响等。通过分析,对已经发生或潜在的风险问题,分别提出明确的整改建议和方案。

(2) 制作内控监督检查报告,报领导审批。检查人员应将检查情况与分析评估意见整理成完整的工作报告,报告内容主要包括:检查时间、被检查部门、检查的内容、检查的过程、检查中发现的问题、分析评估的意见以及整改建议等。

4. 完善整改阶段

完善整改阶段是内控监督检查的最后一个阶段,也是内控监督检查工作的意义所在。只有业务部门和岗位堵塞了经办漏洞,提高了经办质量,基金的安全与完整得到保障,内控监督检查才达到最终目的。这个阶段,检查人员应积极督促被检查单位将内控监督检查中发现的问题和漏洞及时整改到位。具体工作包括:(1) 送达检查意见书,督促落实。(2) 对整改情况进行复查,在整改期限截止后,对存在问题的业务环节进行复查,实地落实整改情况。(3) 落实内控奖惩制度,起草有关文书等。

第四节 内控监督检查应注意的问题

内控监督检查是经办机构内部控制措施得以持续有效运行的重要保障,是对内部控制的再监督。如果说建立和有效执行内控制度是防范经办管理风险的第一道屏障,那么实施内控监督检查就是最后的一道屏障。没有有效的监督检查工作,经办管理风险就可能转化成损失。因此,加强经办机构内控监督检查部门的自身建设,配齐配强监督检查人员,健全检查机制,创新检查方法,是实现内控整体目标的客观要求。

一、加强内控监督组织建设

内控监督检查是对经办工作的全过程和全环节的监督,而且是日常性的长效监督,如果没有一个专门的内控监督检查部门,监督检查工作就会因缺乏长效机制而难以正常进行。目前,市、县两级经办机构监督检查组织不健全是一个普遍现象,因稽核部门编制不到位,许多地区安排行政或财务部门兼管内控监督检查,甚至还有指定某一业务部门负责的状况。这些状况不符合监督检查分设和保证独立性的要求,实践中监督检查流于形式,难以发挥应有的作用。

随着经办管理转型(粗放转向精细化),许多地区经办机构在健全内控监督检查组织建设方面作出了有益的探索。有的将原有的稽核管理科更名为稽核和审计管理科,赋予其内控监督检查职能;有的成立了专门的内控部门,全权负责内控监督检查工作;还有的成立内控监督检查工作组,抽调各业务部门人员参加。郑州市社会保险稽查大队(隶属于郑州市人社局直接管理)负责对各险种经办机构内控制度运行情况的监督检查和评估。郑州模式对人社系统而言是内部监督,相对于各经办机构又是外部监督。具体实施既能对经办业务各个环节进行全程监控,又充分保障了内控监督检查的独立性,是经办管理一种典型的执行与监督分设的组织模式。

二、配齐配强监督检查人员

内控监督检查人员的综合素质高低,直接影响内控监督检查工作的效率、质量和内控目标的实现。经办机构应重视选配与工作要求相适应的人员从事内控监督检查工作。

首先,内控监督检查人员应当具有事业心和政治责任感,能够站在为社会保险事业负责的高度,约束和鞭策自己认真履行监督检查职责。

其次,内控监督检查人员应具有全面的专业素质。因内控监督检查涉及经办业务的各个环节,内控监督检查人员要熟悉和掌握各项经办管理的业务流程、业务规程,还应具备一定的财务、会计、信息系统等专业知识和技能。

最后,内控监督检查人员应熟悉政策法规并善于沟通,能正确判断经办行为是否符合政策规定,以及应对和正确处理遇到的风险情况。为提高内控监督检查人员的综合业务素质,经办机构应当建立科学实用的培训机制。一是加强对新录用人员和职位转换人员的专项培训,使其尽快了解和掌握相关政策法规。二是强化对内控监督检查人员的在岗培训,帮助他们尽快适应政策法规变化,实现知识更新。尤其是根据专项检查工作的需要,有针对性地进行培训。三是严把监督检查部门的进人关,保证新增内控监督检查人员的素质要求。

三、健全监督检查工作机制

建立健全长效的监督检查工作机制,是内控监督检查的客观要求。

首先,应建立一整套科学完善的监督检查制度,内容应当涵盖检查主体、检查的内容、检查的程序和方法、检查人员的权利和义务、检查结果的报告与使用等保障内控监督检查客观公正开展的各项内容,以制度保障实施监督检查工作的权威性、规范性和长效性。

其次,要制订监督检查年度工作计划,计划包括日常性的监督检查和不定期的监督抽查。日常性监督检查要求检查部门按年、季、月、周制订检查计划,并按计划组织实施。其中,日常性监督检查包括实地不定期的抽查和能对信息系统数据实时监控的非现场检查。不定期监督抽查要求根据一段时间内经办工作中出现的倾向性问题,或者计算机系统监控出的异常信息,组织人员集中进行。制订不定期抽查监督计划,对抽查监督启动的条件、检查频率、抽查的范围等内容应予以明确。

最后,要建立监督检查绩效考核体系,以便客观衡量监督检查工作绩效。经办机构应从实际出发设计考核指标，保证绩效考核具有可操作性。

四、适时创新监督检查方法

广义上，监督检查方法应包括监督检查取证和组织监督检查的方法。狭义上，监督检查方法仅指监督检查取证的方法。组织监督检查的方法，是指以监督检查的经办业务为主线，对检查的全过程进行组织协调和管理，以最经济的方式达到检查目的的方法。监督检查取证的方法，是指为调取搜集证据，了解事实真相而采用的手段和方法，如询问法、分析法、观察法、抽样调查法等。创新监督检查方法，就是要从广义的角度理解监督检查的方法，结合经办工作的实际，顺应经办业务发展需要，运用各种技术资源，从组织检查到调取证据，再到结果处理，全过程实现方法创新。

以往经办机构的内控监督检查重点放在了对基金财务账务的复核上，即重点对财务数据的真实性和合法性进行审核，与之相对应的监督检查方法也主要是针对查账而采用的，如对账册数据的核对法、财务数据与业务数据的比对法、运用计算机对数据进行综合分析比对法等。随着经办管理理念的转变和经办内容的不断扩展，以及经办手段的逐步信息化，原有这些方法已不能满足内控监督检查的需要。顺应经办业务发展的需要，适时创新监督检查方法，成为提高内控监督检查能力的必然要求。如信息系统在经办机构中的普遍使用，到经办业务现场进行检查正逐步被信息系统的实时监控所取代，检查人员不必再逐笔逐项核查经办的每笔业务操作是否规范，而是通过信息系统所设定的指标，点点鼠标即可发现业务操作的异常现象。再如，内控监督检查作为一项系统性工作，检查中不能就数据而审数据，应当追寻产生错误的原因，以及对相关环节的影响，因此检查人员应当运用统筹方法，筛选出每项数据的关联项，以点带面，彻底消除错误影响。又如对检查结果的整改，应当全面分析产生问题的原因，统筹考虑整改的可行性，以及对相关环节的影响，根据实际情况，创造性地提出解决问题的方法和措施，而不能为整改而整改，以免牵一发而动全身,反而起不到应有的效果。

思考题:

1. 加强内控监督检查的意义有哪些?
2. 如何建立内控监督检查的长效机制?
3. 实施内控监督检查的程序有哪些?
4. 如何创新内控监督检查方法?

附件

社会保险审计暂行规定

劳社部发〔1995〕329号

第一条 为加强社会保险基金管理,严肃财经法纪,促进社会保险事业的健康发展,根据《中华人民共和国审计法》《中华人民共和国劳动法》的有关规定,制定本规定。

第二条 各级国家审计机关应当加强对劳动行政部门及社会保险基金经办机构和劳动就业服务机构管理的社会保险基金、资金的财务收支的审计,对其内部审计工作进行指导和监督。

第三条 各级劳动行政部门负责对本级社会保险基金经办机构和劳动就业服务机构的审计监督。

上级社会保险基金经办机构负责对下级社会保险基金经办机构的审计监督;上级劳动就业服务机构负责对下级劳动就业服务机构的审计监督。

地方各级社会保险基金经办机构、劳动就业服务机构和系统统筹部门的社会保险基金经办机构,负责本地区、本部门管理范围内用人单位的社会保险审计事项。

第四条 社会保险的内部审计监督,在本单位主要负责人的直接领导下实施。

第五条 劳动行政部门及社会保险基金经办机构、劳动就业服务机构依法进行审计监督。其依法作出的审计决定,有关部门和单位必须执行。

第六条 社会保险审计人员应当具备与所从事的审计工作相适应的专业知识和业务能力。

第七条　社会保险审计人员办理审计事项，应依法实行回避制度。

第八条　社会保险审计人员办理审计事项，应实事求是、客观公正、廉洁奉公、保守秘密。

第九条　社会保险审计人员依法行使职权受法律保护。

第十条　本规定第三条第一、二款规定的审计监督包括下列事项：

（一）社会保险基金和管理服务费预算的执行情况和决算；

（二）各项社会保险基金的核定、收缴、支付、上解、下拨、储存、调剂及管理服务费和其他专项经费的提取、使用、上解、下拨；

（三）社会保险基金运营的经济效益；

（四）购置固定资产的资金来源、使用、保管及工程预决算的情况；

（五）国家财经法纪的执行情况和其他有关经济活动及会计行为的合法性；

（六）上级社会保险基金经办机构和劳动就业服务机构交办的以及国家审计机关委托的审计事项。

第十一条　社会保险基金经办机构和劳动就业服务机构对用人单位的下列事项进行审计监督：

（一）在职职工和社会保险待遇享受人员的人数及花名册；

（二）工资总额填报的真实性和合法性；

（三）上缴各项社会保险基金的情况；

（四）支付社会保险金和享受社会保险待遇人员的落实情况。

第十二条　上级社会保险基金经办机构和劳动就业服务机构可以将其审计范围内的审计事项授权下级社会保险基金经办机构和劳动就业服务机构进行审计，也可对下级社会保险基金经办机构和劳动就业服务机构审计范围内的重大审计事项直接审计。

第十三条　劳动行政部门及社会保险基金经办机构和劳动就业服务机构具有以下审计权限：

（一）要求被审计单位报送有关的预算、决算、报告、报表和财务会计等资料；

（二）检查被审计单位有关的会计凭证、账簿、报表、资料和资产，参加被审计单位的有关会议；

（三）向有关部门、单位和个人进行调查；

（四）对被审计单位违反法律、法规的行为，有权制止，并由社会保险基金经办机构和劳动就业服务机构建议劳动行政部门给予行政处罚；构成犯罪的，提请司法机关依法追究刑事责任。

第十四条 社会保险审计应按以下程序进行：

（一）向被审计单位发出《审计通知书》；

（二）依据本规定第十三条规定的权限进行调查取证，调查时应当出示审计证件和审计通知书副本；

（三）提出审计报告，并征求被审计单位的意见。被审计单位应当在接到审计报告十日内提出书面意见。未提出书面意见的，视同没有异议；

（四）出具审计意见书和作出审计决定；

（五）审计意见书和审计决定经批准后发送被审计单位；

（六）被审计单位对审计决定如有异议，可以申请审议复议。用人单位对审计复议决定不服的，可以向人民法院提起诉讼。

复议期间，不影响审计决定的执行。

第十五条 社会保险基金经办机构和劳动就业服务机构进行的工作调查，不适用第十四条规定的审计程序。

第十六条 社会保险审计可以采取就地审计、报送审计或与国家审计机关联合审计等方式进行。

第十七条 需要委托审计师事务所或会计师事务所审计时，应当在事前就委托审计事项签订委托业务协议书，并就委托审计事项通知被审计单位。审计终结，由受委托方向委托方提交审计报告，委托方视情况出具审计意见书或作出审计决定，并发送被审计单位。

第十八条 社会保险审计的情况应当向同级国家审计机关、劳动行政部门及上级社会保险基金经办机构和劳动就业服务机构报告。

各级国家审计机关对社会保险基金和管理服务费的审计情况应当向同级劳动行政部门及上级社会保险基金经办机构和劳动就业服务机构通报。

第十九条 已经国家审计机关审计的，在半年内劳动行政部门或社会保险基金经办机构、劳动就业服务机构不得重复审计；已经劳动行政部门或社会保险基金经办机构、劳动就业服务机构审计的，除国家审计机关外，在半年内其他部门不得重复审计。

第二十条 劳动行政部门及社会保险基金经办机构和劳动就业服务机构应按照有关规定建立审计档案。

第二十一条 拒绝、阻挠社会保险审计人员依法执行公务或打击报复社会保险审计人员的，由劳动行政部门或者有关部门给予行政处分；构成犯罪的，依法追究刑事责任。

第二十二条 社会保险审计人员滥用职权、玩忽职守、徇私舞弊，构成犯罪的，依法追究刑事责任；不构成犯罪的，给予行政处分。

第二十三条 省、自治区、直辖市劳动行政部门可以根据本规定，结合本地区的实际情况制定实施办法，并报劳动部和国家审计署备案。

第二十四条 本规定由劳动部、国家审计署负责解释。

第二十五条 本规定自一九九五年十月一日起施行。

会计基础工作规范

财会字 [1996] 19 号

第一章 总 则

第一条 为了加强会计基础工作，建立规范的会计工作秩序，提高会计工作水平，根据《中华人民共和国会计法》的有关规定，制定本规范。

第二条 国家机关、社会团体、企业、事业单位、个体工商户和其他组织的会计基础工作，应当符合本规范的规定。

第三条 各单位应当依据有关法律、法规和本规范的规定，加强会计基础工作，严格执行会计法规制度，保证会计工作依法有序地进行。

第四条 单位领导人对本单位的会计基础工作负有领导责任。

第五条 各省、自治区、直辖市财政厅（局）要加强对会计基础工作的管理和指导，通过政策引导、经验交流、监督检查等措施，促进基层单位加强会计基础工作，不断提高会计工作水平。

国务院各业务主管部门根据职责权限管理本部门的会计基础工作。

第二章 会计机构和会计人员

第一节 会计机构设置和会计人员配备

第六条 各单位应当根据会计业务的需要设置会计机构；不具备单独设置会计机构条件的，应当在有关机构中配备专职会计人员。

事业行政单位会计机构的设置和会计人员的配备,应当符合国家统一事业行政单位会计制度的规定。

设置会计机构,应当配备会计机构负责人;在有关机构中配备专职会计人员,应当在专职会计人员中指定会计主管人员。

会计机构负责人、会计主管人员的任免,应当符合《中华人民共和国会计法》和有关法律的规定。

第七条 会计机构负责人、会计主管人员应当具备下列基本条件:

(一)坚持原则,廉洁奉公;

(二)具有会计专业技术资格;

(三)主管一个单位或者单位内一个重要方面的财务会计工作时间不少于2年;

(四)熟悉国家财经法律、法规、规章和方针、政策,掌握本行业业务管理的有关知识;

(五)有较强的组织能力;

(六)身体状况能够适应本职工作的要求。

第八条 没有设置会计机构和配备会计人员的单位,应当根据《代理记账管理暂行办法》委托会计师事务所或者持有代理记账许可证书的其他代理记账机构进行代理记账。

第九条 大、中型企业、事业单位、业务主管部门应当根据法律和国家有关规定设置总会计师。总会计师由具有会计师以上专业技术资格的人员担任。总会计师行使《总会计师条例》规定的职责、权限。

总会计师的任命(聘任)、免职(解聘)依照《总会计师条例》和有关法律的规定办理。

第十条 各单位应当根据会计业务需要配备持有会计证的会计人员。未取得会计证的人员,不得从事会计工作。

第十一条 各单位应当根据会计业务需要设置会计工作岗位。

会计工作岗位一般可分为:会计机构负责人或者会计主管人员,

出纳，财产物资核算，工资核算，成本费用核算；财务成果核算，资金核算，往来结算，总账报表，稽核，档案管理等。开展会计电算化和管理会计的单位，可以根据需要设置相应工作岗位，也可以与其他工作岗位相结合。

第十二条 会计工作岗位，可以一人一岗、一人多岗或者一岗多人。但出纳人员不得兼管审核、会计档案保管和收入、费用、债权债务账目的登记工作。

第十三条 会计人员的工作岗位应当有计划地进行轮换。

第十四条 会计人员应当具备必要的专业知识和专业技能，熟悉国家有关法律、法规，规章和国家统一会计制度，遵守职业道德。

会计人员应当按照国家有关规定参加会计业务的培训。各单位应当合理安排会计人员的培训，保证会计人员每年有一定时间用于学习和参加培训。

第十五条 各单位领导人应当支持会计机构、会计人员依法行使职权；对忠于职守，坚持原则，做出显著成绩的会计机构、会计人员，应当给予精神的和物质的奖励。

第十六条 国家机关、国有企业、事业单位任用会计人员应当实行回避制度。

单位领导人的直系亲属不得担任本单位的会计机构负责人、会计主管人员。会计机构负责人、会计主管人员的直系亲属不得在本单位会计机构中担任出纳工作。

需要回避的直系亲属为：夫妻关系、直系血亲关系、三代以内旁系血亲以及配偶亲关系。

第二节 会计人员职业道德

第十七条 会计人员在会计工作中应当遵守职业道德，树立良好的职业品质，严谨的工作作风，严守工作纪律，努力提高工作效率和工作质量。

第十八条 会计人员应当热爱本职工作，努力钻研业务，使自己的知识和技能适应所从事工作的要求。

第十九条 会计人员应当熟悉财经法律、法规、规章和国家统一会计制度,并结合会计工作进行广泛宣传。

第二十条 会计人员应当按照会计法律、法规和国家统一会计制度规定的程序和要求进行会计工作,保证所提供的会计信息合法、真实、准确、及时、完整。

第二十一条 会计人员办理会计事务应当实事求是、客观公正。

第二十二条 会计人员应当熟悉本单位的生产经营和业务管理情况,运用掌握的会计信息和会计方法,为改善单位内部管理、提高经济效益服务。

第二十三条 会计人员应当保守本单位的商业秘密。除法律规定和单位领导人同意外,不能私自向外界提供或者泄露单位的会计信息。

第二十四条 财政部门、业务主管部门和各单位应当定期检查会计人员遵守职业道德的情况,并作为会计人员晋升、晋级、聘任专业职务、表彰奖励的重要考核依据。

会计人员违反职业道德的,由所在单位进行处罚;情节严重的,由会计证发证机关吊销其会计证。

第三节 会计工作交接

第二十五条 会计人员工作调动或者因故离职,必须将本人所经管的会计工作全部移交给接替人员。没有办清交接手续的,不得调动或者离职。

第二十六条 接替人员应当认真接管移交工作,并继续办理移交的未了事项。

第二十七条 会计人员办理移交手续前,必须及时做好以下工作:

(一)已经受理的经济业务尚未填制会计凭证的,应当填制完毕。

(二)尚未登记的账目,应当登记完毕,并在最后一笔余额后加盖经办人员印章。

（三）整理应该移交的各项资料，对未了事项写出书面材料。

（四）编制移交清册，列明应当移交的会计凭证、会计账簿、会计报表、印章、现金、有价证券、支票簿、发票、文件、其他会计资料和物品等内容；实行会计电算化的单位，从事该项工作的移交人员还应当在移交清册中列明会计软件及密码、会计软件数据磁盘（磁带等）及有关资料、实物等内容。

第二十八条　会计人员办理交接手续，必须有监交人负责监交。一般会计人员交接，由单位会计机构负责人、会计主管人员负责监交；会计机构负责人、会计主管人员交接，由单位领导人负责监交，必要时可由上级主管部门派人会同监交。

第二十九条　移交人员在办理移交时，要按移交清册逐项移交；接替人员要逐项核对点收。

（一）现金、有价证券要根据会计账簿有关记录进行点交。库存现金、有价证券必须与会计账簿记录保持一致。不一致时，移交人员必须限期查清。

（二）会计凭证、会计账簿、会计报表和其他会计资料必须完整无缺。如有短缺，必须查清原因，并在移交清册中注明，由移交人员负责。

（三）银行存款账户余额要与银行对账单核对，如不一致，应当编制银行存款余额调节表调节相符，各种财产物资和债权债务的明细账户余额要与总账有关账户余额核对相符；必要时，要抽查个别账户的余额，与实物核对相符，或者与往来单位、个人核对清楚。

（四）移交人员经管的票据、印章和其他实物等，必须交接清楚；移交人员从事会计电算化工作的，要对有关电子数据在实际操作状态下进行交接。

第三十条　会计机构负责人、会计主管人员移交时，还必须将全部财务会计工作、重大财务收支和会计人员的情况等，向接替人员详细介绍。对需要移交的遗留问题，应当写出书面材料。

第三十一条 交接完毕后,交接双方和监交人员要在移交注册上签名或者盖章,并应在移交注册上注明:单位名称,交接日期,交接双方和监交人员的职务、姓名,移交清册页数以及需要说明的问题和意见等。

移交清册一般应当填制一式三份,交接双方各执一份,存档一份。

第三十二条 接替人员应当继续使用移交的会计账簿,不得自行另立新账,以保持会计记录的连续性。

第三十三条 会计人员临时离职或者因病不能工作且需要接替或者代理的,会计机构负责人、会计主管人员或者单位领导人必须指定有关人员接替或者代理,并办理交接手续。

临时离职或者因病不能工作的会计人员恢复工作的,应当与接替或者代理人员办理交接手续。

移交人员因病或者其他特殊原因不能亲自办理移交的,经单位领导人批准,可由移交人员委托他人代办移交,但委托人应当承担本规范第三十五条规定的责任。

第三十四条 单位撤销时,必须留有必要的会计人员,会同有关人员办理清理工作,编制决算。未移交前,不得离职。接收单位和移交日期由主管部门确定。

单位合并、分立的,其会计工作交接手续比照上述有关规定办理。

第三十五条 移交人员对所移交的会计凭证、会计账簿、会计报表和其他有关资料的合法性、真实性承担法律责任。

第三章 会 计 核 算

第一节 会计核算一般要求

第三十六条 各单位应当按照《中华人民共和国会计法》和国家

统一会计制度的规定建立会计账册，进行会计核算，及时提供合法、真实、准确、完整的会计信息。

第三十七条 各单位发生的下列事项，应当及时办理会计手续、进行会计核算：

（一）款项和有价证券的收付；

（二）财物的收发、增减和使用；

（三）债权债务的发生和结算；

（四）资本、基金的增减；

（五）收入、支出、费用、成本的计算；

（六）财务成果的计算和处理；

（七）其他需要办理会计手续、进行会计核算的事项。

第三十八条 各单位的会计核算应当以实际发生的经济业务为依据，按照规定的会计处理方法进行，保证会计指标的口径一致、相互可比和会计处理方法的前后各期相一致。

第三十九条 会计年度自公历1月1日起至12月31日止。

第四十条 会计核算以人民币为记账本位币。

收支业务以外国货币为主的单位，也可以选定某种外国货币作为记账本位币，但是编制的会计报表应当折算为人民币反映。

境外单位向国内有关部门编报的会计报表，应当折算为人民币反映。

第四十一条 各单位根据国家统一会计制度的要求，在不影响会计核算要求、会计报表指标汇总和对外统一会计报表的前提下，可以根据实际情况自行设置和使用会计科目。

事业行政单位会计科目的设置和使用，应当符合国家统一事业行政单位会计制度的规定。

第四十二条 会计凭证、会计账簿、会计报表和其他会计资料的内容和要求必须符合国家统一会计制度的规定，不得伪造、变造会计凭证和会计账簿，不得设置账外账，不得报送虚假会计报表。

第四十三条 各单位对外报送的会计报表格式由财政部统一

规定。

第四十四条 实行会计电算化的单位,对使用的会计软件及其生成的会计凭证、会计账簿、会计报表和其他会计资料的要求,应当符合财政部关于会计电算化的有关规定。

第四十五条 各单位的会计凭证、会计账簿、会计报表和其他会计资料,应当建立档案,妥善保管。会计档案建档要求、保管期限、销毁办法等依据《会计档案管理办法》的规定进行。

实行会计电算化的单位,有关电子数据、会计软件资料等应当作为会计档案进行管理。

第四十六条 会计记录的文字应当使用中文,少数民族自治地区可以同时使用少数民族文字。中国境内的外商投资企业、外国企业和其他外国经济组织也可以同时使用某种外国文字。

第二节 填制会计凭证

第四十七条 各单位办理本规范第三十七条规定的事项,必须取得或者填制原始凭证,并及时送交会计机构。

第四十八条 原始凭证的基本要求是:

(一)原始凭证的内容必须具备:凭证的名称;填制凭证的日期;填制凭证单位名称或者填制人姓名;经办人员的签名或者盖章;接受凭证单位名称;经济业务内容;数量、单价和金额。

(二)从外单位取得的原始凭证,必须盖有填制单位的公章;从个人取得的原始凭证,必须有填制人员的签名或者盖章。自制原始凭证必须有经办单位领导人或者其指定的人员签名或者盖章。对外开出的原始凭证,必须加盖本单位公章。

(三)凡填有大写和小写金额的原始凭证,大写与小写金额必须相符。购买实物的原始凭证,必须有验收证明。支付款项的原始凭证,必须有收款单位和收款人的收款证明。

(四)一式几联的原始凭证,应当注明各联的用途,只能以一联作为报销凭证。一式几联的发票和收据,必须用双面复写纸(发票和收据本身具备复写纸功能的除外）套写，并连续编号。作废时应当加盖"作废"戳记，连同存根一起保存，不得撕毁。

（五）发生销货退回的，除填制退货发票外，还必须有退货验收证明；退款时，必须取得对方的收款收据或者汇款银行的凭证，不得以退货发票代替收据。

（六）职工公出借款凭据，必须附在记账凭证之后。收回借款时，应当另开收据或者退还借据副本，不得退还原借款收据。

（七）经上级有关部门批准的经济业务，应当将批准文件作为原始凭证附件。如果批准文件需要单独归档的，应当在凭证上注明批准机关名称、日期和文件字号。

第四十九条 原始凭证不得涂改、挖补。发现原始凭证有错误的，应当由开出单位重开或者更正，更正处应当加盖开出单位的公章。

第五十条 会计机构、会计人员要根据审核无误的原始凭证填制记账凭证。

记账凭证可以分为收款凭证、付款凭证和转账凭证，也可以使用通用记账凭证。

第五十一条 记账凭证的基本要求是：

（一）记账凭证的内容必须具备：填制凭证的日期；凭证编号；经济业务摘要；会计科目；金额；所附原始凭证张数；填制凭证人员、稽核人员、记账人员、会计机构负责人、会计主管人员签名或者盖章。收款和付款记账凭证还应当由出纳人员签名或者盖章。以自制的原始凭证或者原始凭证汇总表代替记账凭证的，也必须具备记账凭证应有的项目。

（二）填制记账凭证时，应当对记账凭证进行连续编号。一笔经济业务需要填制两张以上记账凭证的，可以采用分数编号法编号。

（三）记账凭证可以根据每一张原始凭证填制，或者根据若干张同类原始凭证汇总填制，也可以根据原始凭证汇总表填制。但不得将不同内容和类别的原始凭证汇总填制在一张记账凭证上。

（四）除结账和更正错误的记账凭证可以不附原始凭证外，其他记账凭证必须附有原始凭证。如果一张原始凭证涉及几张记账凭证，可以把原始凭证附在一张主要的记账凭证后面，并在其他记账凭证上注明附有该原始凭证的记账凭证的编号或者附原始凭证复印件。

一张原始凭证所列支出需要几个单位共同负担的，应当将其他单位负担的部分，开给对方原始凭证分割单，进行结算。原始凭证分割单必须具备原始凭证的基本内容：凭证名称、填制凭证日期、填制凭证单位名称或者填制人姓名、经办人的签名或者盖章、接受凭证单位名称、经济业务内容、数量、单价、金额和费用分摊情况等。

（五）如果在填制记账凭证时发生错误，应当重新填制。

已经登记入账的记账凭证，在当年内发现填写错误时，可以用红字填写一张与原内容相同的记账凭证，在摘要栏注明"注销某月某日某号凭证"字样，同时再用蓝字重新填制一张正确的记账凭证，注明"订正某月某日某号凭证"字样。如果会计科目没有错误，只是金额错误，也可以将正确数字与错误数字之间的差额，另编一张调整的记账凭证，调增金额用蓝字，调减金额用红字。发现以前年度记账凭证有错误的，应当用蓝字填制一张更正的记账凭证。

（六）记账凭证填制完经济业务事项后，如有空行，应当自金额栏最后一笔金额数字下的空行处至合计数上的空行处画线注销。

第五十二条 填制会计凭证，字迹必须清晰、工整，并符合下列要求：

（一）阿拉伯数字应当一个一个地写，不得连笔写。阿拉伯金额数字前面应当书写货币币种符号或者货币名称简写和币种符号。币种符号与阿拉伯金额数字之间不得留有空白。凡阿拉伯数字前写有币种符号的，数字后面不再写货币单位。

（二）所有以元为单位（其他货币种类为货币基本单位，下同）的阿拉伯数字，除表示单价等情况外，一律填写到角分；无角分的，角位和分位可写"00"，或者符号"——"；有角无分的，分位应当写"0"，不得用符号"——"代替。

（三）汉字大写数字金额如零、壹、贰、叁、肆、伍、陆、柒、捌、玖、拾、佰、仟、万、亿等，一律用正楷或者行书体书写，不得用0、一、二、三、四、五、六、七、八、九、十等简化字代替，不得任意自造简化字。大写金额数字到元或者角为止的，在"元"或者"角"字之后应当写"整"字或者"正"字；大写金额数字有分的，分字后面不写"整"或者"正"字。

（四）大写金额数字前未印有货币名称的，应当加填货币名称，货币名称与金额数字之间不得留有空白。

（五）阿拉伯金额数字中间有"0"时，汉字大写金额要写"零"字；阿拉伯数字金额中间连续有几个"0"时，汉字大写金额中可以只写一个"零"字；阿拉伯金额数字元位是"0"，或者数字中间连续有几个"0"、元位也是"0"但角位不是"0"时，汉字大写金额可以只写一个"零"字，也可以不写"零"字。

第五十三条 实行会计电算化的单位，对于机制记账凭证，要认真审核，做到会计科目使用正确，数字准确无误。打印出的机制记账凭证要加盖制单人员、审核人员、记账人员及会计机构负责人、会计主管人员印章或者签字。

第五十四条 各单位会计凭证的传递程序应当科学、合理，具体办法由各单位根据会计业务需要自行规定。

第五十五条 会计机构、会计人员要妥善保管会计凭证。

（一）会计凭证应当及时传递，不得积压。

（二）会计凭证登记完毕后，应当按照分类和编号顺序保管，不得散乱丢失。

（三）记账凭证应当连同所附的原始凭证或者原始凭证汇总表，按照编号顺序，折叠整齐，按期装订成册，并加具封面，注明单位名称、年度、月份和起讫日期、凭证种类、起讫号码，由装订人在装订线封签外签名或者盖章。

对于数量过多的原始凭证，可以单独装订保管，在封面上注明记账凭证日期、编号、种类，同时在记账凭证上注明"附件另订"和原始凭证名称及编号。

各种经济合同、存出保证金收据以及涉外文件等重要原始凭证，应当另编目录，单独登记保管，并在有关的记账凭证和原始凭证上相互注明日期和编号。

（四）原始凭证不得外借，其他单位如因特殊原因需要使用原始凭证时，经本单位会计机构负责人、会计主管人员批准，可以复制。向外单位提供的原始凭证复制件，应当在专设的登记簿上登记，并由提供人员和收取人员共同签名或者盖章。

（五）从外单位取得的原始凭证如有遗失，应当取得原开出单位盖有公章的证明，并注明原来凭证的号码、金额和内容等，由经办单位会计机构负责人、会计主管人员和单位领导人批准后，才能代作原始凭证。如果确实无法取得证明的，如火车、轮船、飞机票等凭证，由当事人写出详细情况，由经办单位会计机构负责人、会计主管人员和单位领导人批准后，代作原始凭证。

第三节　登记会计账簿

第五十六条　各单位应当按照国家统一会计制度的规定和会计业务的需要设置会计账簿。会计账簿包括总账、明细账、日记账和其他辅助性账簿。

第五十七条　现金日记账和银行存款日记账必须采用订本式账簿。不得用银行对账单或者其他方法代替日记账。

第五十八条　实行会计电算化的单位，用计算机打印的会计账簿必须连续编号，经审核无误后装订成册，并由记账人员和会计机构负责人、会计主管人员签字或者盖章。

第五十九条　启用会计账簿时，应当在账簿封面上写明单位名称和账簿名称。在账簿扉页上应当附启用表，内容包括：启用日期、账簿页数、记账人员和会计机构负责人、会计主管人员姓名，并加盖名章和单位公章。记账人员或者会计机构负责人、会计主管人员调动工作时，应当注明交接日期、接办人员或者监交人员姓名，并由交接双方人员签名或者盖章。

启用订本式账簿，应当从第一页到最后一页顺序编定页数，不得跳页、缺号。使用活页式账页，应当按账户顺序编号，并须定期装订成册。装订后再按实际使用的账页顺序编定页码。另加目录，记明每个账户的名称和页次。

第六十条 会计人员应当根据审核无误的会计凭证登记会计账簿。登记账簿的基本要求是：

（一）登记会计账簿时，应当将会计凭证日期、编号、业务内容摘要、金额和其他有关资料逐项记入账内；做到数字准确、摘要清楚、登记及时、字迹工整。

（二）登记完毕后，要在记账凭证上签名或者盖章，并注明已经登账的符号，表示已经记账。

（三）账簿中书写的文字和数字上面要留有适当空格，不要写满格；一般应占格距的 1/2。

（四）登记账簿要用蓝黑墨水或者碳素墨水书写，不得使用圆珠笔（银行的复写账簿除外）或者铅笔书写。

（五）下列情况，可以用红色墨水记账：

1. 按照红字冲账的记账凭证，冲销错误记录；

2. 在不设借贷等栏的多栏式账页中，登记减少数；

3. 在三栏式账户的余额栏前，如未印明余额方面的，在余额栏内登记负数余额；

4. 根据国家统一会计制度的规定可以用红字登记的其他会计记录。

（六）各种账簿按页次顺序连续登记，不得跳行、隔页。如果发生跳行、隔页，应当将空行、空页划线注销，或者注明"此行空白""此页空白"字样，并由记账人员签名或者盖章。

（七）凡需要结出余额的账户，结出余额后。应当在"借或贷"等栏内写明"借"或者"贷"等字样。没有余额的账户，应当在"借或贷"等栏内写"平"字，并在余额栏内用"$\ominus$"表示。

现金日记账和银行存款日记账必须逐日结出余额。

（八）每一账页登记完毕结转下页时，应当结出本页合计数及余额，写在本页最后一行和下页第一行有关栏内，并在摘要栏内注明"过次页"和"承前页"字样；也可以将本页合计数及金额只写在下页第一行有关栏内，并在摘要栏内注明"承前页"字样。

对需要结计本月发生额的账户，结计"过次页"的本页合计数应当为自本月初起至本页末止的发生额合计数；对需要结计本年累计发生额的账户，结计"过次页"的本页合计数应当为自年初起至本页末止的累计数；对既不需要结计本月发生额也不需要结计本年累计发生额的账户，可以只将每页末的余额结转次页。

第六十一条　实行会计电算化的单位，总账和明细账应当定期打印。

发生收款和付款业务的，在输入收款凭证和付款凭证的当天必须打印出现金日记账和银行存款日记账，并与库存现金核对无误。

第六十二条　账簿记录发生错误，不准涂改、挖补、刮擦或者用药水消除字迹，不准重新抄写，必须按照下列方法进行更正：

（一）登记账簿时发生错误，应当将错误的文字或者数字划红线注销，但必须使原有字迹仍可辨认；然后在划线上方填写正确的文字或者数字，并由记账人员在更正处盖章。对于错误的数字，应当全部划红线更正，不得只更正其中的错误数字。对于文字错误，可只划去错误的部分。

（二）由于记账凭证错误而使账簿记录发生错误，应当按更正的记账凭证登记账簿。

第六十三条　各单位应当定期对会计账簿记录的有关数字与库存实物、货币资金、有价证券、往来单位或者个人等进行相互核对，保证账证相符、账账相符、账实相符。对账工作每年至少进行一次。

（一）账证核对。核对会计账簿记录与原始凭证、记账凭证的时间、凭证字号、内容、金额是否一致，记账方向是否相符。

（二）账账核对。核对不同会计账簿之间的账簿记录是否相符，包括：总账有关账户的余额核对，总账与明细账核对，总账与日记账核对，会计部门的财产物资明细账与财产物资保管和使用部门的有关明细账核对等。

（三）账实核对。核对会计账簿记录与财产等实有数额是否相符。包括：现金日记账账面余额与现金实际库存数相核对；银行存款日记账账面余额定期与银行对账单相核对；各种财物明细账账面余额与财物实存数额相核对；各种应收、应付款明细账账面余额与有关债务、债权单位或者个人核对等。

第六十四条 各单位应当按照规定定期结账。

（一）结账前，必须将本期内所发生的各项经济业务全部登记入账。

（二）结账时，应当结出每个账户的期末余额。需要结出当月发生额的，应当在摘要栏内注明"本月合计"字样，并在下面通栏划单红线。需要结出本年累计发生额的，应当在摘要栏内注明"本年累计"字样，并在下面通栏划单红线；12月末的"本年累计"就是全年累计发生额。全年累计发生额下面应当通栏划双红线。年度终了结账时，所有总账账户都应当结出全年发生额和年末余额。

（三）年度终了，要把各账户的余额结转到下一会计年度，并在摘要栏注明"结转下年"字样；在下一会计年度新建有关会计账簿的第一行余额栏内填写上年结转的余额，并在摘要栏注明"上年结转"字样。

第四节 编制财务报告

第六十五条 各单位必须按照国家统一会计制度的规定，定期编制财务报告。

财务报告包括会计报表及其说明。会计报表包括会计报表主表、会计报表附表、会计报表附注。

第六十六条 各单位对外报送的财务报告应当根据国家统一会计制度规定的格式和要求编制。

单位内部使用的财务报告,其格式和要求由各单位自行规定。

第六十七条 会计报表应当根据登记完整、核对无误的会计账簿记录和其他有关资料编制,做到数字真实、计算准确、内容完整、说明清楚。

任何人不得篡改或者授意、指使、强令他人篡改会计报表的有关数字。

第六十八条 会计报表之间、会计报表各项目之间,凡有对应关系的数字,应当相互一致。本期会计报表与上期会计报表之间有关的数字应当相互衔接。如果不同会计年度会计报表中各项目的内容和核算方法有变更的,应当在年度会计报表中加以说明。

第六十九条 各单位应当按照国家统一会计制度的规定认真编写会计报表附注及其说明,做到项目齐全,内容完整。

第七十条 各单位应当按照国家规定的期限对外报送财务报告。

对外报送的财务报告,应当依次编定页码,加具封面,装订成册,加盖公章。封面上应当注明:单位名称,单位地址,财务报告所属年度、季度、月度,送出日期,并由单位领导人、总会计师、会计机构负责人、会计主管人员签名或者盖章。

单位领导人对财务报告的合法性、真实性负法律责任。

第七十一条 根据法律和国家有关规定应当对财务报告进行审计的,财务报告编制单位应当先行委托注册会计师进行审计,并将注册会计师出具的审计报告随同财务报告按照规定的期限报送有关部门。

第七十二条 如果发现对外报送的财务报告有错误,应当及时办理更正手续。除更正本单位留存的财务报告外,并应同时通知接受财务报告的单位更正。错误较多的,应当重新编报。

第四章 会 计 监 督

第七十三条 各单位的会计机构、会计人员对本单位的经济活动进行会计监督。

第七十四条 会计机构、会计人员进行会计监督的依据是：

（一）财经法律、法规、规章；

（二）会计法律、法规和国家统一会计制度；

（三）各省、自治区、直辖市财政厅（局）和国务院业务主管部门根据《中华人民共和国会计法》和国家统一会计制度制定的具体实施办法或者补充规定；

（四）各单位根据《中华人民共和国会计法》和国家统一会计制度制定的单位内部会计管理制度；

（五）各单位内部的预算、财务计划、经济计划、业务计划。

第七十五条 会计机构、会计人员应当对原始凭证进行审核和监督。

对不真实、不合法的原始凭证，不予受理。对弄虚作假、严重违法的原始凭证，在不予受理的同时，应当予以扣留，并及时向单位领导人报告，请求查明原因，追究当事人的责任。

对记载不明确、不完整的原始凭证，予以退回，要求经办人员更正、补充。

第七十六条 会计机构、会计人员对伪造、变造、故意毁灭会计账簿或者账外设账行为，应当制止和纠正；制止和纠正无效的，应当向上级主管单位报告，请求作出处理。

第七十七条 会计机构、会计人员应当对实物、款项进行监督，督促建立并严格执行财产清查制度。发现账簿记录与实物、款项不符时，应当按照国家有关规定进行处理。超出会计机构、会计人员职权范围的，应当立即向本单位领导报告，请求查明原因，作出处理。

第七十八条 会计机构、会计人员对指使、强令编造、篡改财务报告行为，应当制止和纠正；制止和纠正无效的，应当向上级主管单位报告，请求处理。

第七十九条 会计机构、会计人员应当对财务收支进行监督。

（一）对审批手续不全的财务收支，应当退回，要求补充、更正。

（二）对违反规定不纳入单位统一会计核算的财务收支，应当制止和纠正。

（三）对违反国家统一的财政、财务、会计制度规定的财务收支，不予办理。

（四）对认为是违反国家统一的财政、财务、会计制度规定的财务收支，应当制止和纠正；制止和纠正无效的，应当向单位领导人提出书面意见请求处理。

单位领导人应当在接到书面意见起十日内作出书面决定，并对决定承担责任。

（五）对违反国家统一的财政、财务、会计制度规定的财务收支，不予制止和纠正，又不向单位领导人提出书面意见的，也应当承担责任。

（六）对严重违反国家利益和社会公众利益的财务收支，应当向主管单位或者财政、审计、税务机关报告。

第八十条　会计机构、会计人员对违反单位内部会计管理制度的经济活动，应当制止和纠正；制止和纠正无效的，向单位领导人报告，请求处理。

第八十一条　会计机构、会计人员应当对单位制定的预算、财务计划、经济计划、业务计划的执行情况进行监督。

第八十二条　各单位必须依照法律和国家有关规定接受财政、审计、税务等机关的监督，如实提供会计凭证、会计账簿、会计报表和其他会计资料以及有关情况，不得拒绝、隐匿、谎报。

第八十三条　按照法律规定应当委托注册会计师进行审计的单位，应当委托注册会计师进行审计，并配合注册会计师的工作，如实提供会计凭证、会计账簿、会计报表和其他会计资料以及有关情况，不得拒绝、隐匿、谎报；不得示意注册会计师出具不当的审计报告。

第五章　内部会计管理制度

第八十四条　各单位应当根据《中华人民共和国会计法》和国家

统一会计制度的规定,结合单位类型和内容管理的需要,建立健全相应的内部会计管理制度。

第八十五条 各单位制定内部会计管理制度应当遵循下列原则:

(一)应当执行法律、法规和国家统一的财务会计制度。

(二)应当体现本单位的生产经营、业务管理的特点和要求。

(三)应当全面规范本单位的各项会计工作,建立健全会计基础,保证会计工作的有序进行。

(四)应当科学、合理,便于操作和执行。

(五)应当定期检查执行情况。

(六)应当根据管理需要和执行中的问题不断完善。

第八十六条 各单位应当建立内部会计管理体系。主要内容包括:单位领导人、总会计师对会计工作的领导职责;会计部门及其会计机构负责人、会计主管人员的职责、权限;会计部门与其他职能部门的关系;会计核算的组织形式等。

第八十七条 各单位应当建立会计人员岗位责任制度。主要内容包括:会计人员的工作岗位设置;各会计工作岗位的职责和标准;各会计工作岗位的人员和具体分工;会计工作岗位轮换办法;对各会计工作岗位的考核办法。

第八十八条 各单位应当建立账务处理程序制度。主要内容包括:会计科目及其明细科目的设置和使用;会计凭证的格式、审核要求和传递程序;会计核算方法;会计账簿的设置;编制会计报表的种类和要求;单位会计指标体系。

第八十九条 各单位应当建立内部牵制制度。主要内容包括:内部牵制制度的原则;组织分工;出纳岗位的职责和限制条件;有关岗位的职责和权限。

第九十条 各单位应当建立稽核制度。主要内容包括:稽核工作的组织形式和具体分工;稽核工作的职责、权限;审核会计凭证和复核会计账簿、会计报表的方法。

第九十一条 各单位应当建立原始记录管理制度。主要内容包括：原始记录的内容和填制方法；原始记录的格式；原始记录的审核；原始记录填制人的责任；原始记录签署；传递、汇集要求。

第九十二条 各单位应当建立定额管理制度。主要内容包括：定额管理的范围；制定和修订定额的依据、程序和方法；定额的执行；定额考核和奖惩办法等。

第九十三条 各单位应当建立计量验收制度。主要内容包括：计量检测手段和方法；计量验收管理的要求；计量验收人员的责任和奖惩办法。

第九十四条 各单位应当建立财产清查制度。主要内容包括：财产清查的范围；财产清查的组织；财产清查的期限和方法；对财产清查中发现问题的处理办法；对财产管理人员的奖惩办法。

第九十五条 各单位应当建立财务收支审批制度。主要内容包括：财务收支审批人员和审批权限；财务收支审批程序；财务收支审批人员的责任。

第九十六条 实行成本核算的单位应当建立成本核算制度。主要内容包括：成本核算的对象；成本核算的方法和程序；成本分析等。

第九十七条 各单位应当建立财务会计分析制度。主要内容包括：财务会计分析的主要内容；财务会计分析的基本要求和组织程序；财务会计分析的具体方法；财务会计分析报告的编写要求等。

第六章　附　　则

第九十八条 本规范所称国家统一会计制度，是指由财政部制定、或者财政部与国务院有关部门联合制定、或者经财政部审核批准的在全国范围内统一执行的会计规章、准则、办法等规范性文件。

本规范所称会计主管人员，是指不设置会计机构、只在其他机构中设置专职会计人员的单位行使会计机构负责人职权的人员。

本规范第三章第二节和第三节关于填制会计凭证、登记会计账簿的规定，除特别指出外，一般适用于手工记账。实行会计电算化的单位,填制会计凭证和登记会计账簿的有关要求,应当符合财政部关于会计电算化的有关规定。

第九十九条 各省、自治区、直辖市财政厅(局)、国务院各业务主管部门可以根据本规范的原则,结合本地区、本部门的具体情况,制定具体实施办法,报财政部备案。

第一百条 本规范由财政部负责解释、修改。

第一百零一条 本规范自公布之日起实施。1984年4月24日财政部发布的《会计人员工作规则》同时废止。

社会保险基金财务制度

财社字 [1999] 60 号

第一章 总 则

第一条 为规范社会保险经办机构经办社会保险基金的财务行为，加强社会保险基金管理，维护保险对象的合法权益，根据国家关于社会保险的有关法律、法规，制定本制度。

第二条 本制度适用于中华人民共和国境内社会保险经办机构（以下简称"经办机构"）经办的企业职工基本养老保险基金（以下简称"基本养老保险基金"）、失业保险基金、城镇职工基本医疗保险基金（以下简称"基本医疗保险基金"）等社会保险基金。

第三条 本制度所称社会保险基金（以下简称"基金"）是指为了保障保险对象的社会保险待遇，按照国家法律、法规，由缴费单位和缴费个人分别按缴费基数的一定比例缴纳以及通过其他合法方式筹集的专项资金。

第四条 基金财务管理的任务是：认真贯彻执行国家有关法律、法规和方针、政策，依法筹集和使用基金；建立健全财务管理制度，努力做好基金的计划、控制、核算、分析和考核工作，并如实反映基金收支状况；严格遵守财经纪律，加强监督和检查，确保基金的安全。

第五条 为保证基金的按时、足额收缴和支付，税务机关和经办机构根据工作需要有权按规定要求缴费单位如实提供用工情况、工资表、财务报表等与社会保险有关的原始资料和数据。

第六条 基金纳入单独的社会保障基金财政专户（以下简称"财

政专户"），实行收支两条线管理，专款专用，任何地区、部门、单位和个人均不得挤占、挪用，也不得用于平衡财政预算。

第七条 基金根据国家要求实行统一管理，按险种分别建账，分账核算，专款专用，自求平衡，不得相互挤占和调剂。

第二章 基 金 预 算

第八条 基金预算是指经办机构根据社会保险制度的实施计划和任务编制的，经规定程序审批的年度基金财务收支计划。

第九条 基金预算的编制。年度终了前，经办机构应按照财政部门规定的表式、时间和编制要求，根据本年度预算执行情况和下年度基金收支预测，编制下年度基金预算草案。

第十条 基金预算的审批。经办机构编制的年度基金预算草案，由劳动保障部门审核汇总并报财政部门审核，经同级政府批准后，由财政部门及时向劳动保障部门批复执行，并报上级财政和劳动保障部门备案。

第十一条 基金预算的执行。经办机构要严格按批准的预算执行，并认真分析基金的收支情况，定期向同级财政和劳动保障部门报告预算执行情况。

财政和劳动保障部门应逐级汇总上报预算执行情况，并加强基金监控，发现问题应立即采取措施解决。

第十二条 基金预算的调整。遇特殊情况需要调整预算时，经办机构要编制预算调整方案，由劳动保障部门报财政部门审核，经同级政府批准后，由财政部门及时向劳动保障部门批复执行，并报上级财政和劳动保障部门备案。

第三章 基 金 筹 集

第十三条 基金按国家规定按时、足额地筹集。任何地区、部门、单位和个人不得截留和减免。

第十四条 基金收入包括:社会保险费收入、利息收入、财政补贴收入、转移收入、上级补助收入、下级上解收入、其他收入。

社会保险费收入是指缴费单位和缴费个人按缴费基数的一定比例分别缴纳的基本养老保险费、失业保险费、基本医疗保险费等。

利息收入是指用社会保险基金购买国家债券或存入银行所取得的利息收入。

财政补贴收入是指同级财政给予基金的补贴。

转移收入是指保险对象跨统筹地区流动而划入的基金收入。

上级补助收入是指下级经办机构接受上级经办机构拨付的补助收入。

下级上解收入是指上级经办机构接受下级经办机构上解的基金收入。

其他收入是指滞纳金及其他经财政部门核准的收入。

上述基金收入项目按规定分别形成基本养老保险基金、失业保险基金和基本医疗保险基金等。

第十五条 基本医疗保险基金收入按规定分别计入基本医疗保险统筹基金和医疗保险个人账户基金。

基本医疗保险统筹基金收入包括按规定应计入统筹账户的缴费单位缴纳的基本医疗保险费收入、统筹账户基金利息收入、财政补贴收入、上级补助收入、下级上解收入、其他收入。

医疗保险个人账户基金收入包括按规定应计入个人账户的缴费单位缴纳的基本医疗保险费收入、缴费个人缴纳的基本医疗保险费收入、个人账户利息收入、转移收入等。

第十六条 实行经办机构征收社会保险费的地区,经办机构可以根据工作需要在同级财政和劳动保障部门共同认定的国有商业银行设立社会保险基金收入户(以下简称"收入户")。

收入户的主要用途是:暂存由经办机构征收的社会保险费收入;暂存下级经办机构上解或上级经办机构下拨的基金收入;暂存该账户

的利息收入以及其他收入等。收入户除向财政专户划转基金外，不得发生其他支付业务。收入户月末无余额。

实行税务机关征收社会保险费的地区，不设收入户。

第十七条 税务机关或经办机构要定期或定额将征集的基金缴存财政专户。具体时间或额度由各省、自治区、直辖市自定。缴存时，须填制银行制发的进账单或划款凭证（一式多联），并填写收入项目和具体金额。各有关部门或机构凭该凭证记账。未按规定执行的，财政部门委托各开户银行于月末将全部基金收入划入财政专户。

第四章 基 金 支 付

第十八条 基金要根据社会保险的统筹范围，按照国家规定的项目和标准支出，任何地区、部门、单位和个人不得以任何借口增加支出项目和提高开支标准。

第十九条 基金支出包括：社会保险待遇支出、转移支出、补助下级支出、上解上级支出、其他支出。

社会保险待遇支出是指按规定支付给社会保险对象的基本养老保险待遇支出、失业保险待遇支出和基本医疗保险待遇支出等。

转移支出是指社会保险对象跨统筹地区流动而转出的基金支出。

补助下级支出是指上级经办机构拨付给下级经办机构的补助支出。

上解上级支出是指下级经办机构上解上级经办机构的支出。

其他支出是指经财政部门核准开支的其他非社会保险待遇性质的支出。

上述基金支出项目按规定分别构成基本养老保险基金支出、失业保险基金支出和基本医疗保险基金支出等。

第二十条 基本医疗保险基金的补助下级支出、上解上级支出和其他支出在统筹账户中列支，转移支出在个人账户中列支。

第二十一条 基本养老保险待遇支出包括：基本养老金、医疗补助金、丧葬抚恤补助费。

（一）基本养老金包括基础性养老金，个人账户养老金，过渡性养老金和支付给《国务院关于建立统一的企业职工养老保险制度的决定》（国发［1997］26号，以下简称《决定》）实施前已经离休、退休和退职人员的离休金、退休金、退职金、补贴。

基础性养老金是指按各省、自治区、直辖市或地（市）上年度职工月平均工资的20％支付给《决定》实施后按照统一的企业基本养老保险制度计发待遇的退休人员的基本养老金。

个人账户养老金是指按缴费个人的个人账户储存额除以120支付给按照统一的企业职工基本养老保险制度计发待遇的退休人员的基本养老金，以及一次性支付给个人的个人账户储存额。

过渡性养老金是指按规定支付给按照统一的企业职工基本养老保险制度计发待遇且在《决定》实施前参加工作、实施后退休的人员除基础性养老金和个人账户养老金以外的基本养老金。

离休金、退休金、退职金、补贴是指按规定支付给《决定》实施前已经离休、退休和退职人员的生活费用和各种生活补贴、物价补贴等。

（二）医疗补助金是指按规定支付给未实行医疗保险地区已纳入基本养老保险基金开支范围的离休、退休、退职人员的医疗费用。

（三）丧葬抚恤补助费是指用于已纳入基本养老保险基金开支范围的离休、退休、退职人员死亡丧葬补助费用及其供养直系亲属的抚恤和生活补助费用。

第二十二条 失业保险待遇支出项目包括失业保险金、医疗补助金、丧葬抚恤补助费、职业培训和职业介绍补贴、国有企业下岗职工基本生活保障补助和其他费用。

失业保险金是指支付给失业人员在失业期间的基本生活费用。

医疗补助金是指按规定支付给失业人员在领取失业保险金期间的医疗费用。

丧葬抚恤补助费是指按规定支付给在领取失业保险金期间死亡的

失业人员的丧葬补助费用及由其供养的配偶、直系亲属的抚恤金。

职业培训和职业介绍补贴是指按规定支付给失业人员在领取失业保险金期间接受职业培训、职业介绍的补贴。

国有企业下岗职工基本生活保障补助是指从失业保险基金中调剂用于进入企业再就业服务中心的国有企业下岗职工基本生活保障的支出。

其他费用包括农民合同制工人一次性生活补助金及国家规定的其他费用。农民合同制工人生活补助金，是一次性支付给合同期满不再续订或者提前解除劳动合同的农民合同制工人的生活补助费。

第二十三条　基本医疗保险待遇支出项目按规定分别形成社会统筹医疗保险待遇支出和个人账户医疗保险待遇支出。

（一）社会统筹医疗保险待遇支出是指按规定在统筹医疗基金支付范围以内，并在起付标准以上、最高支付限额以下由统筹医疗基金支付的医疗费支出。

（二）个人账户医疗保险待遇支出是指按国家规定由个人账户医疗基金开支的医疗费支出。

统筹医疗基金和个人账户医疗基金要划分各自的支付范围，不得相互挤占。

第二十四条　经办机构在同级财政和劳动保障部门共同认定的国有商业银行设立社会保险基金支出户（以下简称"支出户"）。

支出户的主要用途是：接收财政专户拨入的基金；暂存社会保险支付费用及该账户的利息收入；支付基金支出款项；划拨该账户资金利息收入到财政专户；上解上级经办机构基金或下拨下级经办机构基金。支出户除接受财政专户拨付的基金及该账户的利息收入外，不得发生其他收入业务。

第二十五条　经办机构要根据财政部门核定的基金年度预算及月度收支计划，按月填写财政部门统一印制的用款申请书，并注明支出项目，加盖本单位用款专用章，在规定的时间内报送同级财政部门。对不符合规定的凭证和用款手续的，财政部门有权责成经办机构予以纠正。财政部门对用款申请审核无误后，应在规定的时间内将基金从财政专户拨入支出户。具体时间由各省、自治区、直辖市自定。

第五章 基 金 结 余

第二十六条 基金结余是指基金收支相抵后的期末余额。基本医疗保险基金的结余包括统筹基金结余和个人账户基金结余。

第二十七条 基金结余除根据财政和劳动保障部门商定的、最高不超过国家规定预留的支付费用外，全部用于购买国家发行的特种定向债券和其他种类的国家债券。任何地区、部门、单位和个人不得动用基金结余进行其他任何形式的直接或间接投资。

第二十八条 基金当年入不敷出时，按下列顺序解决：
（一）动用历年滚存结余中的存款；
（二）存款不足以保证支付需求的，可转让或提前变现用基金购买的国家债券，具体办法由财政部另行制定；
（三）转让或兑付国家债券仍不能保证支付需求时，建立了基金调剂金的地区，由上级经办机构调剂；
（四）调剂后仍存在不足的，由同级财政部门给予适当支持；
（五）在财政给予支持的同时，根据需要按国务院有关规定报批后调整缴费比例。基本医疗保险基金在申请调整缴费比例之前也可经同级财政部门审核并报政府批准后，在国家规定的范围内，调整缴费单位缴纳的医疗保险费划入统筹医疗基金与个人账户医疗基金之间的比例。

第六章 财 政 专 户

第二十九条 本制度所指的财政专户是财政部门按照国务院有关规定设立的社会保险基金专用计息账户，在同级财政和劳动保障部门共同认定的国有商业银行开设。财政专户、收入户和支出户在同一国有商业银行只能各开设一个账户。

第三十条 财政专户的主要用途是：接收税务机关或经办机构转入的社会保险费收入；接收税务机关或收入户暂存的利息收入及其他收入；接收基金购买国家债券兑付的本息收入、该账户资金形成的利息收入以及支出户转入的利息收入等；接收财政补贴收入；接收上级财政专户划拨或下级财政专户上解的基金；根据经办机构的用款计划，向支出户拨付基金；购买国家债券；向上级或下级财政专户划拨基金。

第三十一条 财政专户发生的利息收入直接计入财政专户，支出户的利息收入从支出户定期转入财政专户。

财政部门凭银行出具的原始凭证记账，同时，财政部门要出具财政专户缴拨凭证，并附加盖专用印章的原始凭证复印件，交经办机构记账和备查。

第三十二条 财政补贴收入由国库直接划入财政专户。

财政部门凭国库出具的拨款单记账，同时，财政部门要出具财政专户缴拨凭证，并附加盖专用印章的原始凭证复印件，交经办机构记账和备查。

第三十三条 根据国务院批准或经财政部、劳动保障部决定从原行业统筹单位上缴中央财政专户结余中的补助地方基金，由中央财政专户直接拨付到省（自治区、直辖市）财政专户。各省、自治区、直辖市财政部门在收到款项时，要填制财政专户缴拨凭证，交经办机构记账和备查。

第三十四条 经办机构设立收入户的地区，在发生基金下拨业务时，根据经办机构的缴拨计划，财政部门应将基金从财政专户拨入同级经办机构的支出户，经下级经办机构收入户进入财政专户；在发生基金上缴业务时，财政部门应根据经办机构的缴拨计划，将基金从财政专户划入同级经办机构支出户，经上级经办机构收入户进入财政专户。

不设收入户的地区，在发生基金的上下级缴拨业务时，财政部门应根据经办机构的缴拨计划,将基金从上级财政专户直接拨入下级财政专户或从下级财政专户直接上解入上级财政专户。财政部门和经办机构凭财政专户缴拨凭证记账。

第三十五条 失业保险基金按规定调剂用于国有企业下岗职工基本生活保障和再就业的资金,由劳动保障部门提出用款计划,财政部门审核后,及时填制财政专户缴拨凭证,从同级财政专户内的失业保险基金账户直接划入国有企业下岗职工基本生活保障和再就业资金账户。财政部门和经办机构凭财政专户缴拨凭证记账。

第三十六条 财政部门应根据劳动保障部门提出的意见,在双方共同协商的基础上,及时将基金按规定用于购买国家债券或转存定期存款。

财政部门凭银行出具的原始凭证记账,同时,财政部门要出具财政专户缴拨凭证,并附加盖专用印章的原始凭证复印件,交经办机构记账和备查。

经财政部、劳动保障部共同研究确定的特种定向债券计划,要保证完成。

第七章 资产与负债

第三十七条 资产包括基金运行过程中形成的现金、银行存款(含收入户存款、财政专户存款、支出户存款)、债券投资、暂付款项等。

经办机构和税务机关应认真做好现金的保管、押运、管理工作,建立健全现金的内部控制制度。现金的收付和管理,要严格遵守国务院发布的《现金管理暂行条例》。

经办机构应及时办理基金存储手续,按月和开户银行对账,同时,要做到经办机构、税务机关、财政部门定期相互对账,保证账账、账款相符。

用基金购买的国家债券应视同货币资金,由财政部门商劳动保障部门委托开户银行代为妥善保管,确保账实相符。

暂付款项应定期清理,及时收回。

第三十八条 负债是指基金运行过程中形成的各种借入款项和暂收款项等。借入款项和暂收款项应定期清理,及时偿付。因债权人等特殊原因确实无法偿付的,经财政部门批准后并入基金的其他收入。

第八章 基金决算

第三十九条 年度终了后,经办机构应根据财政部门规定的表式、时间和要求编制年度基金财务报告。财务报告包括资产负债表、收支表、有关附表以及财务情况说明书。

财务情况说明书主要说明和分析基金的财务收支及管理情况,对本期或下期财务状况发生重大影响的事项,以及其他需要说明的事项。经办机构可以根据业务工作需要增加基金当年结余率、社会保险费实际收缴率等有关财务分析指标。

编制年度基金财务报告必须做到数字真实、计算准确、手续完备、内容完整、报送及时。

第四十条 经办机构编制的年度基金财务报告应在规定期限内经劳动保障部门审核并汇总,报同级财政部门审核后,由同级人民政府批准,批准后的年度基金财务报告为基金决算。

第四十一条 财政部门应逐级上报审核汇总的本级决算和下一级决算。经办机构的年度基金财务报告不符合法律、法规规定的,应予以纠正。

第四十二条 各省、自治区、直辖市财政厅(局)将本级决算和下一级财政部门报送的决算审核汇总后报财政部,由财政部审核汇总后报国务院。

第九章 监督与检查

第四十三条 经办机构要建立健全内部管理制度,定期或不定期向社会公告基金收支和结余情况,接受社会监督。

第四十四条 劳动保障、财政和审计部门等要定期或不定期地对收入户、支出户和财政专户内的基金收支和结余情况进行监督检查,发现问题及时纠正,并向政府和基金监督组织报告。

第四十五条 缴费单位未按规定缴纳社会保险费的,由税务机关或劳动保障部门责令其限期缴纳;逾期仍不缴纳的,除补缴欠缴数额外,从欠缴之日起,按日加收所欠款额的2‰的滞纳金。

第四十六条 下列行为属于违纪或违法行为:

(一)截留、挤占、挪用、贪污基金;

(二)擅自增提、减免社会保险费;

(三)不按时、按规定标准支付社会保险待遇的有关款项;

(四)未按时将基金收入存入财政专户;

(五)未按时、足额将财政专户基金拨付到支出户;

(六)其他违反国家法律、法规规定的行为。

第四十七条 有第四十六条所列行为的,应区别情况限期纠正,并作账务处理。

(一)即时追回基金;

(二)即时退还多提、补足减免的基金;

(三)即时足额补发或追回社会保险待遇的有关款项;

(四)即时缴存财政专户;

(五)即时足额将财政专户基金拨付到支出户;

(六)国家法律、法规及财政部规定的其他处理办法。

第四十八条 对有第四十六条所列违纪或违法行为的单位以及主管人员和直接责任者的处罚,按照《中华人民共和国行政处罚法》《国务院关于违反财政法规处罚的暂行规定》《社会保险费征缴暂行条例》等有关法律、法规执行。触犯刑律的，依法追究刑事责任。

对单位和主管人员以及直接责任者处以的罚款应及时上缴国库。

第十章 附 则

第四十九条 各省、自治区、直辖市经政府批准建立的工伤保险基金和生育保险基金，参照本制度执行。

第五十条 基金专用票据由省级财政部门统一印制。

第五十一条 各省、自治区、直辖市财政厅（局）会同劳动保障部门根据本制度并结合本地区实际情况制定实施细则，报财政部、劳动和社会保障部备案。

第五十二条 本制度由财政部商劳动和社会保障部解释和修订。

第五十三条 本制度自 1999 年 7 月 1 日起施行，凡与本制度不一致的，一律以本制度为准。

社会保险基金会计制度

财会字〔1999〕20号

第一章 总 则

一、为了规范社会保险经办机构经办的社会保险基金的会计核算,特制定本制度。

二、本制度适用于中华人民共和国境内社会保险经办机构(以下简称"经办机构")经办的企业职工基本养老保险基金(以下简称"基本养老保险基金")、失业保险基金、城镇职工基本医疗保险基金(以下简称"基本医疗保险基金")等社会保险基金。

各省、自治区、直辖市经政府批准建立的工伤保险基金和生育保险基金,参照本制度执行。

三、社会保险基金的会计核算应当正确划分会计期间,分期结算账目和编制会计报表。会计年度自公历1月1日起至12月31日止。年度、月份的起讫日期采用公历日期。

四、社会保险基金的会计核算采用收付实现制,会计记账采用借贷记账法。

五、社会保险基金的会计处理方法前后期应当一致,会计指标应当口径一致,不得随意变更。如确有必要变更,应当将变更的情况、变更的原因以及对收支情况的影响,在财务情况说明书中加以说明。

六、社会保险基金应当分别基本养老保险基金、失业保险基金和基本医疗保险基金设置会计科目,编制会计报表。在不影响会计核算要求和会计报表指标汇总,以及对外提供统一的会计报表的前提下,经办机构可以根据实际情况,对本制度作必要的补充,并报财政部备案。

七、经办机构应按以下规定运用社会保险基金会计科目：

（一）本制度统一规定会计科目的编号，以便于编制会计凭证、登记账簿、查阅账目，实行会计电算化，各经办机构不得随意改变或打乱重编。在某些会计科目之间留有空号，供增设会计科目之用。

（二）经办机构在填制社会保险基金的会计凭证、登记账簿时，应填列会计科目的名称，或同时填列会计科目的名称和编号；不应只填列会计科目编号，不填列会计科目名称。

八、经办机构应按以下规定编制和提供社会保险基金财务会计报告：

（一）经办机构应当按照本制度的规定编制和提供合法、真实和公允的社会保险基金财务会计报告。

（二）社会保险基金财务会计报告由会计报表、会计报表附注和财务情况说明书组成。经办机构对外提供的社会保险基金财务会计报告的内容、会计报表种类和格式等，由本制度规定；经办机构对社会保险基金进行内部管理需要的会计报表由经办机构自行规定。

（三）经办机构对外提供的社会保险基金会计报表包括：

1. 基本养老保险基金会计报表：资产负债表和基本养老保险基金收支表。

2. 失业保险基金会计报表：资产负债表和失业保险基金收支表。

3. 基本医疗保险基金会计报表：资产负债表和基本医疗保险基金收支表。

（四）社会保险基金会计报表必须做到数字真实、内容完整、说明清楚、手续齐备、编报及时；并报送同级财政部门、主管部门和社会保险基金监督组织。

月份会计报表应于月份终了后 8 日内报出；年度会计报表应于年度终了后 15 日内报出。

（五）社会保险基金会计报表的填列，以人民币"元"为金额单位，"元"以下填至"分"。

（六）对外报出的会计报表，应依次编定页数，加具封面，装订成册，加盖公章。封面应注明经办机构名称、地址、成立年份、社会保险基金名称、报表所属年度、月份、送出日期等，并由经办机构领导和会计主管人员签名或盖章。

九、社会保险基金会计机构设置、会计人员配备、会计核算、会计监督、内部会计管理制度的要求，按照《会计基础工作规范》的规定执行。

十、本制度由中华人民共和国财政部负责解释，需要变更时，由财政部修订。

十一、本制度自1999年7月1日起施行。

第二章 基本养老保险基金会计科目和会计报表

一、会计科目表

顺序号	编号	会计科目名称
		（一）资产类
1	101	现金
2	102	收入户存款
3	103	支出户存款
4	104	财政专户存款
5	111	暂付款
6	121	债券投资
		（二）负债类
7	201	临时借款
8	211	暂收款
		（三）基金类
9	301	基本养老保险基金
		（四）收入类

10	401	基本养老保险费收入
11	402	利息收入
12	403	财政补贴收入
13	404	转移收入
14	405	上级补助收入
15	406	下级上解收入
16	409	其他收入

（五）支出类

17	501	基本养老金支出
18	502	医疗补助金支出
19	503	丧葬抚恤补助支出
20	511	转移支出
21	512	补助下级支出
22	513	上解上级支出
23	519	其他支出

二、会计科目使用说明

第101号科目 现金

一、本科目核算基本养老保险基金的库存现金。

二、收到缴费单位或个人以现金方式交来的基本养老保险费，借记本科目，贷记"基本养老保险费收入"科目；将现金存入银行，按规定经办机构设置社会保险基金收入户（以下简称"收入户"）的，借记"收入户存款"科目，贷记本科目，按规定经办机构不设收入户的，借记"财政专户存款"科目，贷记本科目。

从银行提取现金，借记本科目，贷记"支出户存款"科目；以现金支付基本养老保险基金时，借记"基本养老金支出""医疗补助金支出""丧葬抚恤补助支出"科目，贷记本科目。

三、本科目应设置"现金日记账"，由出纳人员根据收付款凭证，按照业务的发生顺序逐笔登记。每日终了,应计算当日的现金收入合计数、现金支出合计数和结余数,并将结余数与实际库存数核对,做到账款相符。

四、本科目期末借方余额,反映基本养老保险基金的库存现金。

第102号科目 收入户存款

一、本科目核算基本养老保险基金存入国有商业银行收入户的款项。

实行税务机关征收基本养老保险费的地区,以及按规定经办机构不设收入户的,收到的基本养老保险基金各项收入直接划入财政专户,不通过本科目核算。

二、收入户除向同级财政部门在国有商业银行设立的财政专户划转资金外,不得发生其他支付业务,其核算内容如下:

1. 经办机构征收的基本养老保险费,借记本科目、"现金"科目,贷记"基本养老保险费收入"科目。将现金存入银行,借记本科目,贷记"现金"科目。

2. 收到下级经办机构上解或上级经办机构下拨的基本养老保险基金,借记本科目,贷记"下级上解收入""上级补助收入"科目。

3. 收到收入户的利息,借记本科目,贷记"利息收入"科目。

4. 随异地保险对象调入本地区而由异地经办机构转入的收入(含本金和利息),借记本科目,贷记"转移收入"科目。

5. 收到基本养老保险基金的滞纳金及财政部门核准的其他收入,按规定经办机构设置收入户的,借记本科目,贷记"其他收入"科目。

6. 将收入户的款项划入同级财政部门在国有商业银行设立的财政专户时,借记"财政专户存款"科目,贷记本科目。

三、本科目应按开户银行设置"收入户存款日记账",由出纳人员根据收付款凭证,按照业务的发生顺序逐笔登记,每日终了应结出余额。"收入户存款日记账"应定期与"银行对账单"核对,至少每月核对一次。月份终了，收入户存款账面结余与银行对账单余额之间如有差额，必须逐笔查明原因进行处理，并应按月编制"银行收入户存款余额调节表"，调节相符。

四、本科目月末余额必须按规定划入财政专户，划转后，本科目月末无余额。

第103号科目　支出户存款

一、本科目核算基本养老保险基金存入国有商业银行支出户的款项。

二、社会保险基金支出户（以下简称"支出户"），除接收财政专户拨付的资金及该账户的利息收入外，不得发生其他收入业务，其核算内容如下：

1. 接收财政专户拨付的资金，借记本科目，贷记"财政专户存款"科目。

2. 收到支出户的利息，借记本科目，贷记"利息收入"科目；划拨支出户利息收入到财政专户，借记"财政专户存款"科目，贷记本科目。

3. 支付基本养老保险基金支出款项，借记"基本养老金支出""医疗补助金支出""丧葬抚恤补助支出"等科目，贷记本科目。

4. 上解上级经办机构或下拨下级经办机构基本养老保险基金，借记"上解上级支出""补助下级支出"科目，贷记本科目或"财政专户存款"科目。

5. 保险对象跨统筹地区流动而转出的基本养老保险基金，借记"转移支出"科目，贷记本科目。

三、本科目应按开户银行设置"支出户存款日记账"，由出纳人员根据收付款凭证，按照业务的发生顺序逐笔登记，每日终了应结出余额。"支出户存款日记账"应定期与"银行对账单"核对，至少每月核对一次。月份终了，支出户存款账面结余与银行对账单余额之间如有差额，必须逐笔查明原因进行处理，并应按月编制"银行支出户存款余额调节表",调节相符。

四、本科目期末借方余额,反映支出户的款项。

第 104 号科目　财政专户存款

一、本科目核算基本养老保险基金存入国有商业银行财政专户的款项。

二、社会保险基金财政专户(以下简称"财政专户")存款,其核算内容如下:

1. 收到税务机关征收的基本养老保险费,借记本科目,贷记"基本养老保险费收入"科目;按规定将收入户的资金转入财政专户时,借记本科目,贷记"收入户存款"科目;经办机构不设收入户的,收到的基本养老保险费,借记本科目,贷记"基本养老保险费收入"科目。

2. 收到财政专户存款利息,借记本科目,贷记"利息收入"科目;将支出户的存款利息收入按规定转入财政专户时,借记本科目,贷记"支出户存款"科目;国家债券到期收回本息或按规定转让时,按实际收到的金额,借记本科目,按债券账面价值,贷记"债券投资"科目,按其差额,贷记"利息收入"科目;收到分期付息的债券利息,借记本科目,贷记"利息收入"科目。

3. 收到财政补贴收入,借记本科目,贷记"财政补贴收入"科目;收到基本养老保险基金的滞纳金及财政部门核准的其他收入,按规定经办机构不设收入户的,借记本科目,贷记"其他收入"科目。

4. 按规定经办机构不设收入户的,收到下级经办机构上解和上级经办机构下拨的基本养老保险基金以及转移收入,借记本科目,贷记"下级上解收入""上级补助收入""转移收入"科目。

5. 借入款项时,借记本科目,贷记"临时借款"科目。归还借款本息时,按本金数,借记"临时借款"科目,按经财政部门核准开支的利息数,借记"其他支出"科目,按本息合计,贷记本科目。

6. 由财政专户向支出户拨入的资金,借记"支出户存款"科目,贷记本科目。

7. 按规定用基本养老保险基金购买国家债券，按实际支付的价款，借记"债券投资"科目，贷记本科目。

三、本科目应按开户银行设置"财政专户存款日记账"，由出纳人员根据财政部门转来的财政专户缴拨凭证和加盖专用印章的原始凭证复印件，按照业务的发生顺序逐笔登记，每日终了应结出余额。"财政专户存款日记账"应定期与财政部门核对，至少每月核对一次。月份终了，基本养老保险基金存款账面结余与财政部门对账单余额之间如有差额，必须逐笔查明原因进行处理，并应按月编制"财政专户存款余额调节表"，调节相符。

四、本科目期末借方余额，反映财政专户的款项。

第 111 号科目 暂付款

一、本科目核算基本养老保险基金收支活动中形成的各种暂付款项。

二、发生暂付款时，借记本科目，贷记"现金"等科目。收回款项时，借记"现金"等科目，贷记本科目。

三、本科目应按暂付款种类和对方单位设置明细账。

四、本科目期末借方余额，反映尚未收回的暂付款。

第 121 号科目 债券投资

一、本科目核算按规定用基本养老保险基金购买的国家债券。

二、按规定用基本养老保险基金购买国家债券，按实际支付的价款，借记本科目，贷记"财政专户存款"科目。国家债券到期收回本息或按规定转让时，按实际收到的款项，借记"财政专户存款"科目，按债券账面价值，贷记本科目，按其差额，贷记"利息收入"科目。

三、本科目应按国家债券的种类设置明细账。

四、本科目期末借方余额，反映持有的债券投资价值。

第201号科目 临时借款

一、本科目核算为解决基本养老保险基金周转困难而临时借入的款项。

二、借入款项时,借记"财政专户存款"科目,贷记本科目;归还借款本息时,按本金数,借记本科目,按经财政部门核准开支的利息数,借记"其他支出"科目,按本息合计,贷记"财政专户存款"科目。

三、本科目应按债权人设置明细账。

四、本科目期末贷方余额,反映尚未归还的临时借款。

第211号科目 暂收款

一、本科目核算基本养老保险基金收支活动中形成的暂收款。

二、发生暂收款时,借记"现金"等科目,贷记本科目。偿付款项时,借记本科目,贷记"现金"等科目。

三、本科目应按暂收款的种类和往来单位设置明细账。

四、本科目期末贷方余额,反映尚未偿付的暂收款。

第301号科目 基本养老保险基金

一、本科目核算基本养老保险基金全部收入扣除全部支出后的滚存结余。

二、有条件的地区,本科目应设置"统筹养老基金结余"和"个人账户养老基金结余"两个明细科目,并在"个人账户养老基金结余"明细科目下按缴费个人设置明细账进行明细核算。

三、期末,应将"基本养老保险费收入""利息收入""财政补贴收入""转移收入""上级补助收入""下级上解收入"和"其他收入"科目贷方余额全部转入本科目,借记"基本养老保险费收入""利息收入""财政补贴收入""转移收入""上级补助收入""下级上解收入""其他收入"科目,贷记本科目;将"基本养老金支出""医疗补助金支出""丧葬抚恤补助支出""转移支出""补助下级支出""上解上级支出"和"其他支出"科目借方余额全部转入本科目,借记本科目,贷记"基本养老金支出""医疗补助金支出""丧葬抚恤补助支出""转移支出""补助下级支出""上解上级支出""其他支出"科目。

四、有条件的地区,年末,按养老基金个人账户储存额,参考银行同期存款利率计算个人账户利息时,借记本科目(统筹养老基金结余),贷记本科目(个人账户养老基金结余)。

五、本科目期末贷方余额,反映历年积存的基本养老保险基金结余。

第401号科目 基本养老保险费收入

一、本科目核算收到的由缴费单位和缴费个人按缴费基数的一定比例缴纳的基本养老保险费。

二、有条件的地区,本科目应设置"统筹养老基金收入"和"个人账户养老基金收入"两个明细科目,并在"个人账户养老基金收入"明细科目下按缴费个人设置明细账进行明细核算。

三、收到税务机关征收的基本养老保险费,借记"财政专户存款"科目,贷记本科目。收到经办机构征收的基本养老保险费,按规定经办机构设置收入户的,借记"现金""收入户存款"科目,贷记本科目;按规定经办机构不设收入户的,借记"现金""财政专户存款"科目,贷记本科目。

四、期末,应将本科目余额转入"基本养老保险基金"科目,借记本科目,贷记"基本养老保险基金"科目。结转后,本科目应无余额。

第402号科目 利息收入

一、本科目核算用基本养老保险基金购买国家债券或存入银行所取得的利息收入。

二、收到银行转来的财政专户利息,借记"财政专户存款"科目,贷记本科目;收到银行转来的收入户、支出户的利息,借记"收入户存款""支出户存款"科目,贷记本科目。国家债券到期收回本息或按规定转让时,按实际收到的金额,借记"财政专户存款"科目,按债券账面价值,贷记"债券投资"科目,按其差额,贷记本科目。收到分期付息的债券利息,借记"财政专户存款"科目,贷记本科目。

三、期末,应将本科目余额转入"基本养老保险基金"科目,借记本科目,贷记"基本养老保险基金"科目。结转后,本科目应无余额。

第403号科目 财政补贴收入

一、本科目核算收到的同级财政部门给予基本养老保险基金的补贴。

二、收到财政补贴时,借记"财政专户存款"科目,贷记本科目。

三、期末,应将本科目余额转入"基本养老保险基金"科目,借记本科目,贷记"基本养老保险基金"科目。结转后,本科目应无余额。

第404号科目 转移转入

一、本科目核算基本养老保险对象跨统筹地区流动而划入的基本养老保险基金。

二、随异地保险对象调入本地而由异地经办机构转入的收入(含本金和利息),按规定经办机构设置收入户的,借记"收入户存款"科目,贷记本科目,按规定经办机构不设收入户的,借记"财政专户存款"科目,贷记本科目。

三、本科目应按跨统筹地区流动的保险对象设置明细账。

四、期末,应将本科目余额转入"基本养老保险基金"科目,借记本科目,贷记"基本养老保险基金"科目。结转后,本科目应无余额。

第405号科目 上级补助收入

一、本科目核算由上级经办机构拨入的基本养老保险基金。

二、收到上级经办机构下拨的基本养老保险基金,按规定经办机构设置收入户的,借记"收入户存款"科目,贷记本科目,按规定经办机构不设收入户的,借记"财政专户存款"科目,贷记本科目。

三、期末,应将本科目余额转入"基本养老保险基金"科目,借记本科目,贷记"基本养老保险基金"科目。结转后,本科目应无余额。

第406号科目 下级上解收入

一、本科目核算由下级经办机构上解的基本养老保险基金。

二、收到下级经办机构上解的基本养老保险基金,按规定经办机构设置收入户的,借记"收入户存款"科目,贷记本科目,按规定经办机构不设收入户的,借记"财政专户存款"科目,贷记本科目。

三、期末,应将本科目余额转入"基本养老保险基金"科目,借记本科目,贷记"基本养老保险基金"科目。结转后,本科目应无余额。

第409号科目 其他收入

一、本科目核算基本养老保险基金的滞纳金及财政部门核准的其他收入。滞纳金是指因缴费单位拖欠缴纳基本养老保险费而按规定收取的款项。

二、收到滞纳金及财政部门核准的其他收入,按规定经办机构设置收入户的,借记"收入户存款"科目,贷记本科目,按规定经办机构不设收入户的,借记"财政专户存款"科目,贷记本科目。

三、期末,应将本科目余额转入"基本养老保险基金"科目,借记本科目,贷记"基本养老保险基金"科目。结转后,本科目应无余额。

第501号科目 基本养老金支出

一、本科目核算按规定应由基本养老金开支的各项支出,包括:

基础性养老金、个人账户养老金、过渡性养老金以及按规定支付的离休金、退休金、退职金和补贴。

二、本科目应设置以下明细科目：

1. 基础性养老金，核算按各省、自治区、直辖市或地（市）上年度职工月平均工资的20％支付给《国务院关于建立统一的企业职工养老保险制度的决定》（国发［1997］26号，以下简称《决定》）实施后按照统一的企业基本养老保险制度计发待遇的退休人员的基本养老金。

2. 个人账户养老金，核算按缴费个人的个人账户储存额除以120支付给按照统一的企业职工基本养老保险制度计发待遇的退休人员的基本养老金，以及一次性支付给个人的个人账户储存额。本明细科目应按缴费个人设置明细账进行明细核算。

3. 过渡性养老金，核算按规定支付给按照统一的企业职工基本养老保险制度计发待遇且在《决定》实施前参加工作、实施后退休的人员除基础性养老金和个人账户养老金以外的基本养老金。

4. 离休金，核算按规定支付给《决定》实施前已经离休人员的生活费用。

5. 退休金，核算按规定支付给《决定》实施前已经退休人员的生活费用。

6. 退职金，核算按规定支付给《决定》实施前已经退职人员的生活费用。

7. 补贴，核算按规定支付给《决定》实施前已经离休、退休和退职人员的各种生活补贴、物价补贴等。

三、按规定支付的基本养老金，借记本科目，贷记"现金""支出户存款"科目。

四、期末，应将本科目余额转入"基本养老保险基金"科目，借记"基本养老保险基金"科目，贷记本科目。结转后，本科目应无余额。

第 502 号科目　医疗补助金支出

一、本科目核算按规定支付给未实行医疗保险地区已纳入基本养老保险基金开支范围的离休、退休、退职人员的医疗费用。

二、按规定支付的医疗补助，借记本科目，贷记"现金""支出户存款"科目。

三、期末，应将本科目余额转入"基本养老保险基金"科目，借记"基本养老保险基金"科目，贷记本科目。结转后，本科目应无余额。

第 503 号科目　丧葬抚恤补助支出

一、本科目核算按规定支付给已纳入基本养老保险基金开支范围的离休、退休、退职人员死亡丧葬补助费用及其供养直系亲属的抚恤和生活补助费用。

二、按规定支付的丧葬抚恤补助费，借记本科目，贷记"现金""支出户存款"科目。

三、期末，应将本科目余额转入"基本养老保险基金"科目，借记"基本养老保险基金"科目，贷记本科目。结转后，本科目应无余额。

第 511 号科目　转移支出

一、本科目核算基本养老保险对象跨统筹地区流动而转出的基本养老保险基金。

二、保险对象跨统筹地区流动而转出的支出，借记本科目，贷记"支出户存款"科目。

三、本科目应按跨统筹地区流动的保险对象设置明细账。

四、期末，应按本科目余额转入"基本养老保险基金"科目，借记"基本养老保险基金"科目，贷记本科目。结转后，本科目应无余额。

第512号科目 补助下级支出

一、本科目核算上级经办机构拨付给下级经办机构的补助支出。

二、拨付给下级经办机构的基本养老保险基金,按规定经办机构设置收入户的,先将基金从财政专户拨入同级支出户,借记"支出户存款"科目,贷记"财政专户存款"科目,然后将基金从支出户拨入下级收入户,借记本科目,贷记"支出户存款"科目;按规定经办机构不设收入户的,将基金从上级财政专户直接拨入下级财政专户,借记本科目,贷记"财政专户存款"科目。

三、期末,应将本科目余额转入"基本养老保险基金"科目,借记"基本养老保险基金"科目,贷记本科目。结转后,本科目应无余额。

第513号科目 上解上级支出

一、本科目核算下级经办机构上解上级经办机构的支出。

二、下级经办机构上解上级经办机构的基本养老保险基金,按规定经办机构设置收入户的,先将基金从财政专户拨入同级支出户,借记"支出户存款"科目,贷记"财政专户存款"科目,然后将基金从支出户上解上级收入户,借记本科目,贷记"支出户存款"科目;按规定经办机构不设收入户的,将基金从财政专户直接上解上级财政专户,借记本科目,贷记"财政专户存款"科目。

三、期末,应将本科目余额转入"基本养老保险基金"科目,借记"基本养老保险基金"科目,贷记本科目。结转后,本科目应无余额。

第519号科目 其他支出

一、本科目核算经财政部门核准开支的其他非基本养老保险待遇性质的支出。

二、经财政部门批准在其他支出中列支的临时借款利息,借记本科目,贷记"财政专户存款"科目;支付的其他支出,借记本科目,贷记"支出户存款"科目。

三、期末,应将本科目余额转入"基本养老保险基金"科目,借记"基本养老保险基金"科目,贷记本科目。结转后,本科目应无余额。

三、会计报表种类及格式

报表编号	报表名称	编报期
会养老01表	资产负债表	月报、年报
会养老02表	基本养老保险基金收支表	月报、年报

资产负债表

会养老01表

编制单位:　　　　　年　月　日　　　　　单位:元

项目	行次	年初数	期末数
一、资产:			
现金	1		
支出户存款	2		
财政专户存款	3		
暂付款	6		
债券投资	7		
资产合计	10		
二、负债:			
临时借款	11		
暂收款	12		
负债合计	14		
三、基金:			
基本养老保险基金	15		
基金合计	18		

基本养老保险基金收支表

会养老 02 表

编制单位：　　　　　　　　年　月　　　　　　　单位：元

项　目	行次	本月数	本年累计数
一、基本养老保险基金收入	1		
1. 基本养老保险费收入	2		
2. 利息收入	3		
3. 财政补贴收入	4		
4. 转移收入	5		
5. 上级补助收入	6		
6. 下级上解收入	7		
7. 其他收入	10		
二、基本养老保险基金支出	11		
1. 基本养老金支出	12		
（1）基础性养老金	13		
（2）个人账户养老金	14		
（3）过渡性养老金	15		
（4）离休金	16		
（5）退休金	17		
（6）退职金	18		
（7）补贴	19		
2. 医疗补助金支出	20		
3. 丧葬抚恤补助支出	21		
4. 转移支出	22		
5. 补助下级支出	23		
6. 上解上级支出	24		
7. 其他支出	27		
三、基本养老保险基金结余	28		

四、会计报表编制说明

资产负债表编制说明

（一）本表反映基本养老保险基金在月末、年末全部资产、负债及基金结存的情况。

（二）本表"年初数"栏各项数字，应根据上年末本表"期末数"所列数字填列。如果本年度资产负债表规定的各个项目名称和内容与上年度不相一致，应对上年年末资产负债表各项目的名称和数字按照本年度的规定进行调整，填入本表"年初数"栏内。

（三）本表各项目的内容和填列方法：

1. "现金"项目，反映库存现金余额。本项目应根据"现金"科目期末余额填列。

2. "支出户存款"项目，反映支出户存款余额。本项目应根据"支出户存款"科目期末余额填列。

3. "财政专户存款"项目，反映财政专户存款余额。本项目应根据"财政专户存款"科目期末余额填列。

4. "暂付款"项目，反映尚未收回的暂付款项。本项目应根据"暂付款"科目期末余额填列。

5. "债券投资"项目，反映持有的债券投资的价值。本项目应根据"债券投资"科目期末余额填列。

6. "临时借款"项目，反映尚未归还的临时借款。本项目应根据"临时借款"科目期末余额填列。

7. "暂收款"科目，反映尚未偿付的暂收款。本项目应根据"暂收款"科目期末余额填列。

8. "基本养老保险基金"项目，反映截止到本期末历年积存的基本养老保险基金结余。本项目应根据"基本养老保险基金"科目期末余额填列。

基本养老保险基金收支表编制说明

（一）本表反映基本养老保险基金在月份、年度内收入、支出及结余情况。

（二）本表"本月数"栏反映各项目的本月实际发生数，在编报年度会计报表时，将"本月数"栏改成"上年累计数"栏，填列上年全年累计实际发生数。

本表"本年累计数"栏反映各项目自年初起至本月末止的累计实际发生数。

（三）本表"本月数"栏各项目的内容及填列方法：

1. "基本养老保险费收入"项目，反映收到的由缴费单位和缴费个人按缴费基数的一定比例缴纳的基本养老保险费。本项目应根据"基本养老保险费收入"科目的贷方发生额填列。

2. "利息收入"项目，反映用基本养老保险基金购买国家债券或存入银行所取得的利息收入。本项目应根据"利息收入"科目的贷方发生额填列。

3. "财政补贴收入"项目，反映收到的同级财政部门给予基本养老保险基金的补贴。本项目应根据"财政补贴收入"科目的贷方发生额填列。

4. "转移收入"项目，反映基本养老保险对象跨统筹地区流动而划入的基本养老保险基金。本项目应根据"转移收入"科目的贷方发生额填列。

5. "上级补助收入"项目，反映由上级经办机构拨入的基本养老保险基金。本项目应根据"上级补助收入"科目的贷方发生额填列。

6. "下级上解收入"项目，反映由下级经办机构上解的基本养老保险基金。本项目应根据"下级上解收入"科目的贷方发生额填列。

7. "其他收入"项目，反映基本养老保险基金的滞纳金及财政部门核准的其他收入。本项目应根据"其他收入"科目的贷方发生额填列。

8."基本养老金支出"项目,反映按规定应由基本养老金开支的各项支出。本项目应根据"基本养老金支出"科目的借方发生额填列。

9."基础性养老金"项目,反映按各省、自治区、直辖市或地(市)上年度职工月平均工资的20%支付给《决定》实施后按照统一的企业职工基本养老保险制度计发待遇的退休人员的基本养老金。本项目应根据"基本养老金支出"科目所属"基础性养老金"明细科目的借方发生额填列。

10."个人账户基金养老金"项目,反映按缴费个人的个人账户储存额除以120支付给按照统一的企业职工基本养老保险制度计发待遇的退休人员的基本养老金,以及一次性支付给个人的个人账户储存额。本项目应根据"基本养老金支出"科目所属"个人账户养老金"明细科目的借方发生额填列。

11."过渡性养老金"项目,反映按规定支付给按照统一的企业职工基本养老保险制度计发待遇且在《决定》实施前参加工作、实施后退休的人员除基础性养老金和个人账户养老金以外的基本养老金。本项目应根据"基本养老金支出"科目所属"过渡性养老金"明细科目的借方发生额填列。

12."离休金"项目,反映按规定支付给《决定》实施前已经离休人员的生活费用。本项目应根据"基本养老金支出"科目所属"离休金"明细科目的借方发生额填列。

13."退休金"项目,反映按规定支付给《决定》实施前已经退休人员的生活费用。本项目应根据"基本养老金支出"科目所属"退休金"明细科目的借方发生额填列。

14."退职金"项目,反映按规定支付给《决定》实施前已经退职人员的生活费用。本项目应根据"基本养老金支出"科目所属"退职金"明细科目的借方发生额填列。

15."补贴"项目,反映按规定支付给《决定》实施前已经离休、退休和退职人员的各种生活补贴、物价补贴等。本项目应根据"基本养老金支出"科目所属"补贴"明细科目的借方发生额填列。

16. "医疗补助金支出"项目,反映按规定支付给未实行医疗保险地区已纳入基本养老保险基金开支范围的离休、退休、退职人员的医疗费用。本项目应根据"医疗补助金支出"科目的借方发生额填列。

17. "丧葬抚恤补助支出"项目,反映按规定支付给已纳入基本养老保险基金开支范围的离休、退休、退职人员死亡丧葬补助费用及其供养直系亲属的抚恤和生活补助费用。本项目应根据"丧葬抚恤补助支出"科目的借方发生额填列。

18. "转移支出"项目,反映基本养老保险对象跨统筹地区流动而转出的基本养老保险基金。本项目应根据"转移支出"科目的借方发生额填列。

19. "补助下级支出"项目,反映上级经办机构拨付给下级经办机构的补助支出。本项目应根据"补助下级支出"科目的借方发生额填列。

20. "上解上级支出"项目,反映下级经办机构上解上级经办机构的支出。本项目应根据"上解上级支出"科目的借方发生额填列。

21. "其他支出"项目,反映经财政部门核准开支的其他非基本养老保险待遇性质的支出。本项目应根据"其他支出"科目的借方发生额填列。

22. "基本养老保险基金结余"项目,反映基本养老保险基金的各项收入减各项支出后的结余。

第三章 失业保险基金会计科目和会计报表

一、会计科目表

顺序号　　　　编号　　　　会计科目名称
　　　　　　　　　　　　（一）资产类

1	101	现金
2	102	收入户存款
3	103	支出户存款
4	104	财政专户存款
5	111	暂付款
6	121	债券投资

(二) 负债类

| 7 | 201 | 临时借款 |
| 8 | 211 | 暂收款 |

(三) 基金类

| 9 | 301 | 失业保险基金 |

(四) 收入类

10	401	失业保险费收入
11	402	利息收入
12	403	财政补贴收入
13	404	上级补助收入
14	405	下级上解收入
15	409	其他收入

(五) 支出类

16	501	失业保险金支出
17	502	医疗补助金支出
18	503	丧葬抚恤补助支出
19	504	职业培训和职业介绍补贴支出
20	505	基本生活保障补助支出

21	509		其他费用支出
22	511		补助下级支出
23	512		上解上级支出
24	519		其他支出

二、会计科目使用说明

第101号科目 现金

一、本科目核算失业保险基金的库存现金。

二、收到缴费单位或个人以现金方式交来的失业保险费，借记本科目，贷记"失业保险费收入"科目。将现金存入银行，按规定经办机构设置收入户的，借记"收入户存款"科目，贷记本科目；按规定经办机构不设收入户的，借记"财政专户存款"科目，贷记本科目。

从银行提取现金，借记本科目，贷记"支出户存款"科目；以现金支付失业保险基金时，借记"失业保险金支出""医疗补助金支出""丧葬抚恤补助支出""职业培训和职业介绍补贴支出""基本生活保障补助支出""其他费用支出"等科目，贷记本科目。

三、本科目应设置"现金日记账"，由出纳人员根据收付款凭证，按照业务的发生顺序逐笔登记。每日终了，应计算当日的现金收入合计数、现金支出合计数和结余数，并将结余数与实际库存数核对，做到账款相符。

四、本科目期末借方余额，反映失业保险基金的库存现金。

第102号科目 收入户存款

一、本科目核算失业保险基金存入国有商业银行收入户的款项。

实行税务机关征收失业保险费的地区，以及按规定经办机构不设收入户的，收到的失业保险基金各项收入直接划入财政专户，不通过本科目核算。

二、收入户除向同级财政部门在国有商业银行设立的财政专户划转资金外，不得发生其他支付业务，其核算内容如下：

1. 经办机构征收的失业保险费，借记本科目、"现金"科目，贷记"失业保险费收入"科目；将现金存入银行，借记本科目，贷记"现金"科目。

2. 收到下级经办机构上解或上级经办机构下拨的失业保险基金，借记本科目，贷记"下级上解收入""上级补助收入"科目。

3. 收到收入户的利息，借记本科目，贷记"利息收入"科目。

4. 收到失业保险基金的滞纳金及财政部门核准的其他收入，按规定经办机构设置收入户的，借记本科目，贷记"其他收入"科目。

5. 将上述款项按期划入同级财政部门在国有商业银行设立的财政专户时，借记"财政专户存款"科目，贷记本科目。

三、本科目应按开户银行设置"收入户存款日记账"，由出纳人员根据收付款凭证，按照业务的发生顺序逐笔登记，每日终了应结出余额。"收入户存款日记账"应定期与"银行对账单"核对，至少每月核对一次。月份终了，收入户存款账面结余与银行对账单余额之间如有差额，必须逐笔查明原因进行处理，并应按月编制"银行收入户存款余额调节表"，调节相符。

四、本科目月末余额必须按规定划入财政专户，划转后，本科目月末无余额。

第103号科目 支出户存款

一、本科目核算失业保险基金存入国有商业银行支出户的款项。

二、支出户除接收财政专户拨付的资金及该账户的利息收入外，不得发生其他收入业务，其核算内容如下：

1. 接收财政专户拨付的资金，在收到款项时，借记本科目，贷记"财政专户存款"科目。

2. 收到支出户的利息，借记本科目，贷记"利息收入"科目。划拨支出户利息收入到财政专户，借记"财政专户存款"科目，贷记本科目。

3. 支付失业保险基金支出款项，借记"失业保险金支出""医疗补助金支出""丧葬抚恤补助支出""职业培训和职业介绍补贴支出""基本生活保障补助支出""其他费用支出"等科目，贷记本科目。

4. 上解上级经办机构或下拨下级经办机构失业保险基金，借记"上解上级支出""补助下级支出"科目，贷记本科目或"财政专户存款"科目。

三、本科目应按开户银行设置"支出户存款日记账"，由出纳人员根据收付款凭证，按照业务的发生顺序逐笔登记，每日终了应结出余额。"支出户存款日记账"应定期与"银行对账单"核对，至少每月核对一次。月份终了，支出户存款账面结余与银行对账单余额之间如有差额，必须逐笔查明原因进行处理，并应按月编制"银行支出户存款余额调节表"，调节相符。

四、本科目期末借方余额，反映支出户的款项。

第 104 号科目　财政专户存款

一、本科目核算失业保险基金存入国有商业银行财政专户的款项。

二、财政专户存款的核算内容如下：

1. 收到税务机关征收的失业保险费，借记本科目，贷记"失业保险费收入"科目；按规定将收入户的资金转入财政专户时，借记本科目，贷记"收入户存款"科目；经办机构不设收入户的，收到的失业保险费，借记本科目，贷记"失业保险费收入"科目。

2. 收到财政专户存款利息，借记本科目，贷记"利息收入"科目；将支出户存款利息收入按规定转入财政专户时，借记本科目，贷记"支出户存款"科目；国家债券到期收回本息或按规定转让时，按实际收到的金额，借记本科目，按债券账面价值，贷记"债券投资"科目，按其差额，贷记"利息收入"科目；收到分期付息的债券利息，借记本科目，贷记"利息收入"科目。

3. 收到财政补贴收入，借记本科目，贷记"财政补贴收入"科目；收到失业保险基金的滞纳金及财政部门核准的其他收入，按规定经办机构不设收入户的，借记本科目，贷记"其他收入"科目。

4. 按规定经办机构不设收入户的，收到下级经办机构上解或上级经办机构下拨的失业保险基金，借记本科目，贷记"下级上解收入""上级补助收入"科目。

5. 借入款项时，借记本科目，贷记"临时借款"科目。归还借款本息时，按本金数，借记"临时借款"科目，按经财政部门核准开支的利息数，借记"其他支出"科目，按本息合计，贷记本科目。

6. 由财政专户向支出户拨入的资金，借记"支出户存款"科目，贷记本科目。

7. 按规定用失业保险基金购买国家债券，按实际支付的价款，借记"债券投资"科目，贷记本科目。

三、本科目应按开户银行设置"财政专户存款日记账"，由出纳人员根据财政部门转来的财政专户缴拨凭证和加盖专用印章的原始凭证复印件，按照业务的发生顺序逐笔登记，每日终了应结出余额。"财政专户存款日记账"应定期与财政部门核对，至少每月核对一次。月份终了，失业保险基金存款账面结余与财政部门对账单余额之间如有差额，必须逐笔查明原因进行处理，并应按月编制"财政专户存款余额调节表"，调节相符。

四、本科目期末借方余额，反映财政专户的款项。

第111号科目 暂付款

一、本科目核算失业保险基金收支活动中形成的各种暂付款项。

二、发生暂付款时，借记本科目，贷记"现金"等科目。收回款项时，借记"现金"等科目，贷记本科目。

三、本科目应按暂付款种类和对方单位设置明细账。

四、本科目期末借方余额，反映尚未收回的暂付款。

第121号科目 债券投资

一、本科目核算按规定用失业保险基金购买的国家债券。

二、按规定用失业保险基金购买国家债券,按实际支付的价款,借记本科目,贷记"财政专户存款"科目。国家债券到期收回本息或按规定转让时,按实际收到的金额,借记"财政专户存款"科目,按债券账面价值,贷记本科目,按其差额,贷记"利息收入"科目。

三、本科目应按国家债券的种类设置明细账。

四、本科目期末借方余额,反映持有的债券投资价值。

第201号科目 临时借款

一、本科目核算为解决失业保险基金周转困难而临时借入的款项。

二、借入款项时,借记"财政专户存款"科目,贷记本科目;归还借款本息时,按本金数,借记本科目,按经财政部门核准开支的利息数,借记"其他支出"科目,按本息合计,贷记"财政专户存款"科目。

三、本科目应按债权人设置明细账。

四、本科目期末贷方余额,反映尚未归还的临时借款。

第211号科目 暂收款

一、本科目核算失业保险基金收支活动中形成的暂收款。

二、发生暂收款时,借记"现金"等科目,贷记本科目。偿付款项时,借记本科目,贷记"现金"等科目。

三、本科目应按暂收款的种类和往来单位设置明细账。

四、本科目期末贷方余额,反映尚未偿付的暂收款。

第301号科目 失业保险基金

一、本科目核算失业保险基金全部收入扣除全部支出后的滚存结余。

二、期末，应将"失业保险费收入""利息收入""财政补贴收入""上级补助收入""下级上解收入"和"其他收入"科目贷方余额全部转入本科目，借记"失业保险费收入""利息收入""财政补贴收入""上级补助收入""下级下解收入""其他收入"科目，贷记本科目；将"失业保险金支出""医疗补助金支出""丧葬抚恤补助支出""职业培训和职业介绍补贴支出""基本生活保障补助支出""其他费用支出""补助下级支出""上解上级支出"和"其他支出"科目借方余额全部转入本科目，借记本科目，贷记"失业保险金支出""医疗补助金支出""丧葬抚恤补助支出""职业培训和职业介绍补助支出""基本生活保障补助支出""其他费用支出""补助下级支出""上解上级支出""其他支出"科目。

三、本科目期末贷方余额，反映历年积存的失业保险基金结余。

第401号科目 失业保险费收入

一、本科目核算收到的由缴费单位和缴费个人按缴费基数的一定比例缴纳的失业保险费。

二、收到税务机关征收的失业保险费，借记"账政专户存款"科目，贷记本科目。收到经办机构征收的失业保险费，按规定经办机构设置收入户的，借记"现金""收入户存款"科目，贷记本科目；按规定经办机构不设收入户的，借记"现金""财政专户存款"科目，贷记本科目。

三、期末，应将本科目余额转入"失业保险基金"科目，借记本科目，贷记"失业保险基金"科目。结转后，本科目应无余额。

第402号科目 利息收入

一、本科目核算用失业保险基金购买国家债券或存入银行所取得的利息收入。

二、收到银行转来的财政专户利息，借记"财政专户存款"科目，贷记本科目；收到银行转来的收入户、支出户的利息，借记"收入户存款""支出户存款"科目,贷记本科目。国家债券到期收回本息或按规定转让时,按实际收到金额,借记"财政专户存款"科目,按债券账面价值,贷记"债券投资"科目,按其差额,贷记本科目。收到分期付息的债券利息,借记"财政专户存款"科目,贷记本科目。

三、期末,应将本科目余额转入"失业保险基金"科目,借记本科目,贷记"失业保险基金"科目。结转后,本科目应无余额。

第403号科目 财政补贴收入

一、本科目核算收到的同级财政部门给予失业保险基金的补贴。

二、收到财政补贴时,借记"财政专户存款"科目,贷记本科目。

三、期末,应将本科目余额转入"失业保险基金"科目,借记本科目,贷记"失业保险基金"科目。结转后,本科目应无余额。

第404号科目 上级补助收入

一、本科目核算由上级经办机构拨入的失业保险基金。

二、收到上级经办机构下拨的失业保险基金,按规定经办机构设置收入户的,借记"收入户存款"科目,贷记本科目;按规定经办机构不设收入户的,借记"财政专户存款"科目,贷记本科目。

三、期末,应将本科目余额转入"失业保险基金"科目,借记本科目,贷记"失业保险基金"科目。结转后,本科目应无余额。

第405号科目 下级上解收入

一、本科目核算由下级经办机构上解的失业保险基金。

二、收到下级经办机构上解的失业保险基金,按规定经办机构设置收入户的,借记"收入户存款"科目,贷记本科目;按规定经办机构不设收入户的,借记"财政专户存款"科目,贷记本科目。

三、期末,应将本科目余额转入"失业保险基金"科目,借记本科目,贷记"失业保险基金"科目。结转后,本科目应无余额。

第409号科目 其他收入

一、本科目核算失业保险基金的滞纳金及经财政部门核准的其他收入。滞纳金是指因缴费单位拖欠缴纳失业保险费而按规定收取的款项。

二、收到滞纳金及财政部门核准的其他收入,按规定经办机构设置收入户的,借记"收入户存款"科目,贷记本科目;按规定经办机构不设收入户的,借记"财政专户存款"科目,贷记本科目。

三、期末,应将本科目余额转入"失业保险基金"科目,借记本科目,贷记"失业保险基金"科目。结转后,本科目应无余额。

第501号科目 失业保险金支出

一、本科目核算按规定支付给失业人员在失业期间的基本生活费用。

二、按规定支出的失业保险金,借记本科目,贷记"现金""支出户存款"科目。

三、期末,应将本科目余额转入"失业保险基金"科目,借记"失业保险基金"科目,贷记本科目。结转后,本科目应无余额。

第502号科目 医疗补助金支出

一、本科目核算按规定支付给失业人员在领取失业保险金期间的医疗费用。

二、按规定支付的医疗补助,借记本科目,贷记"现金""支出户存款"科目。

三、期末,应将本科目余额转入"失业保险基金"科目,借记"失业保险基金"科目,贷记本科目。结转后,本科目应无余额。

第503号科目 丧葬抚恤补助支出

一、本科目核算按规定支付给在领取失业保险金期间死亡的失业人员的丧葬补助费用及由其供养的配偶、直系亲属的抚恤金。

二、按规定支付的丧葬抚恤补助费,借记本科目,贷记"现金""支出户存款"科目。

三、期末,应按本科目余额转入"失业保险基金"科目,借记"失业保险基金"科目,贷记本科目。结转后,本科目应无余额。

第504号科目 职业培训和职业介绍补贴支出

一、本科目核算按规定支付给失业人员在领取失业保险金期间接受职业培训、职业介绍的补贴。

二、按规定支付的职业培训介绍补贴,借记本科目,贷记"现金""支出户存款"科目。

三、期末,应将本科目余额转入"失业保险基金"科目,借记"失业保险基金"科目,贷记本科目。结转后,本科目应无余额。

第505号科目 基本生活保障补助支出

一、本科目核算按规定从失业保险基金中调剂用于进入企业再就业服务中心的国有企业下岗职工基本生活保障的支出。

二、按规定支付的国有企业下岗职工基本生活保障补助,借记本科目,贷记"现金""支出户存款"科目。

三、期末,应将本科目余额转入"失业保险基金"科目,借记"失业保险基金"科目,贷记本科目。结转后,本科目应无余额。

第509号科目 其他费用支出

一、本科目核算支付给农民合同制工人的一次性生活补助金及国家规定的其他费用。农民合同制工人一次性生活补助金,是指一次性支付给合同期满不再续订或者提前解除劳动合同的农民合同制工人的生活补助费。

二、按规定支付的农民合同制工人一次性生活补助金及国家规定的其他费用,借记本科目,贷记"现金""支出户存款"科目。

三、期末，应将本科目余额转入"失业保险基金"科目，借记"失业保险基金"科目，贷记本科目。结转后，本科目应无余额。

第511号科目 补助下级支出

一、本科目核算上级经办机构拨付给下级经办机构的补助支出。

二、拨付给下级经办机构的失业保险基金，按规定经办机构设置收入户的，先将基金从财政专户拨入同级支出户，借记"支出户存款"科目，贷记"财政专户存款"科目，然后将基金从支出户拨入下级收入户，借记本科目，贷记"支出户存款"科目；按规定经办机构不设收入户的，将基金从上级财政专户直接拨入下级财政专户，借记本科目，贷记"财政专户存款"科目。

三、期末，应将本科目余额转入"失业保险基金"科目，借记"失业保险基金"科目，贷记本科目。结转后，本科目应无余额。

第512号科目 上解上级支出

一、本科目核算下级经办机构上解上级经办机构的支出。

二、上解上级经办机构的失业保险基金，按规定经办机构设置收入户的，先将基金从财政专户拨入同级支出户，借记"支出户存款"科目，贷记"财政专户存款"科目，然后将基金从支出户拨入上级收入户，借记本科目，贷记"支出户存款"科目；按规定经办机构不设收入户的，将基金从财政专户直接上解上级财政专户，借记本科目，贷记"财政专户存款"科目。

三、期末，应将本科目余额转入"失业保险基金"科目，借记"失业保险基金"科目，贷记本科目。结转后，本科目应无余额。

第519号科目 其他支出

一、本科目核算经财政部门核准开支的其他非失业保险待遇性质的支出。

二、经财政部门批准在其他支出列支的临时借款利息，借记本科目，贷记"财政专户存款"科目；支付的其他支出，借记本科目，贷记"支出户存款"科目。

三、期末，应将本科目余额转入"失业保险基金"科目，借记"失业保险基金"科目，贷记本科目。结转后，本科目应无余额。

三、会计报表种类和格式

报表编号	报表名称	编报期
会失业01表	资产负债表	月报、年报
会失业02表	失业保险基金收支表	月报、年报

资产负债表

会失业01表

编制单位：　　　　　年　月　日　　　　　单位：元

项目	行次	年初数	期末数
一、资产：			
现金	1		
支出户存款	2		
财政专户存款	3		
暂付款	6		
债券投资	7		
资产合计	10		
二、负债：			
临时借款	11		
暂收款	12		
负债合计	14		
三、基金：			
失业保险基金	15		
基金合计	18		

· 329 ·

失业保险基金收支表

会失业 02 表

编制单位： 　　　　　年　　月　　　　　单位：元

项　目	行次	本月数	本年累计数
一、失业保险基金收入	1		
1. 失业保险费收入	2		
2. 利息收入	3		
3. 财政补贴收入	4		
4. 上级补助收入	5		
5. 下级上解收入	6		
6. 其他收入	9		
二、失业保险基金支出	10		
1. 失业保险金支出	11		
2. 医疗补助金支出	12		
3. 丧葬抚恤补助支出	13		
4. 职业培训和职业介绍补贴支出	14		
5. 基本生活保障补助支出	15		
6. 其他费用支出	16		
7. 补助下级支出	17		
8. 上解上级支出	18		
9. 其他支出	21		
三、失业保险基金结余	22		

四、会计报表编制说明

资产负债表编制说明

（一）本表反映失业保险基金在月末、年末全部资产、负债及基金结存的情况。

（二）本表"年初数"栏各项数字，应根据上期末本表"期末数"所列数字填列。如果本年度资产负债表规定的各个项目名称和内容与上年度不相一致，应对上年年末资产负债表各项目的名称和数字按照本年度的规定进行调整，填入本表"年初数"栏内。

（三）本表各项目的内容和填列方法：

1."现金"项目，反映失业保险基金库存现金余额。本项目应根据"现金"科目期末余额填列。

2."支出户存款"项目，反映支出户存款余额。本项目应根据"支出户存款"科目期末余额填列。

3."财政专户存款"项目，反映财政专户存款余额。本项目应根据"财政专户存款"科目期末余额填列。

4."暂付款"项目，反映尚未收回的暂付款项。本项目应根据"暂付款"科目期末余额填列。

5."债券投资"项目，反映持有的债券投资的价值。本项目应根据"债券投资"科目期末余额填列。

6."临时借款"项目，反映尚未归还的临时借款。本项目应根据"临时借款"科目期末余额填列。

7."暂收款"科目，反映尚未偿付的暂收款项。本项目应根据"暂收款"科目期末余额填列。

8."失业保险基金"项目，反映截止到本期末历年积存的失业保险基金结余。本项目应根据"失业保险基金"科目期末余额填列。

失业保险基金收支表编制说明

（一）本表反映失业保险基金在月份、年度内收入、支出及结余情况。

（二）本表"本月数"栏反映各项目的本月实际发生数，在编报年度报表时，将"本月数"栏改成"上年累计数"栏，填列上年全年累计实际发生数。

本表"本年累计数"栏反映各项目自年初起至本月末止的累计实际发生数。

（三）本表"本月数"栏各项目的内容及填列方法：

1. "失业保险费收入"项目，反映收到的由缴费单位和缴费个人按缴费基数的一定比例缴纳的失业保险费。本项目应根据"失业保险费收入"科目贷方发生额填列。

2. "利息收入"项目，反映用失业保险基金购买国家债券或存入银行所取得的利息收入。本项目应根据"利息收入"科目贷方发生额填列。

3. "财政补贴收入"项目，反映收到的同级财政部门给予失业保险基金的补贴。本项目应根据"财政补贴收入"科目贷方发生额填列。

4. "上级补助收入"项目，反映由上级经办机构拨入的失业保险基金。本项目应根据"上级补助收入"科目贷方发生额填列。

5. "下级上解收入"项目，反映由下级经办机构上解的失业保险基金。本项目应根据"下级上解收入"科目贷方发生额填列。

6. "其他收入"项目，反映失业保险基金的滞纳金及经财政部门核准的其他收入。本项目应根据"其他收入"科目贷方发生额填列。

7. "失业保险金支出"项目，反映按规定支付给失业人员在失业期间的基本生活费用。本项目应根据"失业保险金支出"科目借方发生额填列。

8. "医疗补助金支出"项目，反映按规定支付给失业人员在领取失业保险金期间的医疗费用。本项目应根据"医疗补助金支出"科目借方发生额填列。

9. "丧葬抚恤补助支出"项目，反映按规定支付给在领取失业保险金期间死亡的失业人员的丧葬补助费用及由其供养的配偶、直系亲属的抚恤金。本项目应根据"丧葬抚恤补助支出"科目借方发生额填列。

10."职业培训和职业介绍补贴支出"项目,反映支付给失业人员在领取失业保险金期间接受职业培训、职业介绍的补贴。本项目应根据"职业培训和职业介绍补贴支出"科目借方发生额填列。

11."基本生活保障补助支出"项目,反映按规定从失业保险基金中调剂用于进入再就业服务中心的国有企业下岗职工基本生活保障的支出。本项目应根据"基本生活保障补助支出"科目借方发生额填列。

12."其他费用支出"项目,反映支付给农民合同制工人一次性生活补助及国家规定的其他费用。本项目应根据"其他费用支出"科目借方发生额填列。

13."补助下级支出"项目,反映经办机构拨付下级经办机构的补助支出。本项目应根据"补助下级支出"科目借方发生额填列。

14."上解上级支出"项目,反映经办机构上解上级经办机构的支出。本项目应根据"上解上级支出"科目借方发生额填列。

15."其他支出"项目,反映经财政部门核准开支的其他非失业保险待遇性质的支出。本项目应根据"其他支出"科目借方发生额填列。

16."失业保险基金结余"项目,反映本期失业保险基金的各项收入减去各项支出后的结余。本项目等于失业保险基金收入减去失业保险基金支出。

第四章 基本医疗保险基金会计科目和会计报表

一、会计科目表

顺序号	编号	会计科目名称
		(一)资产类

1	101	现金
2	102	收入户存款
3	103	支出户存款
4	104	财政专户存款
5	111	暂付款
6	121	债券投资

（二）负债类

| 7 | 201 | 临时借款 |
| 8 | 211 | 暂收款 |

（三）基金类

| 9 | 301 | 基本医疗保险统筹基金 |
| 10 | 302 | 医疗保险个人账户基金 |

（四）收入类

11	401	基本医疗保险统筹基金收入
12	402	医疗保险个人账户基金收入
13	411	待转保险费收入
14	412	待转利息收入

（五）支出类

| 15 | 501 | 基本医疗保险统筹基金支出 |
| 16 | 502 | 医疗保险个人账户基金支出 |

二、会计科目使用说明

第101号科目 现金

一、本科目核算基本医疗保险基金的库存现金。

二、收到缴费单位或个人以现金方式交来的基本医疗保险费,借记本科目,贷记"基本医疗保险统筹基金收入""医疗保险个人账户基金收入"科目;将现金存入银行,按规定经办机构设置收入户的,借记"收入户存款"科目,贷记本科目;按规定经办机构不设收入户的,借记"财政专户存款"科目,贷记本科目。

从银行提取现金,借记本科目,贷记"支出户存款"科目;以现金支付基本医疗保险基金,借记"基本医疗保险统筹基金支出""医疗保险个人账户基金支出"科目,贷记本科目。

三、本科目应设置"现金日记账",由出纳人员根据收付款凭证,按照业务的发生顺序逐笔登记。每日终了,应计算当日的现金收入合计数、现金支出合计数和结余数,并将结余数与实际库存数核对,做到账款相符。

四、本科目期末借方余额,反映基本医疗保险基金的库存现金。

第 102 号科目 收入户存款

一、本科目核算基本医疗保险基金存入国有商业银行收入户的款项。

实行税务机关征收基本医疗保险费的地区,以及按规定经办机构不设收入户的,收到基本医疗保险基金的各项收入直接划入财政专户,不通过本科目核算。

二、收入户除向同级财政部门在国有商业银行设立的财政专户划转资金外,不得发生其他支付业务,其核算内容如下:

1. 经办机构征收的基本医疗保险费,借记本科目、"现金"科目,贷记"基本医疗保险统筹基金收入""医疗保险个人账户基金收入"或"待转保险费收入"科目。

2. 收到收入户的利息,借记本科目,贷记"待转利息收入"科目。

3. 收到转移收入,借记本科目,贷记"医疗保险个人账户基金收入"科目。

4. 收到上级补助收入、下级上解收入,借记本科目,贷记"基本医疗保险统筹基金收入"科目。

5. 收到其他收入,借记本科目,贷记"基本医疗保险统筹基金收入"科目。

6. 按规定将收入户的资金划入同级财政部门在国有商业银行设立的财政专户,借记"财政专户存款"科目,贷记本科目。

三、本科目应按开户银行设置"收入户存款日记账",由出纳人员根据收付款凭证,按照业务的发生顺序逐笔登记,每日终了应结出余额。"收入户存款日记账"应定期与"银行对账单"核对,至少每月核对一次。月份终了,收入户存款账面结余与银行对账单余额之间如有差额,必须逐笔查明原因进行处理,并应按月编制"银行收入户存款余额调节表",调节相符。

四、本科目月末余额必须按规定划入财政专户,划转后,本科目月末应无余额。

第103号科目 支出户存款

一、本科目核算基本医疗保险基金存入国有商业银行支出户的款项。

二、支出户除接收财政专户拨付的资金及该账户的利息收入外,不得发生其他收入业务,其核算内容如下:

1. 接收财政专户拨入的资金,借记本科目,贷记"财政专户存款"科目。

2. 收到支出户的利息,借记本科目,贷记"待转利息收入"科目;划拨支出户的利息到财政专户,借记"财政专户存款"科目,贷记本科目。

3. 支付医疗保险待遇支出,借记"基本医疗保险统筹基金支出""医疗保险个人账户基金支出"科目,贷记本科目、"现金"科目。

4. 支付转移支出,借记"医疗保险个人账户基金支出"科目,贷记本科目。

5. 补助下级支出，按规定经办机构设置收入户的，先将基金从财政专户拨入同级支出户，借记本科目，贷记"财政专户存款"科目，然后将基金从支出户拨入下级收入户，借记"基本医疗保险统筹基金支出"科目，贷记本科目。

6. 上解上级支出，按规定经办机构设置收入户的，先将基金从财政专户拨入同级支出户，借记本科目，贷记"财政专户存款"科目，然后将基金从支出户上解上级收入户，借记"基本医疗保险统筹基金支出"科目，贷记本科目。

7. 经财政部门核准在其他支出列支的临时借款利息支出，借记"基本医疗保险统筹基金支出"科目，贷记"财政专户存款"科目，支付其他支出，借记"基本医疗保险统筹基金支出"科目，贷记本科目。

三、本科目应按开户银行设置"支出户存款日记账"，由出纳人员根据收付款凭证，按照业务的发生顺序逐笔登记，每日终了应结出余额。"支出户存款日记账"应定期与"银行对账单"核对，至少每月核对一次。月份终了，支出户存款账面结余与银行对账单余额之间如有差额，必须逐笔查明原因进行处理，并应按月编制"银行支出户存款余额调节表"，调节相符。

四、本科目期末借方余额，反映支出户的款项。

第104号科目　财政专户存款

一、本科目核算基本医疗保险基金存入国有商业银行财政专户的款项。

二、财政专户存款的核算内容如下：

1. 按规定将收入户的资金划入财政专户，借记本科目，贷记"收入户存款"科目。

2. 收到税务机关征收的基本医疗保险费，借记本科目，贷记"基本医疗保险统筹基金收入""医疗保险个人账户基金收入"或"待转保险费收入"科目；收到经办机构征收的基本医疗保险费，按规定经办机构设置收入户的,借记"现金""收入户存款"科目,贷记"基本医疗保险统筹基金收入""医疗保险个人账户基金收入"或"待转保险费收入"科目;按规定经办机构不设收入户的,借记本科目,贷记"基本医疗保险统筹基金收入""医疗保险个人账户基金收入"或"待转保险费收入"科目。

3. 收到财政专户存款利息,借记本科目,贷记"待转利息收入"科目;将支出户的存款利息按规定转入财政专户,借记本科目,贷记"支出户存款"科目;国家债券到期收回本息或按规定转让时,按实际收到的金额,借记本科目,按债券账面价值,贷记"债券投资"科目,按其差额,贷记"待转利息收入"科目。收到分期付息的债券利息,借记本科目,贷记"待转利息收入"科目。

4. 收到财政补贴收入,借记本科目,贷记"基本医疗保险统筹基金收入"科目。

5. 收到转移收入,按规定经办机构设置收入户的,借记"收入户存款"科目,贷记"医疗保险个人账户基金收入"科目;按规定经办机构不设收入户的,借记本科目,贷记"医疗保险个人账户基金收入"科目。

6. 收到下级上解收入或上级补助收入,按规定经办机构设置收入户的,借记"收入户存款"科目,贷记"基本医疗保险统筹基金收入"科目;按规定经办机构不设收入户的,借记本科目,贷记"基本医疗保险统筹基金收入"科目。

7. 收到其他收入,按规定经办机构设置收入户的,借记"现金""收入户存款"科目,贷记"基本医疗保险统筹基金收入"科目;按规定经办机构不设收入户的,借记本科目、"现金"科目,贷记"基本医疗保险统筹基金收入"科目。

8. 临时借入款项,借记本科目,贷记"临时借款"科目;归还借款本息时,按本金数,借记"临时借款"科目,按经财政部门核准开支的利息支出,借记"基本医疗保险统筹基金支出——其他支出"科目,按本息合计,贷记本科目。

9. 由财政专户向支出户拨入的资金，借记"支出户存款"科目，贷记本科目。

10. 按规定用基本医疗保险基金购买国家债券，按实际支付的价款，借记"债券投资"科目，贷记本科目。

三、本科目应按开户银行设置"财政专户存款日记账"，由出纳人员根据财政部门转来的财政专户缴拨凭证和加盖专用印章的原始凭证复印件，按照业务的发生顺序逐笔登记，每日终了应结出余额。"财政专户存款日记账"应定期与财政部门核对，至少每月核对一次。月份终了，基本医疗保险基金存款账面结余与财政部门对账单余额之间如有差额，必须逐笔查明原因进行处理，并应按月编制"财政专户存款余额调节表"，调节相符。

四、本科目期末借方余额，反映财政专户的款项。

第111号科目 暂付款

一、本科目核算基本医疗保险基金收支活动中形成的各种暂付款项。

按规定基本医疗保险实行定点医疗机构（包括中医医院，下同）和定点药店管理，经办机构向定点医疗机构和定点药店的预付款，也在本科目核算。

二、经办机构向定点医疗机构和定点药店预付的医疗费，借记本科目，贷记"支出户存款"科目；经办机构定期与定点医疗机构和定点药店结算医疗费款项时，根据审核的医疗保险享受人员的医疗费支出数额，借记"基本医疗保险统筹基金支出""医疗保险个人账户基金支出"科目，贷记本科目。支付的其他暂付款，借记本科目，贷记有关科目；收回的其他暂付款，借记有关科目，贷记本科目。

三、本科目应按暂付款种类和对方单位设置明细账。

四、本科目期末借方余额，反映尚未收回的暂付款。

第 121 号科目 债券投资

一、本科目核算按规定用基本医疗保险基金购买的国家债券。

二、按规定用基本医疗保险基金购买国家债券,按实际支付的价款,借记本科目,贷记"财政专户存款"科目。国家债券到期收回本息或按规定转让时,按实际收到的金额,借记"财政专户存款"科目,按债券账面价值,贷记本科目,按其差额,贷记"待转利息收入"科目。

三、本科目应按国家债券的种类设置明细账。

四、本科目期末借方余额,反映持有的债券投资价值。

第 201 号科目 临时借款

一、本科目核算为解决医疗保险基金周转困难临时借入的款项。

二、借入款项时,借记"财政专户存款"科目,贷记本科目;归还借款本息时,按本金数,借记本科目,按经财政部门核准开支的利息支出,借记"基本医疗保险统筹基金支出——其他支出"科目,按本息合计,贷记"财政专户存款"科目。

三、本科目应按债权人设置明细账。

四、本科目期末贷方余额,反映尚未归还的临时借款。

第 211 号科目 暂收款

一、本科目核算基本医疗保险基金收支活动中形成的暂收款。

二、收到款项时,借记"现金"等科目,贷记本科目。偿付款项时,借记本科目,贷记"现金"等科目。

三、本科目应按暂收款的种类和往来单位设置明细账。

四、本科目期末贷方余额,反映尚未偿付的暂收款。

第 301 号科目 基本医疗保险统筹基金

一、本科目核算基本医疗保险统筹基金全部收入扣除全部支出后的滚存结余。

二、期末,将"基本医疗保险统筹基金收入"科目贷方余额转入本科目,借记"基本医疗保险统筹基金收入"科目,贷记本科目;将"基本医疗保险统筹基金支出"科目借方余额转入本科目,借记本科目,贷记"基本医疗保险统筹基金支出"科目。

三、本科目期末贷方余额,反映历年积存的基本医疗保险统筹基金结余。

第302号科目 医疗保险个人账户基金

一、本科目核算医疗保险个人账户基金全部收入扣除全部支出后的滚存结余。

二、期末,将"医疗保险个人账户基金收入"科目贷方余额转入本科目,借记"医疗保险个人账户基金收入"科目,贷记本科目;将"医疗保险个人账户基金支出"科目借方余额转入本科目,借记本科目,贷记"医疗保险个人账户基金支出"科目。

三、本科目应按参加基本医疗保险的每一位职工设置"个人账户"明细账。

四、本科目期末贷方余额,反映历年积存的医疗保险个人账户基金结余。

第401号科目 基本医疗保险统筹基金收入

一、本科目核算按规定记入基本医疗保险统筹基金的各项收入,包括基本医疗保险费收入、利息收入、财政补贴收入、上级补助收入、下级上解收入和其他收入。

二、本科目应设置以下六个明细科目:

1. 基本医疗保险费收入,核算税务机关或经办机构向缴费单位征收的医疗保险费,按规定记入基本医疗保险统筹基金的部分。

2. 利息收入,核算用基本医疗保险基金购买国家债券或存入银行取得的利息收入,按规定记入基本医疗保险统筹基金的部分。

3. 财政补贴收入，核算同级财政给予基本医疗保险基金的补贴。

4. 上级补助收入，核算下级经办机构接收上级经办机构拨付的基本医疗保险基金补助收入。

5. 下级上解收入，核算上级经办机构接收下级经办机构上解的基本医疗保险基金收入。

6. 其他收入，核算基本医疗保险基金的滞纳金及其他经财政部门核准的收入。滞纳金是指因用人单位拖欠缴纳基本医疗保险费而按规定收取的款项。

三、按规定记入基本医疗保险统筹基金的各项收入，分别以下情况核算：

1. 收到税务机关征收的基本医疗保险费，将其中按规定记入基本医疗保险统筹基金的基本医疗保险费记入本科目，借记"财政专户存款"科目，贷记本科目。

收到经办机构征收的基本医疗保险费，将其中按规定记入基本医疗保险统筹基金的基本医疗保险费记入本科目，按规定经办机构设置收入户的，借记"现金""收入户存款"科目，贷记本科目；按规定经办机构不设收入户的，借记"现金""财政专户存款"科目，贷记本科目。

2. 税务机关征收的基本医疗保险费，对于收到时尚未确定归属于基本医疗保险统筹基金或医疗保险个人账户基金的，暂记入"待转保险费收入"科目，借记"财政专户存款"科目，贷记"待转保险费收入"科目；待确定归属时，再自"待转保险费收入"科目转入相关收入科目，借记"待转保险费收入"科目，贷记本科目和"医疗保险个人账户基金收入"科目。

经办机构征收的基本医疗保险费，对于收到时尚未确定归属于基本医疗保险统筹基金或医疗保险个人账户基金的，暂记入"待转保险费收入"科目，按规定经办机构设置收入户的，借记"现金""收入户存款"科目，贷记"待转保险费收入"科目；按规定经办机构不设收入户的，借记"现金""财政专户存款"科目，贷记"待转利息收入"科目。待确定归属时，再自"待转保险费收入"科目转入相关收入科目，借记"待转保险费收入"科目，贷记本科目和"医疗保险个人账户基金收入"科目。

3. 对于用基本医疗保险基金购买国家债券或存入银行取得的利息收入，收到时先在"待转利息收入"科目进行归集，按期分配计入基本医疗保险统筹基金和医疗保险个人账户基金时，再自"待转利息收入"科目转入有关收入科目。分配记入基本医疗保险统筹基金的利息，借记"待转利息收入"科目，贷记本科目。

4. 收到财政补贴收入，借记"财政专户存款"科目，贷记本科目。

5. 收到上级补助收入、下级上解收入，按规定经办机构设置收入户的，借记"收入户存款"科目，贷记本科目；按规定经办机构不设收入户的，借记"财政专户存款"科目，贷记本科目。

6. 收到其他收入，按规定经办机构设置收入户的，借记"现金""收入户存款"科目，贷记本科目；按规定经办机构不设收入户的，借记"现金""财政专户存款"科目，贷记本科目。

四、期末，应将本科目贷方余额全部转入"基本医疗保险统筹基金"科目，借记本科目，贷记"基本医疗保险统筹基金"科目。结转后，本科目应无余额。

第402号科目 医疗保险个人账户基金收入

一、本科目核算按规定记入医疗保险个人账户基金的各项收入，包括基本医疗保险费收入、利息收入、转移收入。

二、本科目应设置以下三个明细科目：

1. 基本医疗保险费收入，核算税务机关或经办机构向缴费单位或个人征收的基本医疗保险费，按规定记入医疗保险个人账户基金的部分。

2. 利息收入，核算用基本医疗保险基金购买国家债券或存入银行取得的利息收入，按规定记入医疗保险个人账户基金的部分。

3. 转移收入，核算保险对象跨统筹地区流动，其个人基本医疗保险基金随同转入的收入。

三、按规定记入医疗保险个人账户基金的各项收入，分别以下情况核算：

1. 收到税务机关征收的基本医疗保险费，将其中按规定记入个人账户的基本医疗保险费记入本科目，借记"财政专户存款"科目，贷记本科目。

收到经办机构征收的基本医疗保险费，将其中按规定记入个人账户的基本医疗保险费记入本科目，按规定经办机构设置收入户的，借记"现金""收入户存款"科目，贷记本科目；按规定经办机构不设收入户的，借记"现金""财政专户存款"科目，贷记本科目。

2. 税务机关征收的基本医疗保险费，对于收到时尚未确定归属于基本医疗保险统筹基金或医疗保险个人账户基金的，暂记入"待转保险费收入"科目，借记"财政专户存款"科目，贷记"待转保险费收入"科目；待确定归属时，再自"待转保险费收入"科目转入相关收入科目，借记"待转保险费收入"科目，贷记本科目和"基本医疗保险统筹基金收入"科目。

经办机构征收的基本医疗保险费，对于收到时尚未确定归属于基本医疗保险统筹基金或医疗保险个人账户基金的，暂记入"待转保险费收入"科目，按规定经办机构设置收入户的，借记"现金""收入户存款"科目，贷记"待转保险费收入"科目；按规定经办机构不设收入户的，借记"现金""财政专户存款"科目，贷记"待转保险费收入"科目。待确定归属时，再自"待转保险费收入"科目转入相关收入科目，借记"待转保险费收入"科目，贷记本科目和"基本医疗保险统筹基金收入"科目。

3. 对于用基本医疗保险基金购买国家债券或存入银行取得的利息收入，收到时先在"待转利息收入"科目进行归集，按期分配计入基本医疗保险统筹基金和医疗保险个人账户基金时，再自"待转利息收入"科目转入有关收入科目。分配记入个人账户的利息，借记"待转利息收入"科目,贷记本科目。

4.随异地保险对象调入本地而由异地经办机构转入的收入(含本金和利息),按规定经办机构设置收入户的,借记"收入户存款"科目,贷记本科目;按规定经办机构不设收入户的,借记"财政专户存款"科目,贷记本科目。

四、本科目应按收入种类和参加医疗保险的每一位职工设置"个人账户"明细账。

五、期末,应将本科目贷方余额全部转入"医疗保险个人账户基金"科目,借记本科目,贷记"医疗保险个人账户基金"科目。结转后,本科目应无余额。

第411号科目 待转保险费收入

一、本科目核算收到时尚未确定归属于基本医疗保险统筹基金和医疗保险个人账户基金的基本医疗保险费收入。

二、税务机关征收的基本医疗保险费,对于收到时尚未确定归属于基本医疗保险统筹基金或医疗保险个人账户基金的,暂记入本科目,借记"财政专户存款"科目,贷记本科目;待确定归属时,再自本科目转入相关收入科目,借记"待转保险费收入"科目,贷记"基本医疗保险统筹基金收入""医疗保险个人账户基金收入"科目。

经办机构征收的基本医疗保险费,对于收到时尚未确定归属于基本医疗保险统筹基金或医疗保险个人账户基金的,暂记入本科目,按规定经办机构设置收入户的,借记"现金""收入户存款"科目,贷记本科目;按规定经办机构不设收入户的,借记"现金""财政专户存款"科目,贷记本科目。待确定归属时,再自本科目转入相关收入科目,借记本科目,贷记"基本医疗保险统筹基金收入""医疗保险个人账户基金收入"科目。

年末,将尚未确定归属的基本医疗保险费,根据经验比例划分基本医疗保险统筹基金和医疗保险个人账户基金,自本科目结转到"基本医疗保险统筹基金收入"和"医疗保险个人账户基金收入"科目,借记本科目，贷记"基本医疗保险统筹基金收入""医疗保险个人账户基金收入"科目；下年初再作相反分录予以转回。

三、本科目月末余额，反映尚未确定归属于基本医疗保险统筹基金或医疗保险个人账户基金的基本医疗保险费。年度终了，本科目应无余额。

第412号科目　待转利息收入

一、本科目核算取得的尚未分配计入基本医疗保险统筹基金和医疗保险个人账户基金的利息收入。

二、用基本医疗保险基金购买国家债券或存入银行所取得的利息收入，先在本科目进行归集，然后按期分配计入基本医疗保险统筹基金和医疗保险个人账户基金。

收到财政专户的利息，借记"财政专户存款"科目，贷记本科目；收到收入户、支出户的利息，借记"收入户存款""支出户存款"科目，贷记本科目。国家债券到期收回本息或转让时，按实际收到的金额，借记"财政专户存款"科目，按债券账面价值，贷记"债券投资"科目，按其差额，贷记本科目。收到分期付息债券利息，借记"财政专户存款"科目，贷记本科目。

年末，将取得的各项利息收入先按规定的银行计息方法计算医疗保险个人账户基金利息，自本科目转入医疗保险个人账户基金，借记本科目，贷记"医疗保险个人账户基金收入"科目；然后将取得的各项利息收入扣除计入医疗保险个人账户基金的利息，剩余部分自本科目转入基本医疗保险统筹基金，借记本科目，贷记"基本医疗保险统筹基金收入"科目。

三、本科目月末余额，反映尚未分配计入基本医疗保险统筹基金和医疗保险个人账户基金的待转利息收入。年度终了，本科目应无余额。

第501科目 基本医疗保险统筹基金支出

一、本科目核算应由基本医疗保险统筹基金开支的各项支出,包括医疗保险待遇支出、上解上级支出、补助下级支出和其他支出。

二、本科目应设置以下四个明细科目:

1. 医疗保险待遇支出,核算按规定在基本医疗保险统筹基金支付范围以内,并在起付标准以上、最高支付限额以下由基本医疗保险统筹基金支付的医疗费支出。

2. 上解上级支出,核算下级经办机构上解上级经办机构的基本医疗保险基金支出。

3. 补助下级支出,核算上级经办机构拨付给下级经办机构的基本医疗保险基金补助支出。

4. 其他支出,核算经财政部门核准开支的除上述支出以外的其他支出。

三、经办机构向定点医疗机构和定点药店预付的医疗费,借记"暂付款"科目,贷记"支出户存款"科目;经办机构定期与定点医疗机构和定点药店结算医疗费款项时,根据审核的医疗保险享受人员的医疗费支出数额,应由基本医疗保险统筹基金开支的部分,借记本科目,贷记"暂付款"科目。

采用其他结算方式支付的基本医疗保险费,根据经审核的医疗费报销凭证,借记本科目,贷记"现金""支出户存款"等科目。

拨付给下级经办机构的基本医疗保险基金,按规定经办机构设置收入户的,先将基金从财政专户拨入同级支出户,借记"支出户存款"科目,贷记"财政专户存款"科目,然后将基金从支出户拨入下级收入户,借记本科目,贷记"支出户存款"科目;按规定经办机构不设收入户的,将基金从上级财政专户直接拨入下级财政专户,借记本科目,贷记"财政专户存款"科目。

上解上级经办机构的基本医疗保险基金,按规定经办机构设置收入户的,先将基金从财政专户拨入同级支出户,借记"支出户存款"

科目，贷记"财政专户存款"科目，然后将基金从支出户上解上级收入户，借记本科目，贷记"支出户存款"科目；按规定经办机构不设收入户的，将基金从财政专户直接上解上级基本医疗保险基金财政专户，借记本科目，贷记"财政专户存款"科目。

经财政部门核准在其他支出开支的临时借款利息支出，借记本科目，贷记"财政专户存款"科目，支付其他支出，借记本科目，贷记"支出户存款"科目。

四、期末，应将本科目借方余额全部转入"基本医疗保险统筹基金"科目，借记"基本医疗保险统筹基金"科目，贷记本科目。结转后，本科目应无余额。

第502号科目 医疗保险个人账户基金支出

一、本科目核算按规定应由医疗保险个人账户基金开支的各项支出，包括医疗保险待遇支出、转移支出。

二、本科目应设置以下两个明细科目：

1. 医疗保险待遇支出，核算按规定由医疗保险个人账户基金开支的医疗费支出。

2. 转移支出，核算保险对象跨统筹地区流动，其医疗保险个人账户基金随同转出的支出。

三、经办机构向定点医疗机构和定点药店预付的医疗费，借记"暂付款"科目，贷记"支出户存款"科目；经办机构定期与定点医疗机构和定点药店结算医疗费款项时，根据经审核的医疗保险享受人员的医疗费支出数额，应由医疗保险个人账户基金开支的部分，借记本科目，贷记"暂付款"科目。

采用其他结算方式支付个人基本医疗保险费的，根据经审核的医疗费报销凭证，借记本科目，贷记"现金""支出户存款"等科目。

保险对象调离本统筹地区，医疗保险个人账户基金随同转出的支出，借记本科目，贷记"支出户存款"科目。

四、本科目应按支出去向和参加基本医疗保险的每一位职工设置

"个人账户"明细账。

五、期末,应将本科目借方余额全部转入"医疗保险个人账户基金"科目,借记"医疗保险个人账户基金"科目,贷记本科目。结转后,本科目应无余额。

三、会计报表种类和格式

报表编号	报表名称	编报期
会医疗 01 表	资产负债表	月报、年报
会医疗 02 表	基本医疗保险基金收支表	月报、年报

资产负债表

会医疗 01 表

编制单位： 年 月 日 单位：元

项目	行次	年初数	期末数
一、资产：			
现金	1		
支出户存款	2		
财政专户存款	3		
暂付款	6		
债券投资	7		
资产合计	10		
二、负债：			
临时借款	11		
暂收款	12		
负债合计	14		
三、基金：			
基本医疗保险统筹基金	15		
医疗保险个人账户基金	16		
待转基金	17	×	
基金合计	20		

基本医疗保险基金收支表

会医疗 02 表

编制单位：　　　　　　年　月　　　　　单位：元

项　目	行次	本月数	本年累计表
一、基本医疗保险统筹基金收入	1		
1. 基本医疗保险费收入	2		
2. 利息收入	3		
3. 财政补贴收入	4		
4. 上级补助收入	5		
5. 下级上解收入	6		
6. 其他收入	10		
二、医疗保险个人账户基金收入	11		
1. 基本医疗保险费收入	12		
2. 利息收入	13		
3. 转移收入	14		
三、基本医疗保险统筹基金支出	17		
1. 医疗保险待遇支出	18		
2. 上解上级支出	19		
3. 补助下级支出	20		
4. 其他支出	21		
四、医疗保险个人账户基金支出	24		
1. 医疗保险待遇支出	25		
2. 转移支出	26		
五、基本医疗保险基金结余	29		
1. 基本医疗保险统筹基金结余	30		
2. 医疗保险个人账户基金结余	31		
3. 待转基金	32		

四、会计报表编制说明

资产负债表编制说明

（一）本表反映月末、年末全部资产、负债及基金的构成情况。

（二）本表"年初数"栏各项数字，应根据上期末本表"期末数"所列数字填列。如果本年度资产负债表规定的各个项目名称和内容与上年度不相一致，应对上年年末资产负债表各项目的名称和数字按照本年度的规定进行调整，填入本表"年初数"栏内。

（三）本表各项目的内容和填列方法：

1."现金"项目，反映库存现金余额。本项目应根据"现金"科目期末余额填列。

2."支出户存款"项目，反映支出户存款的余额。本项目应根据"支出户存款"科目期末余额填列。

3."财政专户存款"项目，反映财政专户存款的余额。本项目应根据"财政专户存款"科目期末余额填列。

4."暂付款"项目，反映尚未收回的暂付款项。本项目应根据"暂付款"科目期末余额填列。

5."债券投资"项目，反映持有的债券投资的价值。本项目应根据"债券投资"科目期末余额填列。

6."临时借款"项目，反映尚未归还的临时借款。本项目应根据"临时借款"科目期末余额填列。

7."暂收款"科目，反映尚未偿付的暂收款。本项目应根据"暂收款"科目期末余额填列。

8."基本医疗保险统筹基金"项目，反映截止到本期末历年积存的统筹基本医疗保险基金结余。本项目应根据"基本医疗保险统筹基金"科目期末余额填列。

9."医疗保险个人账户基金"项目，反映截止到本期末历年积存的医疗保险个人账户基金结余。本项目应根据"医疗保险个人账户基金"科目期末余额填列。

10."待转基金"项目,反映期末(指1至11月份),尚未确定归属于基本医疗保险统筹基金或医疗保险个人账户基金的待转医疗保险费收入和尚未分配计入基本医疗保险统筹基金和医疗保险个人账户基金的利息收入,本项目应根据"待转保险费收入""待转利息收入"科目期末余额合计填列。编制年度会计报表时,本项目空置不填。

基本医疗保险基金收支表编制说明

(一)本表反映基本医疗保险基金在月份、年度内的收入、支出和结余情况。

(二)本表"本月数"栏反映各项目的本月实际发生数,在编报年度会计报表时,将"本月数"栏改成"上年累计数"栏,填列上年全年累计实际发生数。

本表"本年累计数"栏反映各项目自年初起至本月末止的累计实际发生数。

(三)本表"本月数"栏各项目的内容及填列方法:

1."基本医疗保险统筹基金收入"项目,反映按规定记入基本医疗保险统筹基金的各项收入。本项目应根据"基本医疗保险统筹基金收入"科目贷方发生额填列。

2."基本医疗保险费收入"项目,反映缴费单位缴纳的基本医疗保险费中按规定记入基本医疗保险统筹基金的部分。本项目应根据"基本医疗保险统筹基金收入"科目所属"基本医疗保险费收入"明细科目的贷方发生额填列。

3."利息收入"项目,反映按规定记入基本医疗保险统筹基金的利息收入。本项目应根据"基本医疗保险统筹基金收入"科目所属"利息收入"明细科目贷方发生额填列。

4."财政补贴收入"项目,反映同级财政部门给予基本医疗保险基金的补贴。本项目应根据"基本医疗保险统筹基金收入"科目所属"财政补贴收入"明细科目贷方发生额填列。

5."上级补助收入"项目,反映下级经办机构接收上级经办机构拨付的基本医疗保险基金收入。本项目应根据"基本医疗保险统筹基金收入"科目所属"上级补助收入"明细科目贷方发生额填列。

6. "下级上解收入"项目，反映上级经办机构接收下级经办机构上解的基本医疗保险基金收入。本项目应根据"基本医疗保险统筹基金收入"科目所属"下级上解收入"明细科目贷方发生额填列。

7. "其他收入"项目，反映滞纳金及其他经财政部门核准的收入。本项目应根据"基本医疗保险统筹基金收入"科目所属"其他收入"明细科目贷方发生额填列。

8. "医疗保险个人账户基金收入"项目，反映按规定记入医疗保险个人账户基金的各项医疗基金收入。本项目应根据"医疗保险个人账户基金收入"科目的贷方发生额填列。

9. "基本医疗保险费收入"项目，反映缴费单位按规定为保险对象缴纳的基本医疗保险费部分和个人缴纳的全部基本医疗保险费。本项目应根据"医疗保险个人账户基金收入"科目所属"基本医疗保险费收入"明细科目贷方发生额填列。

10. "利息收入"项目，反映按规定记入医疗保险个人账户基金的利息收入。本项目应根据"医疗保险个人账户基金收入"科目所属"利息收入"明细科目的贷方发生额填列。

11. "转移收入"项目，反映保险对象跨统筹地区流动，其个人基本医疗保险基金随同转入的收入。本项目应根据"医疗保险个人账户基金收入"科目所属"转移收入"明细科目贷方发生额填列。

12. "基本医疗保险统筹基金支出"项目，反映应由基本医疗保险统筹基金开支的各项支出。本项目应根据"基本医疗保险统筹基金支出"科目借方发生额填列。

13. "医疗保险待遇支出"项目，反映按规定由基本医疗保险统筹基金开支的医疗保险待遇支出。本项目应根据"基本医疗保险统筹基金支出"科目所属"医疗保险待遇支出"明细科目的借方发生额填列。

14. "上解上级支出"项目，反映上解上级经办机构的基本医疗保险基金支出。本项目应根据"基本医疗保险统筹基金支出"科目所属"上解上级支出"明细科目借方发生额填列。

15."补助下级支出"项目，反映拨付下级经办机构的基本医疗保险基金支出。本项目应根据"基本医疗保险统筹基金支出"科目所属"补助下级支出"明细科目借方发生额填列。

16."其他支出"项目，反映经财政部门核准开支的除上述支出以外的其他支出。本项目应根据"基本医疗保险统筹基金支出"科目所属"其他支出"明细科目的借方发生额填列。

17."医疗保险个人账户基金支出"项目，反映按规定应由医疗保险个人账户基金开支的各项支出。本项目应根据"医疗保险个人账户基金支出"科目借方发生额填列。

18."医疗保险待遇支出"项目，反映按规定由医疗保险个人账户基金开支的医疗费支出。本项目应根据"医疗保险个人账户基金支出"科目所属"医疗保险待遇支出"明细科目的借方发生额填列。

19."转移支出"项目，反映保险对象跨统筹地区流动，医疗保险个人账户基金随同转出的支出。本项目应根据"医疗保险个人账户基金支出"科目所属"转移支出"明细科目借方发生额填列。

20."基本医疗保险基金结余"项目，反映基本医疗保险基金总收入扣除总支出后的结余。本项目应根据"基本医疗保险统筹基金结余"和"医疗保险个人账户基金结余"两个项目之和填列。

21."基本医疗保险统筹基金结余"项目，反映基本医疗保险统筹基金各项收入减去各项支出后的结余。本项目的金额等于基本医疗保险统筹基金收入减去基本医疗保险统筹基金支出。

22."医疗保险个人账户基金结余"项目，反映医疗保险个人账户基金各项收入减去各项支出后的结余。本项目的金额等于医疗保险个人账户基金收入减去医疗保险个人账户基金支出。

23."待转基金"项目，反映尚未确定归属于基本医疗保险统筹基金或医疗保险个人账户基金的基本医疗保险费收入和尚未分配计入基本医疗保险统筹基金和医疗保险个人账户基金的利息收入。本项目应根据"待转保险费收入""待转利息收入"科目期末(指1至11月份)贷方发生额合计填列。编制年度会计报表时,本项目空置不填。

社会保险经办机构内部控制暂行办法

劳社部发〔2007〕2号

第一章 总 则

第一条 为了加强社会保险经办机构（以下简称"社会保险机构"）内部管理与监督，防范和化解运行风险，规范社会保险管理服务工作，确保社会保险基金安全，根据《中华人民共和国劳动法》《中华人民共和国审计法》《社会保险费征缴暂行条例》《社会保险稽核办法》《关于内部审计工作的规定》《社会保险审计暂行规定》《内部审计基本准则》等法规制度，制定本办法。

第二条 本办法所称的内部控制是指各级社会保险机构对系统内部职能部门及其工作人员从事社会保险管理服务工作及业务行为进行规范、监控和评价的方法、程序、措施的总称。内部控制由组织机构控制、业务运行控制、基金财务控制、信息系统控制等组成。

第三条 办法适用于各级社会保险机构。

第四条 各级社会保险机构应建立健全内部控制制度，业务部门负责本业务环节的内部控制工作；稽核部门负责组织实施本地区、本部门管理范围内社会保险内部控制的监督检查工作。

上级社会保险机构对下级社会保险机构的内部控制工作进行指导、监督和检查。

第五条 内部控制建设的目标：在全系统内建立一个运作规范、管理科学、监控有效、考评严格的内部控制体系，对社会保险机构各项业务、各个环节进行全过程的监督，提高社会保险政策法规和各项规章制度的执行力，保证社会保险基金的安全完整，维护参保者的合法权益。

第六条 内部控制建设应遵循以下原则：

（一）合法性。内部控制的各项内容规范、统一，符合国家有关社会保险政策、法规的要求。

（二）完整性。各项业务管理行为都有相应的制度规定和监督制约。所有部门、岗位和人员，所有业务项目和操作环节都在内部控制的范围内。

（三）制衡性。从组织机构的设置上确保各部门和岗位权责分明、相互制约，通过有效的相互制衡措施消除内部控制中的盲点。

（四）有效性。在岗位、部门和单位三级内控管理模式的基础上，形成科学合理的内部控制决策机制、执行机制和监督机制。建立合理的内控程序，保障内控管理的有效执行。

（五）适应性。各项具体工作制度和流程都应与管理服务实际相结合，根据需要及时进行调整、修改和完善，适应社会保险管理服务的变化。

第二章 内部控制的内容

第七条 组织机构控制

（一）建立完善的组织决策控制制度。对内部机构、岗位设置、决策程序、法人授权等做出规定。

（二）建立科学的人事管理制度。对岗位设置与职责、人员调配与使用、干部培训、考核与奖惩做出规定。

（三）建立明确的领导授权控制制度。对授权范围、权力监督、定期轮岗、离任审计等内容做出规定。

（四）建立有效的内控考评制度。对业务风险控制情况的评价、违反内控规定的处罚等内容做出规定。

第八条 业务运行控制

（一）规范业务操作规程。按照社会保险有关政策和法规，规范参保登记管理、缴费核定、账户管理、待遇审核、待遇支付、社会化管理、基金财务管理、计划统计管理、稽核监督等业务环节的操作流程。

（二）建立业务审核制度。办理社会保险各项业务时应严格审核相关报表、凭证等资料的真实性、完整性和有效性，出具的相关资料和凭证应规范统一，数据的修改应有严格的审批制度和程序，同时进行登记备案。

（三）明确各业务环节的工作范围、责任。各部门、岗位的业务管理、操作人员都应在其职权范围内开展工作，不得超越所授权限。各项业务环节既独立操作，又相互衔接、相互制约，实行业务初审及复核制度。

（四）实行办事公开。社会保险政策、业务流程、办理时限和内容以及经办人等应公开透明。

（五）建立档案资料保管制度。社会保险业务的原始资料以及办理过程中涉及的相关资料按照档案管理规定及时留存、归档、立卷、保管。

第九条 基金财务控制

（一）依法进行基金财务管理和核算。基金财务管理严格按照国家的法律、法规、政策和社会保险基金财务会计制度，建立明确的会计操作规程，对财务处理的全过程实施监督。

（二）建立严密的会计控制系统。依法建账，按照不同险种分账核算，各险种之间、统筹基金与个人账户不得相互挤占。合理运用会计方法对发生的业务进行账务处理，记账依据的原始凭证、记账凭证合法有效，更正会计记录应履行必要的审批手续，并记录在案。

（三）建立分工明确的岗位责任制。财务会计部门应设立会计负责人（主管）、记账、复核、出纳和财务网管等岗位，明确各岗位的职责范围，财务收支审批实行分级授权，未经授权不得越岗代办。出纳员不得兼任稽核、会计档案保管和收入、支出、费用、债权债务账目的登录工作；财务印鉴、票据、空白凭证实行专人管理并有登记。

会计人员轮岗或调离时，必须严格履行交接手续。

（四）建立合理的责任分离制度。货币、有价证券的保管与账务处理相分离；重要空白凭证的保管与使用相分离；资金收支的审批与具体业务办理相分离；资金受理发放或待遇支付与审查相分离；信息数据处理与业务办理及会计处理相分离。

（五）完善账务核对制度。对不同账务应定期核对，做到账证、账账、账表、账实相符。

第十条　信息系统控制

（一）严格按照劳动保障部有关社会保险信息系统建设的标准规范业务系统和数据库建设，制定明确的操作流程和管理制度。

（二）根据业务流程和业务系统功能划分各个部门和岗位的职能，明确业务操作人员和系统维护人员等各类人员的职责和使用权限，并建立相应的管理制度，明确数据操作所依据的有效凭证和必须履行的审批手续。

（三）建立数据录入、修改、访问、使用、保密、维护的权限管理制度，加强对信息系统数据的监控，建立数据远程备份机制，确保数据安全。

（四）建立有效的信息交流反馈制度。对业务数据等信息管理、交流和反馈做出明确规定，确保管理层及时了解各项业务的办理情况和综合数据。

（五）按照国家有关规定使用网络。对于涉密信息需要在网上传输的进行加密处理。加强网络和计算机病毒防护，确保网络安全。

（六）建立机房和相关设备的管理制度。做好防火、防尘、防水、防磁、防雷击等工作，落实定期维护、故障处理、安全值班和出入登记等制度，确保设备的正常运转。

第三章　内部控制的管理与监督

第十一条　稽核部门应履行内控的管理与监督职能，依照国家有关社会保险政策、法规以及法规性文件,制订内控检查年度及日常工作计划,报单位主要负责人批准后,定期或不定期地对内部控制体系的运行情况进行检查。同时,社会保险机构内控制度运行情况接受社会保险基金监督行政部门的监督。

第十二条 稽核部门在对内控制度运行情况的检查过程中可以查阅、复制有关文件资料,检查有关凭证、账簿以及其他相关资料和资产等,对检查事项有关问题进行调查,对违反内部控制制度的行为做出临时处理决定。

第十三条 稽核部门应按照内审程序进行检查,做好检查笔录。笔录由稽核人员和被检查部门负责人签字或盖章。对主要资料要进行复印并由被检查部门负责人签字或盖章。稽核部门应将检查结果定期进行公示。

第十四条 稽核部门应对内控制度运行的检查情况做出评价。对内部控制检查中发现的问题,及时报告主要领导,并提出整改建议。

第十五条 各部门、岗位和业务环节应建立责任人差错追究制度,强化内部监督制约。

第十六条 建立健全内控考评机制。内控考评工作由各省(区、市)统一组织,采取本级自评、上一级考评的形式进行。内控考评工作每年进行一次,考评时限为上年度。考评内容:

(一)单位领导是否重视内控建设。包括单位领导对内控建设的关注和要求,建立有利于控制风险的组织架构等内容。

(二)社会保险机构是否制定科学合理的内部控制制度,并按内部控制制度规定完善业务操作规程和岗位责任制。

(三)各项业务是否严格按照业务操作规程办理,岗位责任制是否落实,是否存在滥用职权、徇私舞弊、玩忽职守等行为。

(四)各项业务办理环节中的办理手续是否完备,相关凭证是否真实有效,数据录入是否完整准确,相关岗位之间的制约是否落实。

(五)基金的收支是否符合标准和规定;是否存在社会保险基金被贪污、挪用、截留等现象。

第十七条 建立奖惩制度。对内控工作好的社会保险机构和个人进行表扬和奖励。社会保险机构工作人员不遵守内部控制制度而造成不良后果的,应视情节轻重追究相应行政责任,并予以相应处罚;情节严重构成犯罪的,依法追究刑事责任。

第四章 附 则

第十八条 各省(区、市)劳动保障行政部门可根据本办法,结合当地实际制定具体实施细则。

第十九条 本办法自发布之日起执行。

社会保险经办机构内部控制检查评估暂行办法

社会保险中心函 [2009] 32 号

第一章 总 则

第一条 为促进社会保险经办机构内部控制体系建设，规范内部控制检查评估行为，根据《社会保险经办机构内部控制暂行办法》制定本办法。

第二条 本办法所称内部控制检查评估，是指通过实地查看本级或下级社会保险经办机构内部控制制度建设和运行情况，并对内部控制的充分性、合规性和有效性做出的客观评价。

第三条 社会保险经办机构本级以及上级对下级内部控制检查评估工作，适用本办法。

第四条 开展社会保险经办机构内部控制检查评估应达到以下目标：

（一）强化各级社会保险经办机构内部控制意识，严格遵守国家社会保险有关法律法规和内部控制制度；

（二）对社会保险经办机构内部控制制度运行情况，做出全面、客观地评价，指出存在的问题，提出整改意见和建议，促进内部控制体系的完善；

（三）有效发挥内部控制作用，维护基金的安全，提高业务经办能力和管理服务水平，促进社会保险事业健康发展。

第五条 开展社会保险经办机构内部控制检查评估应遵循以下原则：

（一）检查评估范围应覆盖社会保险经办机构内部控制的全过程以及所有的部门和岗位；

（二）检查评估的重点应根据风险程度和控制的重要性确定，关注重点部门、重点业务和重点环节；

（三）检查评估工作中的标准、程序和方法等应保持一致，以确保检查评估结果准确、公平。

第二章　检查评估的内容

第六条　检查评估的内容包括组织机构控制、业务运行控制、基金财务控制、信息系统控制、内部控制的管理与监督五个方面。

第七条　组织机构控制检查评估包括：

（一）是否建立完善的组织决策控制制度，明确内设机构、决策程序、机构负责人授权等内容；

（二）是否建立人事管理制度，明确业务经办、基金财务、信息系统等内部控制活动全过程的岗位设置及其职责范围；明确人员配备与使用、轮岗、培训、考核与奖励等内容；

（三）是否建立领导授权控制制度，明确授权范围、批准方式、权限、程序和责任等；

（四）是否合理设置内设部门组织架构，明确各部门间的业务信息传递、反馈、监控流程。

第八条　业务运行控制检查评估包括：

（一）是否依据国家社会保险有关法规和政策，结合本地区实际制定业务操作管理办法和工作制度，明确参保登记管理、缴费基数核定、费率确定、账户管理、定点服务机构管理、待遇领取资格确认、待遇审核、待遇支付、费用结算、基金财务、稽核监督等业务环节的操作流程；

（二）是否对各业务环节的经办范围、程序、要求和办理时限等方面进行明确规定，是否明确各项业务审核、复核和审批要求，有无

对审核的相关报表、凭证等的真实性、完整性和有效性进行明确规定;

(三)各项业务环节的操作流程是否能做到既独立操作,又相互衔接、相互制约,操作人员是否严格按照规定的操作流程在其职权范围内开展工作,有无越权现象;

(四)是否明确各项业务环节的风险点及风险控制措施;

(五)是否建立政务公开制度,对社会保险政策、业务流程、经办人、办理时限和内容等方面做到公开透明;

(六)是否建立业务档案资料保管制度,明确业务经办过程中涉及的相关资料的留存、归档、立卷和保管要求。

第九条 基金财务控制检查评估包括;

(一)是否按照国家的法律、法规、政策和社会保险基金财务会计制度,结合本地实际建立财务会计等管理制度;

(二)不同险种基金之间、统筹基金与个人账户基金是否分别独立核算。是否运用合理的会计方法对发生的业务进行账务处理,原始凭证、记账凭证是否合法有效,更正会计记录是否正确;

(三)是否建立分工明确的岗位责任制。是否设立会计负责人(主管)、记账、复核、出纳等岗位,会计人员轮岗或调离时,是否履行交接手续。有无出纳员兼任稽核、会计档案保管和收入、支出、费用、债权债务账目的工作。财务印鉴、票据、空白凭证是否实行专人分别保管;

(四)财务收支审批是否实行分级授权,有无未经授权越岗代办;

(五)是否做到不相容岗位相互分离。货币、有价证券的保管与账务处理是否分离,空白凭证的保管与使用是否分离。资金收支的审批与具体业务办理是否分离。会计处理与业务经办、信息数据处理是否分离;

(六)财务与业务是否进行定期核对,并做到账证、账账、账表、账实相符。

第十条 信息系统控制检查评估包括:

（一）是否按照国家有关社会保险信息系统建设的标准，规范业务系统和数据库，结合本地实际制定与业务流程相匹配的信息系统操作流程等管理制度；

（二）信息系统管理是否实现对所有业务的操作环节痕迹监控以及后台监控，对业务操作环节出现的大额支出及异动是否设置权限进行控制；

（三）是否明确业务操作人员、系统维护人员的职责和权限；

（四）是否按信息系统操作流程等管理制度的规定录入、修改、访问、使用、保密、维护数据；

（五）是否建立机房和相关设备的管理制度，业务系统是否与外部互联网完全隔离，有关资料是否及时备份，是否建立数据远程备份机制，是否对涉密信息在网上传输进行加密处理，是否制定网络和计算机病毒防护措施。

第十一条 内部控制的管理与监督包括：

（一）是否按照国家有关规定结合本地实际建立内部控制制度，是否设立内审稽核部门并配备内审稽核人员；

（二）是否制订内部控制年度及日常工作计划，并开展工作，涉及笔录是否由核查人员和被检查部门负责人签字或盖章；

（三）是否对各项业务进行定期抽查，并将相关情况及时反馈业务部门，报告主要领导，提出意见、建议并对发现的问题监督整改；

（四）是否建立健全内控运行情况考评机制，明确考评标准和考评内容。

第三章 检查方法和评估标准

第十二条 开展社会保险经办机构内部控制检查评估可以采用以下方法：

（一）询问法。指检查人员以口头发问方式直接向被检查机构的管理人员和其他有关人员询问有关问题的方法；

（二）查阅法。指检查人员按检查评估的范围、内容、标准查看被检查机构有关文件和资料的方法；

（三）观察法。指实地察看被检查机构的业务活动和内部控制的运行情况的方法；

（四）测试法。指在主要业务范围内选择一项或几项具有代表性的业务进行重做、比对的方法。

第十三条 检查评估采取评分制。对检查评估内容设定标准分值，总分为500分，其中：组织机构控制60分、业务运行控制120分、基金财务控制120分、信息系统控制110分、内部控制的管理与监督90分（具体评分标准见附件）。

第十四条 根据检查评估评分结果，确定被检查机构的内部控制等级。等级确定标准为：

优秀：450分以上。指被检查机构有健全的内部控制体系，在各环节有效执行内部控制制度，对所有风险进行有效识别和控制，控制措施得当，经办效果显著。

良好：350～449分。指被检查机构内部控制体系比较健全，在各环节较好执行内部控制制度，对主要风险进行有效识别和控制，控制措施适宜，经办效果较好。

合格：300～349分。指被检查机构内部控制体系建设基本达到要求，各环节基本执行内部控制制度，对主要风险进行了识别和控制，控制措施基本适宜，经办效果一般。

不合格：300分以下。指被检查机构内部控制体系较差，内部控制制度不健全或重要的内部控制制度没有贯彻执行，存在着明显的管理漏洞和重大风险隐患，缺少相应控制措施。

第十五条 检查评估过程中有业务缺项或指标不适用时，应将其涉及的分值在总分值中扣减，得出适用项的分值后，根据相应比例进行调整。调整公式为：

检查得分＝适用项检查评分/（总分值－不适用项分值）×总分值

第四章 检查评估的组织实施

第十六条 人力资源和社会保障部社会保险事业管理中心负责全国社会保险经办机构内部控制检查评估工作的管理、指导和监督。

省级社会保险经办机构负责对本级和市级社会保险经办机构内部控制的检查评估,对县级进行抽查。

市级社会保险经办机构负责对本级和县级社会保险经办机构内部控制的检查评估。

直辖市和实行社会保险经办机构垂直管理的地区,应由省级社会保险经办机构统一组织本辖区内的内部控制检查评估工作。

第十七条 各级社会保险经办机构每年应对本级内部控制制度建设和运行情况进行一次全面的检查评估。省级、市级社会保险经办机构,每年至少检查评估1/3以上的市、县社会保险经办机构,原则上每3年为一个周期进行一次全面检查评估工作。

第十八条 在内部控制检查评估中,被评为优秀的社会保险经办机构,一般3年之内,上级社会保险经办机构不再对其进行全面检查评估,同时可以给予表彰奖励。人力资源和社会保障部社会保险事业管理中心将在各省推荐的基础上对内部控制管理工作成绩显著的社会保险经办机构给予表彰奖励,具体办法另行制定。

上级社会保险经办机构对检查评估中发现的问题,要建立动态管理机制,跟踪整改落实情况。

对涉嫌发生违法案件的社会保险经办机构,省级社会保险经办机构要在案件发现的一个月内对其进行内部控制检查评估,且当年内部控制检查评估确定为不合格等级。

对于内部控制工作被评估为不合格的社会保险经办机构,在评估的下一年由上级社会保险经办机构进行再次评估。

第十九条 各级社会保险经办机构自查的评估报告要报上一级社会保险经办机构备案。

对内部控制工作被评估为不合格的社会保险经办机构的内部控制评估报告,要逐级上报备案,最终报至人力资源和社会保障部社会保险事业管理中心。

第五章 附 则

第二十条 省级社会保险经办机构应根据本办法制定实施细则。

第二十一条 本办法由人力资源和社会保障部社会保险事业管理中心负责解释。

第二十二条 本办法自发布之日起执行。

附件:社会保险经办机构内部控制检查评估评分标准表(略)

主要参考文献

1. 胡晓义．走向和谐：中国社会保障发展 60 年［M］．北京：中国劳动社会保障出版社，2009

2. 方红星主译．刘玉廷主审．内部控制——整合框架［M］．大连：东北财经大学出版社，2008

3. 陈文辉．寿险公司内部控制建设与监管［M］．北京：人民出版社，2005

4. 刘明辉，汪寿成．人力资源内部控制与风险管理［M］．大连：大连出版社，2010

5. 课题组编．内部控制设计测试与评价［M］．北京：经济科学出版社，2007

6. 朱荣恩．内部控制评价［M］．北京：中国时代经济出版社，2008

7. 内部控制课题组．企业内部控制基本规范解读与案例分析［M］．上海：立信会计出版社，2008

8. 王竹泉，隋敏．控制结构＋企业文化：内部控制要素新二元论［J］．会计研究．2010

9. 彭志国，张俊民，王桂莲．写给企业家的内部控制学［M］．北京：中国时代经济出版社，2009

10. 宋京燕．中国社会保障基金的操作风险管理［M］．北京：中国劳动社会保障出版社，2006

11. 王虎峰等．社会保险管理信息系统［M］．北京：改革出版社，1999

12. 乔鹏，杨宝刚．会计信息系统审计［M］．北京：科学出版社，2003

13. 李春青．日本信息系统审计概述及其借鉴［J］．中国内部审计，2007

14. 胡晓义，施明才．社会保险基金管理与监督［M］．北京：中国劳动社会保障出版社，2001

15. 杨锡才，彭浪．企业内部控制——规范与应用［M］．北京：经济管理出版社，2009

16. 胡晓义．社会保险稽核实用手册［M］．北京：中国劳动社会保障出版社，2003

17. 陈佳贵．企业风险管理［M］．广州：广东经济出版社，1999

18. 林义．社会保险基金管理［M］．北京：中国劳动社会保障出版社，2007

19. 劳动和社会保障部信息中心．劳动和社会保障信息化建设文件资料集［M］．北京：中国经济出版社，2000

20. 孟昭喜．社会保险经办管理［M］．北京：中国劳动社会保障出版社，2004

21. 本书编写组．企业内部控制基本规范讲解［M］．北京：中国市场出版社，2008

22. 人力资源和社会保障部社会保险事业管理中心．社会保险业务档案管理指南［M］．北京：中国劳动社会保障出版社，2009

23. 刘玉璞，王京波．养老保险统筹实务［M］．西宁：青海人民出版社，2001

后 记

对于社会保险经办机构来讲，内部控制建设还处于不断摸索和逐步完善阶段。为了进一步推动内部控制工作的开展，让系统内所有工作人员都能理解、关心、支持并自觉落实内控要求，形成人人了解内控、人人参与内控、人人支持内控、人人落实内控的良好文化氛围和工作环境，我们组织编写了《社会保险经办管理内部控制》一书。本书由长期从事社会保险稽核内审的工作人员以及欧盟专家和国内学者合作编写。该书拟作为社会保险经办系统内控培训教材及工作指南，读者对象定位为经办系统管理人员及一线操作人员。本书将理论性和实用性有机结合，力求通俗易懂，注重操作性。通过本书的学习，读者可以了解内部控制的基本理论及内部控制在国内外的发展情况，正确理解、认识和掌握社会保险经办管理风险评估、组织机构控制、业务运行控制、基金财务控制、信息系统控制及内部控制检查评估的意义、内容和具体操作方法。

本书第一章由中山大学教授宋世斌、欧盟专家格雷森·克拉克撰写，第二章由程乐华撰写，第三章由王成海撰写，第四章由张爽撰写，第五章由陈普红、彭惠、李明亮、刘晓阳、刘亚琼、邵国艳、罗毅、胡蓉撰写，第六章由周建春、程鹏、韦祁昊、钱玉龙撰写，第七章由边瑞彪、贺国俊撰写，第八章由荣春秀、王泽、华亚丽撰写，第九章由蒋惠敏、尹瑞山撰写，全书由周红和刘玉璞统稿，徐延君审定。本书在整个研究和写作过程中得到了北京市社保中心、天津市社保中心、山西省社保中心、上海市社保中心、上海市医保中心、江苏省医保中心、湖南省社保局、广东省社保局和河南省郑州市社会保险稽查大队的积极配合和大力支持。另外，人社部社保中心稽核处全体同志为本书的策划、编写和出版付出了辛勤劳动，在此对所有参与本书编写的有关单位和人员表示衷心感谢。

社会保险内部控制在我国社会保险领域还是一个崭新的课题，由于编写者的学识和水平有限，加之时间仓促，书中难免有疏漏不足甚至错误，希望得到专家学者、实际工作者和广大读者的批评与指正。

编　者

2011年5月